上班族妈妈的教子宝典

李建勇　黄　敏　编著

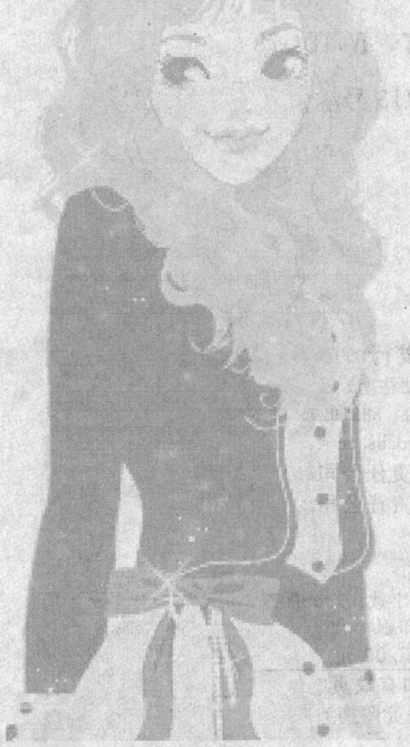

金盾出版社

内容提要

本书将告诉您怎样照顾孩子的饮食起居；如何培养成长中的孩子、与他们一起成长；如何做一个他们心目中既专注于工作，生活中又体贴入微的，给予他们健康的精神生活和成长环境的上班族妈妈。

图书在版编目（CIP）数据

上班族妈妈的教子宝典/李建勇，黄敏编著．-- 北京 ：金盾出版社，2012.11
ISBN 978-7-5082-7703-5

Ⅰ.①上… Ⅱ.①李…②黄… Ⅲ.①家庭教育 Ⅳ.①G78

中国版本图书馆 CIP 数据核字（2012）第 137413 号

金盾出版社出版、总发行
北京太平路 5 号（地铁万寿路站往南）
邮政编码：100036 电话：68214039 83219215
传真：68276683 网址：www.jdcbs.cn
封面印刷：北京凌奇印刷有限责任公司
正文印刷：北京军迪印刷有限责任公司
装订：兴浩装订厂
各地新华书店经销
开本：787×1092 1/16 印张：19.5 字数：190 千字
2012 年 11 月第 1 版第 1 次印刷
印数：1～6 000 册 定价：35.00 元

（凡购买金盾出版社的图书，如有缺页、倒页、脱页者，本社发行部负责调换）

前　言

拥有成功的事业和美满的家庭，是现代社会万千职业女性的美好追求。事实证明，这一看似简单的追求并不容易实现。

我们知道，随着经济社会的发展，以崇尚独立、尊重和自主的现代女性纷纷跻身社会各个领域，并逐渐占据了职场的“半边天”，成为现代职场中的重要角色，具有举足轻重的影响和作用。在壮观的职场女性队伍中，有一个特殊的群体就是上班族妈妈。据统计，截至目前，我国“职场妈妈”已过3亿，她们与“专职妈妈”相比显示更加劳累，每天奔波在单位、幼儿园（或学校）、家这样的“三点一线”上，在既要工作出色，又要教育好孩子之间，常常顾此失彼，左右为难，而令“职场妈妈”最为苦恼的问题就是子女的教育问题。

虽然女性的社会地位越来越高，在职场中大有巾帼不让须眉之势。然而，作为上班族妈妈们无论担负着多么重要的社会角色，在回归到家庭时，她们仍要担负妻子和母亲责任。在职场中英姿飒爽的女性在面对家庭问题时，特别是在抚养和教育孩子的问题上，却往往都不能尽如人如意。来自工作和家庭的双重压力使上班族妈妈们经常焦头烂额、痛苦不堪。她们的生活因此而充满了矛盾和困难，这些矛盾来自家庭与事业之间的冲突，来自不同角色所需时间的分配以及多方利益的取舍。上班族妈妈就像是在事业和家庭之间走跷跷板，很难在两者之间找到一个合适的平衡点。由于时间和精力都相当有限，做一个事业成功的好妈妈必将会承受很大的精神和体力上的压力，久而久之，就有力不从心，甚至精疲力竭之感。在矛盾中苦苦挣扎，在工作与孩子的问题上她们越来越迷茫，不知何去何从。

在我国素有“隔代教育”传统，从某种程度上“隔代教育”能够缓解职场妈妈的辛苦，但“隔代教育”不可避免的观念和方法分歧，使得很多上班族妈妈不得不放弃这一选择。更让上班族妈妈烦恼的是，由于受大男子主义观念的影响，很多现代老公依旧沿袭着“男主外，女主内”的传统思想，认为相夫教子是女人的份内事。他们即使闲得发慌，也不愿意去帮女人分担点家务事，高兴的时候还逗弄一下孩子，不高兴的时候干脆就赶孩子：“去，找你妈妈去！”结果，妈妈们辛苦工作了一天，回家来还要被家务和孩子缠得筋疲力尽，更别提还要对孩子进行教育了；即使有的老公能够通情达理，能帮你分担一点家务，可是婆婆却未必看你的脸色行事："一个孩子还照顾不好，以前我们四五个孩子不也都长大了！"一句话，让上班族妈妈委屈满腹，却又无处诉说。

"隔代教育"容易宠坏孩子，招聘个保姆"安全成本"太高，似乎只有亲自照顾和教育孩子了，可这样又意味着必须放弃谋生的工作，这是上班族妈妈们不愿意接受的。

现代社会就业竞争十分激烈，找一份稳定的工作很不容易，而且买房、买车、孩子的教育费，以及居高不下的物价，仅凭老公一个人的工资很难支撑，更别说给孩子创造良好的学习和生活环境了。所以，不到万不得已，上班族妈妈们绝不会轻易放弃工作。工作要继续，孩子要照顾好，这是一个左右为难的境地，那么，怎么才能平稳两者之间的关系呢？

其实，在我们现实生活中，有不少的上班族妈妈能够处理好工作和教育孩子之间的矛盾。要知道，父母是孩子的榜样，而妈妈对孩子的影响最为深远，尤其是作为上班族妈妈，在塑造孩子的人格方面有着重要的影响，因此上班族妈妈首先要持积极健康的心态，合理地安排工作时间和与孩子相处的时间，淡定从容地接纳生活中所发生的一切。

作为一名上班族妈妈，职场女性面临的苦恼我大都经历过。我要说的是，孩子与工作并不矛盾，不一定要在孩子和工作这个问题上做单选，也不一定非要恪守哪个先哪个后。对于上班族妈妈来说，最好是在顺其自然的同时，分清不同时期工作和孩子的轻重缓急，合理安排自己的生活节奏，逐步提高平衡工作与孩子关系的能力，继而获得成就感、快乐感、满足感和幸福感。

总之，教育孩子是个变化的过程的。它没有一成不变的模式，也没有适用所有孩子的固定标准。本书的宗旨，意在帮助处于困惑中的上班族妈妈们能够理性地正视现实，在现有的条件下为上班族妈妈提供一些合理的、实用的帮助和建议。既要工作，提高生活质量，又要让孩子得到最好的教育，工作和教子两不误，鱼和熊掌两者皆要兼得，这才是现代上班族妈妈追求的目标。同时，本书中总结了很多了上班族妈妈的成功经验以及心得，希望与广大上班族妈妈分享。

编　者

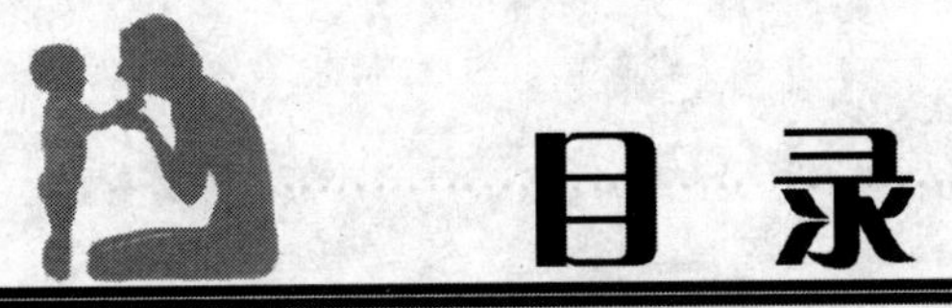

目录

第一章　上班族妈妈，两个身份两种角色

第二章　育儿不是妈妈的独角戏

第三章 在繁忙的工作中，跟孩子一起成长

第四章 用心“赢得”孩子

第五章　后天教育比天赋更重要

第六章　你可能不是天才，但你可能成为天才的母亲

第七章　妈妈的性格决定孩子的性格

第八章　妈妈是孩子的榜样，别让他在模仿中学坏

第九章 用鼓励代替惩罚

第十章 问题孩子出自问题妈妈

第十一章　孩子的身体是一辈子的健康根基

第十二章　养成好习惯,是孩子一生享用不尽的财富

第一章 上班族妈妈，两个身份两种角色

做女强人，也要做好妈妈

有了孩子以后，很多年轻的妈妈既要顾及工作，又要照顾孩子，确实是一件辛苦的事。有很多妈妈因此得了轻度忧郁症，不仅奔波劳累身心疲惫，还总觉得自己给孩子的时间太少，亏欠了孩子。如果再遇上孩子有一些健康或者情绪上的问题，妈妈们会变得更加自责。

就我自己而言，我在面对工作与带孩子之间的时间和体力上的压力时，有一套哲学，那就是“上班要做女强人，下班要做好妈妈”——如果一份工作可以在十分钟内完成，我绝对不会拖到二十分钟；如果一份工作能够在全神贯注的情况下做到满分，我绝对不会用懒散的态度勉强做到六十分，而后浪费更多时间在这些工作的后期处理上。另外，如果身边有人能替我做这份工作，那么我绝对

不会逞强地抢着去做。我会利用腾出来的时间和精力去提升我的专业工作能力，做到更游刃有余地面对工作。

在工作上表现出色，自己的心情就会变好，陪孩子的时候才能尽心尽力地照顾他。可是，我身边的很多上班族妈妈并没有让自己在工作上达到女强人的标准。她们会想尽一切办法来为自己开脱，始终觉得自己不过是一个普通的女人，对事业的追求也无非是“混口饭吃”，完全不用尽心尽力地去拼搏。不可否认，女人在有了孩子以后，对“家”的归属感变得越来越强烈，很多雄心壮志也会因为对“家”的留恋而变得萎缩。可是，如果生活上的压力促使我们必须出来工作，那么，与其拖拖拉拉用六十分的力气去做事，还不如尽心尽力把所有的事情都做好，这样不仅能够促进事业的发展，也能让自己赚更多的钱，获得更多的职业成就，让自己能够更开心地面对工作。

其实，在工作上做“女强人”，并不是让我们在生活中表现得多么强势，而是懂得怎样高能、高效地处理工作中的问题，对自己严格要求，不断提升自己的工作能力。因为这样不仅对工作有利，还能节省下来很多时间来带孩子。

有很多上班族妈妈跟我说，每天下班之后都感觉很累，既要做家务，又要照顾孩子，有时候当天的工作没完成，还要考虑加班，所有的事情赶到一起，会让自己变得越来越烦躁。可是我很少会遇到这样的问题。我几乎每天晚上都会给孩子讲故事，听他讲述在学校里的趣事，陪老公聊天，可是我做这些事情从来都是专心致志，

一副很享受的样子。我绝对不会一面想着工作，一面敷衍地回答孩子的问题，也不会一面慌慌张张地赶着明天要交的设计草图，一面吆喝老公赶紧收拾屋子，还要分身去听孩子在学校里遇到的各种困难。

下班之后，时间就是家人的。即使是事业心再强，也应该为工作和生活划清界限，不要让繁忙的工作影响到自己的生活。

我有一个朋友，她不管工作多忙，都会要求自己完全空出周末的时间，跟老公、孩子一起享受这轻松愉快的闲暇。她觉得自己好不容易放个假，绝不可以还忙碌在满头大汗的情绪里，无论是看着孩子玩耍，还是盯着像个孩子一样嬉戏的老公，自己的心里幸福得比什么都快乐。她说，“每次周末的时候，我们一家人在一起都很开心。尽管我平时忙着工作，没有太多的时间照顾孩子，可是我知道我的孩子过得很幸福。因为对孩子来说，与其一天24小时都待在一个心不在焉、精疲力竭的妈妈身边，还不如待在一个每天只有几小时，但是心情放松、全神贯注的妈妈身边。”

我们必须要清楚，孩子需要的并不是一个事事周全、面面俱到、随时都守在他身边的“完美妈妈”。我们完全没有理由因为孩子而放弃工作，更不能因为工作而忽视孩子。

所以，作为一个上班族妈妈，要想平衡工作与孩子之间的矛盾，

首先要学会合理的分配时间和精力，在工作上严格要求自己，做到工作和生活的分离，那么“上班做个女强人、下班做个好妈妈”的说法就不再是一个梦了。

工作与孩子，哪个都有烦

人活着难免会遇到许多烦心的事，尤其是又要工作，又要照顾孩子的上班妈妈，烦心的事总是接二连三的，像约好了似地涌来，常常令上班妈妈们措手不及，疲惫不堪。

上班族的妈妈不仅要应对工作中各种困难，同时还要分出更多的精力和时间照顾孩子，所以最怕孩子生病，一旦发现孩子发烧了、咳嗽了，或者意外受伤了，妈妈的心里便会涌过一阵阵自责和不安，认为孩子之所以生病，是因为自己为工作而没有尽到一个妈妈照顾孩子的责任。久而久之，强烈的愧疚心理常常让妈妈不能在夜晚安睡，不是起床看看孩子是否蹬了被子，就是忍不住摸摸孩子的小脑袋，担心体温是不是又升高了。孩子虽然生病，妈妈却又不得不按时去上班，只好将生病的孩子托付给他人照顾，这时，妈妈即使在班上，也是身在曹营心在汉，恨不能马上飞到孩子的身边。

最近几天，单位同事苏冉就特别头疼，她四岁的女儿近日来频繁咳嗽，小脸经常咳得通红。当时正好是周末，

苏冉赶紧带女儿去医院拿了消炎药和中药冲剂。回到家里，苏冉很细心地用热水化开冲剂，并耐心地搅拌均匀，凉到一定的温度，哄着女儿让她一点一点儿喝下去。

因为苏冉双方的父母都在外地，老公也要上班，所以周末晚上苏冉打电话给单位上司，想周一周二请两天假，陪孩子在家里吃药，但是上司告诉她，她们部门接手的那个任务周二必须完成，这两天任何人不得请假，有困难一定要克服。苏冉的心凉了半截，没有别的办法，只有送女儿去幼儿园了。

第二天一早，苏冉把女儿要吃的药分门别类包好，并在上面贴上纸条，注明饭后多长时间服用，一次服用多少，冲剂要搅拌均匀。苏冉把药交给幼儿园的老师，再三拜托老师多关照自己的女儿，老师自然满口答应。苏冉在班上度日如年，正牵挂着女儿是否又咳嗽了，老师有没有给她喝药，上司却一个电话把她招了去，对她在工作中出现的一个小小失误大加指责，并说要扣罚她当月奖金，让苏冉心烦意乱：怎么这么多烦心事偏偏让她遇到了？

好不容易熬到了下班时间，苏冉马不停蹄地赶去接女儿，发现女儿的咳嗽加重了，她一边带女儿去医院，一边问女儿有没有喝药，女儿回答说药都喝了，是老师把药发给她们，自己拿喝水的杯子冲着喝的。苏冉闻言大吃一惊，这才知道原来带着药上幼儿园的小朋友有很多，老师太不

负责任了，女儿这么小，怎么能让她自己用水冲药喝呢？当苏冉得知女儿根本不知道要把冲剂搅匀再喝，而是把还未化开的冲剂囫囵吞下肚时，那种难过的心情无以言表。想到这里，苏冉更加自责，自己在孩子最最需要自己照顾的时候，却不得不离开孩子去工作，自己是天底下最不称职的妈妈了，如果自己陪着她，她就不会那么小的年纪还要自己喝药了。

可以说同事的烦恼也是无数上班妈妈的烦恼。当选择工作时，照顾孩子就成了很大的问题；当选择好好照顾孩子时，要想全心地投入工作也就很难了。很多上班妈妈都处在工作和照顾孩子的两难中，痛苦不堪，一方面想把工作干好，一方面又想把孩子带好，相信这是每个上班妈妈的心愿。可总有些时候，事情偏偏爱凑巧，烦心的事总是爱凑到一起，这时候上班妈妈如果不能合理安排好时间和精力来应对，就会给自己造成很大的压力。

其实，无论是工作中出现失误，遭遇困难，还是带孩子时遇到的问题和烦恼，都是很正常的，只要上班妈妈们能在工作时做到用心、专心；在带孩子时做到关心、爱心，时时保持清醒的头脑，提醒自己以后不要再犯类似的错误，调整好思路和心态。那么，工作依然可以做到游刃有余，带孩子也会是一件非常快乐的事。

人生就像是一场旅行，脚下的路总会有高低起伏，没有人可以一帆风顺地走完全程，总会遇到这样或者那样的困难和烦恼。但这

些都能不成为我们抵达终点的障碍，当我们跨越这些坎坎坷坷的时候，我们收获的是沿途的美景。说到底，生活就是一个接一个麻烦的串联，过程只是一种发现，选择才是创造。人生无处不在选择，不管有多少烦心事，等你一项一项解决了，你就会发现，工作和孩子你都能照顾出色。

也许我的建议不是最好的，但是方向是正确的。世间的万事万物没有十全十美，总是利弊共存。所以，上班妈妈切不要让一些小事情压弯了自己的脊梁，要知道，人生，虽然是一条崎岖的路，同样也是一条享受幸福的路。

有句老话说：车到山前必有路，工作和带孩子并非是一道单选题，只要上班妈妈们做好心理准备，合理安排自己的作息，保证一种平和的心态一定可以实现双赢的局面。

孩子不是事业的天敌

近几年，白领女性关于事业与家庭关系的争论愈来愈成为社会关注的话题。笔者曾对白领女性最感困惑问题做过专项调查，结果显示，是生孩子还是发展事业，仍然是女性两难的选择。其中有五成以上白领女性选择 28 到 30 岁才生孩子，主要是担心事业、家庭收入不稳定。她们认为，如果在事业发展的过程中选择生育宝宝，工作和事业就可能出现危机；而为了工作和事业迟迟不生孩子，则

将面临高龄产妇的风险。

处于两难困惑中的很多职业女性，常常为了事业的发展，而放弃或推迟生孩子，她们将孩子视为事业的天敌，但是这样的抉择往往会给家庭和婚姻带来隐患。然而，现实中也有很多上班妈妈做得相当出色，她们把事业和照顾孩子打理有条有理，生活过得风生水起、有滋有味。

和我同住一个小区的陈媛在行政单位工作，她老家在外地，开始在这里是举目无亲，一切要靠自己打拼。当时毕业后，她没有像其他同学那样，投向外企或者出国，而是选择了这家机关单位。凭借自己的能力，工作做得相当出色，也获得了领导和同事的好评。由于大家都在一起住，所以我对陈媛是很了解的，她是个很会计划工作和生活的人。她做起事来总是有条不紊，忙而不乱，并且能出色完成任务，这让我对她好感倍增。

陈媛工作不久，就和原来大学时的男友走进了婚姻的殿堂，那年她25岁，在机关属于晚婚，可以享受晚婚假等待遇。所以一开始，她放弃了很多休假机会，打算把这些假期攒起来，等到生孩子时一起休。婚后第二年，她就当了妈妈。当时周围的同学和朋友，很多还是独自一人潇潇洒洒，她已成了拖家带口的家庭妇女。当时，很多朋友们对陈媛这么早就要孩子非常不理解，有的还嘲笑她，但是陈媛她有自己的打算。

陈媛说，她算上婚假、晚婚假、产假，以及平时积累下的调休什么的，一共休了将近6个月的时间。后来，重返工作岗位后，婆婆帮着带了一段时间孩子。她就利用这段时间，报考了本地某大学的人力资源专业的在职研究生。回到单位上班，她一直坚持利用业余时间把研究生读了下来。孩子虽小，但是有老人帮忙，一切都不用操心。这期间，陈媛还参加了单位许多工作的组织策划以及国际会议的接待工作，不仅英语水平有了很大的提高，而且协调能力、交际能力都有不同程度的提高。工作4年之后，陈缓的付出得到了回报，她如愿以偿拿到了中级职称，也取得了硕士学位，这时孩子也到了上幼儿园的年龄。

读研究生时的一位同学向陈媛推荐了一家外资公司，她去面试时，外方经理对她流利的外语、温和的态度、4年的工作经历、对口的学历以及现在没有负担的家庭状况尤为满意。没过多久，陈媛就被这家外企通知录取了，到这家不错的独资公司的人力资源部任中层职务。陈媛说，那个时候，很多看到她现在情况同学都非常羡慕。因为她的同学里，许多毕业之后有的直接去了外企，由于没有工作经验，只能从底层做起，现在也只是做到中层。但是外企的压力，使得他们顾不上成家、不敢要孩子，怕失去现在的职位。这样一来，越发不敢成家和生孩子，而且现在竞争这么激烈，想抽出时间去学习，却因为心浮气躁，不能踏实地坐下来。年龄越来越大，虽然收入高，但是失去的也很多。

随着经济的高速发展，随着女性社会地位的提高，女性在事业中所占的比例日渐增大。现在的女性，尤其是职业女性，越来越看重自己的社会地位和社会价值，越来越懂得享受人生。向未来放眼望去，仿佛根本没时间生孩子，很多女性觉得自己还年轻，工作正是拼搏的时候，许多人生计划没实现，还没有好好享受生活；早早生了孩子的，又觉得还没来得及过精彩的生活，就掉进了奶嘴尿布堆里；好不容易孩子长大一些，自己的梦想却已经全然模糊。但是作为职业女性，你是否想过这样的问题：生孩子不是你什么时候想生就生的，你的身体不是永远都以最佳状态等待你做决定。有一天，当你把目光收回时，会不会又困惑：我已经是高龄产妇了，我还能生个健康的孩子吗？我的精力还能胜任吗？

不可否认，对于职业女性来说，要不要生孩子？什么时候生孩子？生了孩子怎么带？工作怎么办？这些都是摆在她们面前的首要问题。但是问题都有解决的办法，我们常说办法总比问题多，关键是我们要用科学的态度，面对工作和孩子的问题。因此，你必须有所了解，有所计划，然后选择。

所以，我们必须明白，要孩子根本不是事业的负担，孩子更不是事业的天敌，可爱的孩子和美好的事业是可以兼得的，就看你是不是安排得好，就看你是否有能力计划好自己的职业生涯和生孩子、

带孩子的问题了。

如果不出去工作，拿什么供养孩子

想要买套自己的房子，我们需要工作；想要拥有自己的事业，我们需要工作；想让家人过上富足的生活，我们还需要工作……总之，我们的生活离不开工作，虽然工作只是生活的一部分，但工作却是获得薪水最直接的办法。生存在这个社会中，尤其当我们面对经济繁荣、物质丰足的今天，我想，即使是再清高不俗的人也不得不承认，工作是生存和生活的重要手段和方法，薪水是生活和生存的基本条件，是人们各种需求和追求的物质保证。说得再直白一点，我们努力工作是为了养家糊口，得到一份稳定的工作也是很多人的心愿，工作给我们的不仅是物质回报，更有精神上的快乐；工作不仅能够丰富我们的思想，也能增进我们的智慧。

很难想象一个没有工作、不愿工作的女性如何来供养自己的孩子？如何给孩子传递文明与智慧？如果仅仅依靠配偶的收入作为家庭开支，那么给孩子创造的生活和学习环境会不会不那么完美呢？这是令许多上班族妈妈纠结的问题。

每个妈妈都想给孩子创造更好的条件，也都不希望自己的孩子输在人生的起跑线上。于是妈妈们一方面拼命工作，一方面还要身体力行地带孩子，当两方面的困难和烦恼来临时，常常压得上班族

妈妈喘不过气来，这也是当前上班妈妈的最大困惑和压力所在之一。

受目前就业问题困扰、收入预期的不稳定、生养孩子费用的高涨……种种因素造成了很多白领女性推迟结婚、生育的年龄。而她们推迟生育时间，一方面积累更多的社会经验，一方面积累更充裕的经济条件。由此，生孩子已成为当前社会中每个家庭需要精打细算的事情。

在目前社会环境下，生养孩子的成本已经越来越高，一个孩子从出生到他成家结婚以前，直接成本要达到数十万元甚至以百万计数。另外还有间接的经济成本，包括母亲从怀孕伊始就进行的一系列孕期检查，生育期间的住院费用，还有孩子生病而要请假损失工资等等。因此，尽管孩子被认为是人生最大的财富，是父母生命的延续，社会的未来，但高昂的成本迫使白领女性不敢轻言要孩子，为此放弃工作和事业。这也是造成两难困惑的因素。

两种因素导致了许多女性在生完孩子之后，放弃工作，以为在家全心带孩子就能给孩子最好的、最想要的。这种想法看上去像是蛮有道理，细想却其实不然。凡事都有个度，就像距离会产生美，但距离近了也会产生美的反面一样，带孩子也是如此。时时刻刻跟孩子粘在一起，对于孩子的成长并非是好事。同时，随着物质时代的到来，伴随的是各类商品价格的不断上涨，人的需求也日益增大，这些对于一般家庭而言，如果只靠一个人微薄的收入难免有些力所不能及。很多职业女性由于生孩子、带孩子而不能全心投入工作，最终放弃工作，不仅给家庭生活带来压力，也使得个人能力和价值不能实现，由此也会产生更多意想不到的问题。

张兰就因生孩子面临过职业困境。由于她的怀孕反应已经到了严重影响工作的地步，又因国家政策不允许辞退孕期和哺乳期妇女，老板给她两个选择：由她的助手接任她的位置，孕期和孩子出生后任闲职，工资照领，工作只需要将原有的所有客户关系移交，可以很轻松，但孩子出生一年后必须自动辞职；另一选择是刚好公司后勤缺人，她现在立刻调职，成为后勤人员，工资相应从原来每月6000元降低至2000元。好处是孩子出生一年后可以无需辞职，继续干后勤工作，近期内必须二选一。

一次和张兰的交流中，她告诉我说自己才不到三十岁，根本不想这么早退休，可是自己职业范围窄，一旦辞职就很难找到合适的工作和相应的薪酬，她的一位同行姐妹在生完孩子后，花了两年半时间才找到了合适职位，另外一位则彻底成了家庭主妇。除非甘心成为普通的后勤人员，否则从此就相当于自动退休。对张兰来说，工作固然不是人生目标，可是没有工作的保障，仅靠老公一个人的收入，生育孩子的费用，以及日后供养孩子的费用就都成了很大的困难。为此，她很苦恼。

相信很多白领女性都有类似张兰的烦恼，其实，我们除了一味

地谴责上班妈妈为工作不要孩子，或为孩子放弃工作之外，还应该冷静地思考一下现行公司体制的问题。如果，企业和单位能够在政策上给予上班妈妈多一些理解和宽容，那么，上班妈妈面对的难题或许能够得到更好的解决呢？

当然，这只是解决问题的一种办法，主要还看上班妈妈如何安排时间和精力做好工作，带好孩子了。孩子是我们生命的延续，是人生最大的财富，如果不出去工作，孩子的成长所需要的各种条件都很难实现。这对上班族妈妈来说可能有一定的困难，但生活无处不存困难的，当你把工作做得有声有色，当孩子一天一天地成长，作为上班族妈妈得到的是更大的满足。

所以，我们不但要把工作当成生活的手段，也要当作积极学习经验的过程，那么，每一项工作都包含很大乐趣，蕴含许多个人成长的机会，而且我们也能从工作中获得的生命价值感、事业成就感，这些都不能用钞票来兑换。工作对我们最好的报酬，是这些珍贵实用的工作生活能力，它与金钱相比是真正无价之宝，它会给我们带来巨大的物质财富和无尽的精神财富。而这些都是上班族妈妈对孩子一生授之不尽的财富啊。

不要以为专职妈妈比上班族妈妈好当

经常看到小区里的很多专职妈妈，每天下午带着孩子凑在一起

聊天，陪着孩子嬉闹，感觉这些专职妈妈比早出晚归的上班族妈妈要轻松得多。因为她们不用赶着时间上班，没有工作的压力，光把孩子看好就行了，实在令人羡慕。

但经过和她们闲谈才得知专职妈妈并不比上班妈妈好当，她们的满腹牢骚并不比上班族妈妈的少。

一次，有个姓马的专职妈妈对我说："我一天到晚带孩子，不仅要教孩子学习，还要做家务。琐碎事实在太多，一点也不轻松，简直要累死。"后来，马女士无奈地说："说实话，我也很想上班，上班还有下班的时间，上班还有个工资作为安慰，可专职在家呢，整天围着家务转，这样的日子什么时候才是个头啊?"

马女士的话让我吃惊不小，我一直认为专职妈妈很轻松，很幸福。后来想想马女士的话也不无道理，专职妈妈并不好当。上班妈妈多少还有工作为其慰藉和缓冲，而专职妈妈只有无穷的烦恼无处排解。人活着并不是件容易的事，无论是上班族妈妈还是专职妈妈，都很辛苦。人太累了就容易发牢骚，尤其是妈妈们。因为我们的传统观念是"男主外女主内"，家里的事基本上都落在了女人的肩上，而管家未必比管公司轻松。

当然，每一个当妈妈的都希望自己能给孩子创造更好的生活和

学习环境。她们希望能在家亲自带孩子，其中更重要的原因是想给孩子更好的教育。一个孩子的成长需要很多的付出，不只需要金钱和物质，更需要心灵和精神上的关爱。一个女人，虽说不上班，但既做家务又带孩子，其承受的劳动强度绝不亚于任何一个工种的工作。

同时，很多专职妈妈还必须要面临难处的婆媳关系，经常听一些专职妈妈说因为天天在一起导致婆媳关系有了摩擦，甚至还会出现关系不好。这样的专职妈妈不仅要周旋于家事当中，还要照顾孩子、做家务。这种生活，从某个角度来说，对于专职妈妈来说不能不说是令人崩溃的一件事。

当然，如果做专职妈妈的辛苦仅局限在这些家务琐碎上，那就大错特错了，其实更累的是专职妈妈对孩子的教育的问题。妈妈专职在家，哪能一天到晚光陪孩子玩，当然还要教他技能，教他知识，教他一切。这样的累岂能与干几件体力活所能比的。自己知识丰富还好，若自己的知识面不够，还得学习充电，以备育子之需。

教育孩子可不是一件容易的事，其实是份苦差事，要想专职养育好孩子，就得先做一个合格的专职妈妈。做一个合格的专职妈妈，那可不仅仅是身体累不累的问题了。不说你要饱读诗书，起码你得先到书店买一摞书，教他知书认字吧。不说你人格伟大与否，起码一些做人的基本人格你要让他懂得吧。不说你爱孩子，为他事必躬亲，但你不做他的专职保姆，也要让他懂得自己的事情一定要自己做。类似的教育方式还多着呢，可哪一条又不令专职妈妈心累呢？

再看看上班族妈妈，是少了些带孩子的时间，也就少了这诸多的麻烦和压抑。我们知道，工作不但是一个施展才能和发挥个人潜力的平台，而且工作还可以给一个人带来社会价值感和成就感。工作最直接的报酬是薪水，而薪水可以满足很多物质上的需求，当家庭需求因自己的工作而得到解决时，上班族妈妈所有烦恼都会变得风轻云淡，不但可以收获来自工作的成就感，也能享受到与孩子一起成长的乐趣。这样的生活才是丰富而充满内涵的，相比专职妈妈，上班族妈妈是不是更充实些呢？

所以，不管是专职妈妈还是上班族妈妈，首先要学会照顾好自己的情绪，学会排解烦恼的办法，更要学会调整自己的心态，放松自己。最重要的是拥有自己的事业和独立生活的能力，这样才是一个成功的妈妈，受人尊敬的妈妈。

自己不带孩子就是渎职

在当今社会条件下，由于就业困难愈来愈大，职场竞争愈演愈烈的情况下，使得很多正处于发展事业关键期的年轻父母挣扎于工作和家庭之间，而待在孩子身边，陪伴他们的成长，多多少少变成了一件奢侈的事。于是，隔代抚养、保姆、托管，各种代养方式应运而生。据调查，目前我国平均约30%的独生子女是由其祖辈抚养着的。而且孩子年龄愈小，与祖父母生活在一起的比率愈高。随着

社会老龄化趋势的形成，隔代抚养出现的问题也越来越普遍。近年来，被老人或保姆带大的孩子出现心理问题的比例呈上升趋势，每年递增10%左右。因为他们往往只能照管孩子的日常起居和人身安全，其素质、习惯和语言文化都与孩子的生活环境差异较大，无法对孩子进行教育和思想交流，因此孩子就会出现情感和思想交流的缺失。

在心理专家和育儿专家看来，父母对于孩子身心成长的意义比人们想象的重要得多。而且母亲与孩子近10个月的生活造就了彼此心理上的无比亲密。所谓“母子连心”，是父亲和任何看护人都无法取代的。只有母亲能本能地觉察孩子的需要和面临的危险；只有母亲才能本能地给孩子安全感和满足。孩子身心的健康成长尤其需要母亲不间断地关怀。而一岁半之后，父亲的作用又在于引导孩子独立探索外部世界，形成独立安全感。所以，不管你现在采用的是何种抚养方式，都应该更多地参与孩子的身心成长和教育，这对孩子也是一种更持久的幸福。

在这个问题上，我几乎没犹豫过。我能这样坚持，一是孩子的启蒙教育，老人还是不如家长。二是考虑孩子的感情。我想对于一个孩子来说，老人再疼他，他也需要天天看到爸爸妈妈，在孩子的情感需求上，没人可以取代爸爸妈妈。所以，我一直坚持一边工作，一边带孩子，当然烦恼也会有，压力也很大，但这些都不能成为借口，只要

想办法解决，什么事都能做好。而且孩子是上天赐给我们最好的礼物，他给我们的生活带来无限的快乐和希望，想到这些，所有的辛苦就抛到九霄云外了。

现在，我的孩子已上幼儿园了，健康活泼，在带孩的过程中，我也并没有因此耽误工作，不敢说做得有多么出色，但领导的赏识已是对我最大的肯定了。

随着人们对教育的高度重视，家庭教育已成为我们整个教育体制中不容忽视的一个重要环节。如何教育自己的孩子，是每个家长最关心的大问题。美国儿童心理学专家认为，“儿童出生数月后，开始热爱和信赖经常照看自己的那一两个人，把他们看成是自身安全的可靠保障。即使年仅半岁的婴儿，也会因为照顾自己的父亲或母亲突然离去，而丧失对人对物的兴趣，儿童长大成人后，毕生处世乐观还是悲观，待人热情还是冷漠，为人多信还是多疑，这在很大程度上取决于他们出生后两年中主要负责照看他们的人的态度。”

当然，专家的话或许有些危言耸听，但即使这些顾虑都不存在，哪怕只为了亲眼见证孩子一天天的成长，我们也应陪伴在孩子身边，这对孩子的成长是有利而无一害的。孩子成长的早期环境直接影响到他成年后的感情关系和婚姻关系，决定了他与别人相处的安全感。如果他从小没有形成良好的依恋关系，那么在他日后与他人建立亲密和信赖关系方面就会出现障碍，比如与人的疏离感、亲密焦虑、缺乏信任等等。孩子刚出生的时候第一本能反应就是寻找母亲的乳头，这是他与这个世界的第一个紧密的、安全的联系。

一岁半之前，母亲应该尽可能地和孩子相处，以建立母婴依恋安全感，如果这个时候，母亲不能照顾孩子，那么这种安全感将很难建立，孩子心里会充满对失去爱的恐惧，导致他产生这样的想法——连我的母亲都拒绝我、回避我，那么这整个世界都是不安全的。

其实每个孩子都是天才，每个父母都是艺术家。不是穿了西装就能变成绅士，不是生了孩子就会做父母，做父母需要学习，做父母也需要有做父母的智慧。孩子是这个世界的小天使，我们为人父母的都有抚育他们的责任，除了在生活上的照顾外，心理上的抚育更加重要，这也关系到孩子日后基本心理素质的养成。尤其是妈妈适当参与带养孩子，是十分必要的。

所以，不管你工作有多忙，都要尽可能抽出时间到孩子身边，陪伴孩子成长，这是我们能给他们的一生中最好的礼物。要知道，自己不带孩子就是渎职，我们有责任把孩子养大，也有责任让他幸福！

不要让孩子成为你的最爱

在任何时代，任何社会，爱都是一个永恒的话题。世界上所有的爱都是为了相聚，而唯有父母之爱才是为了分离。我们爱孩子是为了让孩子离开我们，走向他们自己的未来，创造属于他们自己的一片天地。所谓自己的路要自己走，父母铺就的路再好，若不给他

穿鞋，也难免要咯他的脚。既然给他穿上鞋了，让他自己走出路来又何尝不好。

我们再怎么爱孩子，舍不得孩子，也终不能陪伴他们一生一世。亲子关系固然重要，但非要把孩子放在第一位，把孩子当成自己的最爱，带来的后果怕是妈妈们所也始料未及的。首先，这可能为将来家庭不和埋下祸根。

可以说，有很多女性当了妈妈后为了家庭都做出了很大牺牲，牺牲了自己的工作，牺牲了自己的休息时间，一心扑在孩子身上，直到孩子上了幼儿园后再去考虑自己的工作。这种女性有着多种角色，她们既是职业女性，又是妻子，还是母亲。在社会与家庭面前，她们承受着巨大的压力。而此时的男人们当然也顶着巨大的压力拼命工作，拼命挣钱，拼命养活三口之家，一心想着为自己、为老婆、为孩子提供充裕的物质生活。试看男人扑在事业上，女人扑在孩子身上，夫妻之间的心灵沟通哪还有时间去关照？天长日久，不影响夫妻关系的和谐就怪了。

很多妈妈在生孩子之前，都是把爱人或父母，放在第一位。有了孩子之后，谁是第一位或许就会发生变化，她开始更多地关注孩子的成长和教育，自然而然就很少关注丈夫的喜怒哀乐了，作为丈夫虽然不能和孩子夺爱，但那种冷漠他能感觉不到吗？那种在爱中的失衡他能感受不到吗？夫妻关系就开始悄无声息地发生着微妙的变化。更有甚者，有些女性还故意这样做，故意冷漠丈夫的心。比如说为了能够让丈夫一心奔事业，自己甘愿放弃工作，就主动承担

起管好孩子、管好家的重任，在家里竟做起全职太太来。说什么“我牺牲事业，保着他去奔事业，所以我就应多关注家庭”。这种情况通常叫婚姻模式里的“二保一”，也就是两个人保其中一个。殊不知你这“二保一”就可能把自己保成黄脸婆，把自己的男人保成陈世美。

家在你心中再有多重要，也只是一个有限的空间而已，随着斗转星移，你慢慢会发现自己不爱打扮了，不再在乎穿金戴银了，同时也蓦然感觉到和丈夫的交流也越来越少。与此，你的埋怨也越来越多，总是不经意地烦躁，沉闷，于是夫妻开始斗嘴，吵架，由此丈夫每天回家的时间也越来越晚……长此以往，夫妻关系能不疏远吗？

其次，上班妈妈的恋子情结悄然滋生。妈妈爱子心切，为其倾注所有，几十年如一日地付出、努力，俨然形成了一种习惯。可你想，最爱的孩子总有一天要离开妈妈的怀抱，走向远方，寻找自己的梦栖之地，成立自己的家庭。总有一天你会进入“空巢期”，失落、孤独，为他担忧、为他害怕，那时怀念成为了你的工作，你的生活也必将乱成一团。

我曾经接触过类似的一个妈妈，在一次聊天中她给我讲了她的故事。她说她的儿子从小到大在她无微不至的呵护下快乐成长。儿子各方面都比较优秀，她把全部心思都放在了他身上，对老公的关心和爱护自然就少了很多。当

孩子上大学离开家之后，她一时十分失落，思念之痛让她整夜不眠，20 多年的生活习惯突然变了。她想尽办法去排解心中的思念和郁闷，却不见成效。于是她就把心里的烦躁和不满都发泄在老公身上，刚开始老公还可以忍受，时间长了，老公不常回家，这使得她更加情绪化，直到有一天，老公和她提出离婚，她才震惊了。

最后，如果妈妈把孩子当成最爱，同样孩子也会产生恋母情结。

恋母情结最初是弗洛伊德提出来的，他认为在孩子性心理的发展过程中，最先要在亲近的家长那里得到满足。甚至在他们长大以后，也可能仍然深恋着自己的母亲。特别是男孩子，由于恋母，从而不容易把感情移到其他人身上，甚至不能顺利组成家庭，严重者还会导致性心理发育障碍或其他方面的障碍，影响日后的生活。另外，孩子在身份和性别认知期阶段，如果男孩过分依赖母亲，女孩过分依赖父亲，很容易形成孩子的“性身份障碍”。有可能发展为排斥甚至仇视异性，严重的可能形成同性恋的潜在内因。

一般来说，孩子在 3 岁到 6 岁期间，会在感情上更加依恋父母中的一方。如果你不能在这个阶段教孩子具有独立意识，也从不让他自己去独立完成一些能力所及的事，而是一味地宠爱，还像在婴儿时期一样地照顾他，那么他们会缺乏独立能力，会依赖别人，尤其是依赖那些可以给予他们许多关心的人。而这些都不利于培养孩子独立思考问题和生存的能力，同时也影响孩子创造性、积极性的发挥。

基于以上三点，作为上班妈妈，我们必须清楚地认识到，爱人是陪伴自己一生的人，事业是自我价值实现的舞台。为了孩子的今天和未来，千万不要让孩子成为你的最爱，本着这一点，去与孩子相处，相信每一个职业女性，一定能出色地演绎好既当女强人，又当好妈妈的双重角色。

第二章 育儿不是妈妈的独角戏

双职爸妈，照顾孩子要彼此配合

现代社会中，双职家庭占了绝大多数，更多的爸妈在职场中拼搏，体现自己的人生价值。该如何调整好自己的心态和行为，以便让自己的家庭更为和谐呢？夫妻双方均在外工作的家庭普遍面临着这样一个问题：如何平衡事业与家庭，如何把自己蜕变成内外兼顾的千手观音呢？答案不言而喻，这当然是要夫妻双方既要各自付出，又要彼此配合。

双职父母们许多时候会遇到工作和家庭之间的失调。例如，承诺和孩子一起外出活动或参加他的学校聚会，但因公事缠身或突发出差而未能兑现；孩子生病或家中发生意外，父母便要把工作暂且搁置，火速回家。在这种顾此失彼的情况下，父母很容易产生自责的心理，一方面把孩子健康欠佳、学习成绩不理想或行为不良的责

任归咎于自己照顾不周；另一方面会因为顾家而减少了晋升、进修或往外地公干的意欲，使个人事业发展受到限制。在这种情况下，作为父母，首先要想到的不是埋怨和自责，而要相互沟通，及时解决遇到的各种问题。

我们生活在这个有着男尊女卑传统观念的文化国度，无论时代怎样进步，大多数人的观念始终无法改变。针对带孩子这件事，大多的男人们认为天生就该是女人的事，所以一提到做家务，似乎脑袋里冒出来的尽是妈妈们的头像，妈妈理所应当地包揽全家大大小小的家务活。

大家总觉得指导孩子的学习、照顾孩子的起居等都应该是妈妈的事情，爸爸们就该那么心安理得地过“饭来张口，衣来伸手”的大少爷日子吗？当然不是，妈妈们不是机器。我们需要衡量一下自己的体力，配合自己所拥有的时间和工作量，做出最有效率的生活规划表。家务活可以由爸爸适当分担些。在双职家庭中的爸爸们一定要学会分担家务活，否则累坏了妈妈们，不仅自己吃亏，还会连带使整个家庭受累。要知道，一个女人，既要工作，又要做家务、带孩子，其承受的劳动强度绝不亚于任何一个工种的工作。这绝非危言耸听，我相信身在其中的母亲都会认同我说的话。

生活中，妈妈们的肩上总是无可争议地扛了孩子的教育大任。而现代家庭基本上都是双职工家庭，夫妻各自都有自己的工作要忙，这样一来下班干家务活、带孩子之类的业余工作就需要很好的分工与合作了。如果这方面处理不好，不但容易导致家庭矛盾的发生，

对孩子的成长也是极为不利的。要知道，一个孩子的成长，需要父母双方的付出，这种付出不仅仅是金钱的付出，更是爱与呵护的付出。只有爸爸和妈妈共同教育，才能发挥各自的优势，教育好孩子。

男与女，先天上就有实质的差异。一般来说，男性接触面广，思路比较活，行动力强；女性思维比较缜密，比较安静，爱幻想不易化作实际行动。因此，孩子需要爸爸宽广面的引领，在安全许可的范围内，放手让孩子亲自体验，例如：陪孩子锻炼，以强身健体；带宝宝旅游，以拓宽视野；陪宝宝面对挫折，以坚忍毅力；陪孩子分享快乐，以坚定自信等，这些光靠妈妈单方面教导是不够的，还需要爸爸们的配合，尽力地吸收新知，内化成孩子能够接受的，再提供给孩子一个感受和接触的机会。

可心是一个可爱漂亮的小姑娘，妈妈一边上班一边带可心，虽然很辛苦，但妈妈还是精心照顾着可心。因此，可心和妈妈很亲，从上幼儿园起就由妈妈接送。爸爸因为太忙，很少时间陪她，可心也很少有机会能看见爸爸。由于缺少爸爸的教育，可心的性格出现了一些缺陷，比如胆小、喜欢独自生闷气等，而这些都是需要爸爸来引导、改善的。

我们常说孩子是两个人的，而事实上，生孩子、带孩子更多的是捆住了女人而不是男人，身为女人的丈夫应该理解，并帮助妻子

做家务和照看孩子。夫妻关系越是和谐，家庭氛围才会更加温馨，对孩子的教育才会收到更好的效果。

教育和培养孩子是夫妻双方共同的责任和义务，父母中任何一方一手包办都不合适，只有夫妻双方经过协商取得一致才能防止教育出现偏差，收到有益于孩子发展的最佳教育效果。爸爸要多和妈妈沟通，抽出时间和妈妈探讨教育孩子的问题，对于有争议的问题，夫妻可以各自说出自己的意见，无法认可对方的行为时，要商讨出双方可以共同接受的科学的教育方式。只有相互配合才能教育出好孩子。

现在许多家庭中，由于夫妻双方经历、价值观、知识水平不同，对孩子成长规律的理解也互不相同，因而会在孩子的教育问题上产生分歧。爸爸妈妈的教养态度不一致，往往会使得孩子无所适从，使孩子成为人格失调的两面人。父母一个严，一个宽，往往是导致家庭教育失败的重要原因。

总之，家人的认同和支持、妥善的应变计划是双职父母应付挑战的不二法门。双职带来的矛盾冲突偶尔会发生，但亦可视之为家庭生活的小插曲。夫妇间努力克服困难、互相体谅和放眼将来，并善用双职带来的优势，跟子女共同成长，才是积极面对挑战的良策。

值得注意的是，当夫妻双方发生冲突的时候，彼此应该用宽容与接纳的态度，只有和谐的家庭才能养育出健康、自信、快乐的孩子，也只有和谐的家庭，才能让孩子的成长更悠然自在，更加茁壮！为了孩子的未来，双职父母，应该相互配合，全心全力为孩子打造

一片最适合、最温暖的成长天地。

父母在孩子的成长过程中扮演着不同的角色

家庭是提供孕育人格，并最早进行社会化的场所，是孩子生活和成长的摇篮。只有父母共同用双手和关爱托起这个摇篮，才能为孩子托起生命的蓝天。

父母亲的角色扮演不同，对孩子的影响也各有不同。其实每个孩子，即使是胎儿都能感知到父母对他是否呵护、是否疼爱。因此，心理学上将“家庭”的概念界定为具有稳定情感联系的人们的共同体，在中国普遍表现为三口或者五口之家，多数靠血缘维系，家庭成员之间通过彼此鼓励、彼此支持实现整个家族的壮大和发展。让胎儿从孕育之初就感受到家庭的和谐与完整，对培养其对家庭的热爱以及承担相应的责任有极大的帮助，同时这也是胎儿孕育成长的本质需要。而其中，父亲的力量起到了关键性的主导作用，往往以榜样和秩序的维护者的形象出现，那就是关心妈妈，呵护孩子。

有人说，母亲养育了男孩儿，父亲则造就了男孩儿。想想很对啊，父亲所教给孩子的是怎样应付和解决他们遇到的各种人生和社会问题，而母亲所代表的是人性和社会生活的情感方面。所以父爱代表的是事业，思想，冒险和奋斗等理性方面的教育，如果这点的不足或者缺失，那么孩子就会脆弱、胆小，就会依赖性强，独立性

差!

在我国，素有“严父慈母”的教育观念。妈妈给孩子的教育是温和的，感性的因素居多；爸爸给孩子的教育是严肃的，理性因素居多。孩子正需要这两者有机结合的教育。

而我们当前的家庭教育中，主要是妈妈承担了教育孩子的重担，这对孩子的人格、性格、能力等等的发展都是不完整的。研究显示，爸爸适当参与照料教育孩子，能给自己和孩子带来更多正面影响，如为人父的喜悦自豪感、被孩子需要的价值感和责任感及孩子带来的幸福感，会使爸爸变得更加成熟自信、激励爸爸进取和成功，然后，爸爸又将这种精神反作用于孩子身上，使孩子成长更具活力和感召力。爸爸要特别注意的是，在教育孩子的过程中，要和妈妈的教育配合默契，应注意不要在孩子面前贬低妻子，也不要在孩子面前大声斥责妻子。要知道，爸爸和妈妈对孩子的教育存在角度、内容、方式等方面的差异，而正是这些教育的差异性才使父母从互补的角度对孩子产生不同的影响，父母角色缺一不可。

我们知道，父母与孩子是人世间最亲密的关系，父母与孩子不仅有血缘关系，而且双方长时间生活在一起，共同形成社会体系，并有共同的心理连带与强烈的依附关系存在，并且会相互影响。因此父母是否称职，是否恰如其分地扮演适宜的角色，都会关系到孩子一生的成长与发展，甚至和终生相关的命运。可是，想要成为一个合格的父母是需要在长期培养孩子的过程中不断摸索和学习的。

在孩子成长的过程中，父母会因为性别角色、社会分工、家庭

分工的不同会各自运用不同的教育方式来教育孩子，从而担当起不同的教育任务。一般来说，妈妈通常有更多时间照顾家庭，作为与儿童接触交往最为亲密的亲人，妈妈会偏重于生活和情感，给孩子传递细腻，富有同情心的阴柔的一面，能够给孩子一个稳定、温馨的家庭环境，所以妈妈在孩子心中是安全和温暖的源泉，这些都是低龄孩子所最为需要的。虽然妈妈的学历对于低龄孩子而言可能并不是首要的，但对于孩子今后的健康成长却依然起着十分重要的作用。

父亲作为孩子眼中的象征社会规范的榜样，则注重于精神和心理，传递给孩子的是坚强，勇敢，承受力强等阳刚之气。其自身的学历，甚至更高的学历素养对孩子的健康成长特别是社会化过程，将始终起着一种引导和促进作用。所以，在教育孩子的过程中，父母是不能互相替代的，只有爸爸妈妈两者相辅相成共同教育，才能造就孩子健康健全的心理素质和更加完美的道德品行。

现在看来，有很多时候我埋怨我的孩子不够活泼，不爱表现，不够胆大等对孩子来说是不公平的，因为是我陪他的时间太多了，我作为母亲女性的一面已经深深地影响了他，而他的心灵和手脚都还没有接触到他爸爸阳刚的一面。我打算在以后的日子，多给孩子表现的机会，多和爸爸接触了解，让爸爸的阳刚之气去影响他。

都说孩子是家长的镜子，家长是孩子的榜样。没有一个家长会承认自己不会教育孩子，也没有一个家长能承认自己在教育孩子的行为上有问题。不管怎样，只要父母为孩子的成长付出了心血，各

自尽好自己的责任，扮演好自己的角色，一定能教育出更出色的孩子来。

由爸爸带大的孩子智商更高

在西方有一句话，是这样说的：“让一个孩子和一个合适的男人在一起，这个孩子永远不会走上邪路”。这句话虽然有些绝对，但也说出了父亲在孩子成长中的重要作用。

美国总统奥巴马，就任前已认识到父亲对孩子的独特价值，更认识到父亲教育缺失对一个国家，一个社会的影响。他说：“作为父亲，我对父亲的独特价值深有体会，因为父爱与母爱是不同的，再好的母亲都不能替代父亲的作用，就像再好的父亲都不能替代母亲的作用一样。”

爸爸是高山，妈妈是大海，在家庭教育中各有优势。父母在教育孩子的过程中扮演着不同的角色，两人有不同的分工，但在教育问题上必须要一致，不能把责任推给对方。夫妻双方都主动教育孩子，孩子才会感到爸爸对自己很上心，不敢钻空子。只有做到阴阳互补、平衡，才能防止出现阴盛阳衰的现象。而在我们当前的现实中，有相当一部分爸爸总把教育孩子的责任推给妈妈，自己则图躲个清闲，其实这样做不好。若孩子心里感到爸爸对他不负责任，有事时也不向爸爸征询意见，爸爸的威信就会越来越低。

调查表明，目前我国男孩倾向阴柔化，这与父亲在孩子教育中缺位是有关的。古人云：养不教，父之过，父亲在孩子成长过程中的作用毋庸置疑。然而，由于受男主外、女主内传统思想的影响，很多父亲以工作繁忙或分工不同为理由，疏忽了对孩子的教育。

很多心理学专家都认为，由男人带大的孩子智商更高，他们在学校会取得更好的成绩，在社会上也容易成功。同在一个家庭，面对同一个孩子，两个大人的家庭教育却存在着许多看似细微的差异。这除了与父母文化、修养差异有关外，更多的应是性别差异造成的。那些宁愿在家里照顾孩子的父亲在教育孩子方面有更强的目的性。想要培养孩子哪些品质，发展哪些方面才能，父亲心中一般都是有计划的。该怎样做，需要些什么条件，是比较明了的，而母亲在这方面就要差一些。大多数母亲对孩子都是有较高期望，但在实际教育中，母亲往往就显得无计划。

而且，父亲比母亲更理解孩子，对孩子的培养目标更明确、更实际，对孩子的要求更严格，方法更有针对性，更有利于孩子的发展。如果父亲经常主动接触孩子，孩子的数学成绩会较好，这对孩子的数理逻辑能力发展有很大的影响。

此外，父亲还对孩子的智力、体格、情感、性格等方面有很大的影响。父亲主动和孩子接触，把自己的爱、关心、照顾、情绪传递给孩子，一举一动都在潜移默化地影响着孩子，对孩子的成长有着独特且不可代替的作用。所以，父亲要扮演好自己的角色，认真履行父亲的责任，经常主动与孩子接触。

从教育内容来看，在知识的传播上，父亲的知识面一般广于母亲，而且在史、地、哲上父亲往往精于母亲。因此，父亲给孩子讲得更多的是历史故事，各地风情民俗，英雄人物等，而母亲则一般都是给孩子讲童话，涉及史地哲较少，这在拓宽孩子视野，丰富孩子知识上就稍逊一筹了。

在生活习惯的培养上，父亲教育孩子要独立、果断，要具有勇敢精神和冒险精神。他们让孩子参与修理简单家电，让孩子大胆学骑自己行车，带他们爬山、赛跑……而母亲总想保护孩子，在孩子参加有一些危险和较复杂的事的时候，她们总担心孩子会不小心碰着了、摔着了、累着了。

从教育方式上来看，父亲一般鼓励孩子自己动手动脑做事，而母亲则比较喜欢帮孩子做他们力所能及的事。父亲对孩子提出的无理要求，态度一般都比较强硬，而母亲则时常心软。父亲带孩子上街，看的东西多，零食吃得少；母亲带孩子上街，看的不多，零食却吃的不少。

大量研究资料显示，与父亲接触少的孩子，体重、身高、动作等方面的发育速度都要落后一截，普遍存在焦虑、自尊心不强、自控力弱等情感障碍，表现为抑郁、忧虑、孤独、任性、多动、有依赖性等，被专家称为“缺乏父爱综合症”。

因此，要想孩子更健康，更聪明，父亲首先应该多与孩子交流，把自己宽广的知识面，灌输给孩子，让孩子在潜移默化中开阔视野。同时，用各种方式向孩子表示和传递父爱，使孩子经常感受到父亲

的爱和关心。

其次，父亲要多和孩子一起玩耍，比如：带孩子去动物园、游乐场、逛街，和孩子一起玩玩具，做游戏。父亲的动手能力强，体力充沛，令孩子能更好地在玩中学习，在玩中成长。

要知道，鼓励是给孩子最好的嘉奖，所以爸爸尽量给孩子创造独立做事的机会，支持并鼓励孩子走自己的道路。父亲的“男人气质”有助于培养孩子勇敢、坚毅、强悍、坚强等意志，有更强的生命激情。

令人欣喜的是，现在越来越多的爸爸已经意识到了自己在孩子成长过程中与母亲同等重要、不可取代的重要性，从而积极地参与到家庭教育中来，用自己在人格品质、社会阅历等方面的优势对孩子的成长施加积极的影响，把母亲生活领域之外的东西尽可能地展示在孩子面前，并成为孩子探索新领域的向导和力量源泉。

父爱的影响力与母爱的亲和力

孩子就像是上天赐予我们的珍宝，谁都不会吝惜对孩子付出爱。父母对孩子的呵护，既是一种天赋的本能，也是一种不可或缺的情感需求。我们用各种方式爱着孩子，甚至连我们自己有时也不禁陶醉在这种爱的付出中，总以为这就足够。

然而，我们是不是想过：这爱是否可以抵达孩子的内心？我们

是否在用正确的方式去爱孩子？这些问题都是每个为人父母应该好好去想一想的，千万不要因不正确的爱而伤害了孩子。

因为，男人与女人生理、性格等区别决定了父爱与母爱的区别，我们常听说，“男人来自火星，女人来自金星”。这句话让人们再次关注到男人和女人的爱有所不同，那就是男性的影响力和女性的亲和力。比如，看到一条河流，男人注意到的是它的速度和水量，目测它的深度，并估量自己是否可以穿过它到达彼岸；而女人会注意那些跳跃的浪花、晶莹的水珠，有的还会脱下鞋子跳进河里，顾不得水流里是否暗藏危险。男女性别的差异，决定父母不同的教养智慧，孩子在成长中需要如山的父爱，更需要似水的母爱，正所谓山有山的气概，水有水的风骨，如同父亲用爱去影响，母亲用爱去亲近。

男性的影响力在社会生活的方方面面都大显神威，一个有魄力的男性更容易获得事业上的成功。在教育孩子的过程中，父亲要发挥自己身上本来的健壮、理性、创新的特质，让孩子在生活中体会到主见、责任和原则。这些抽象的概念本身是很难对孩子有所启发的，但是通过父亲示范，孩子会将这些优秀的品质和人生必备的智慧，自然地纳入自己的思维世界中，形成一个大体的框架。这就是影响力。父亲传递给孩子的影响力，可以让孩子有安全感，从而可以自由地绽放生命的潜能。

也许你还没有注意到，自己身为爸爸，却在扮演妈妈的角色，或者，妈妈在像爸爸那样影响孩子，表达父爱。这样显然对孩子的

成长和发展十分不利。父母需要回到各自的位置上，居其位、行其职，混淆了家庭的角色分工，就会损害孩子的心理成长。

要知道，父亲的爱可以为孩子构建一个宏大的世界，让孩子的心志丰盈强大，而母亲的爱是宏大世界里的风景，是驱动孩子成长的润滑剂，能够减少孩子成长的痛苦和摩擦，滋润孤单的生命。随着孩子年龄的增长，父亲在孩子的人生道路上渐渐占据重要的角色。谈论到事业的时候，父亲就像雄才大略的军师，身经百战，积累了丰富的经验。因此，如果说父亲的爱已经为孩子准备了赢得权力的能力，那么，母爱就为孩子准备了发挥才能的能力，甚至可以说，是母亲让父亲对孩子的影响得以变为现实。这种发挥才能的能力，就是亲和力。

每个人身上的亲和力都是相差无几的，与人为善、与人为伴。但是在拥有不同潜能的人身上，亲和力会发挥不同的作用，能力越强的人，就越需要亲和力的帮助。例如：小朋友拥有亲和力，在学校容易交到朋友；年轻人拥有亲和力，会容易吸引异性；老师拥有亲和力，会赢得学生的好感，与孩子们成为亲密的朋友；领导拥有亲和力，员工的热情和进取心就更容易被调动，团队的氛围会更加融洽，等等。强大的亲和力，总会给人以温暖，让人们看到信心和希望。当亲和力与人生这样的命题相结合，用最现实的词汇来解释它，就是人脉力。

每个人的知识是有限的，任何事情都需要合作才能完成得更好，伟大的交响乐也需要不同的乐器共同演奏。在我们这样的人情大国，人脉的作用就越发不能小觑。礼尚往来是一种人脉投资，而亲和力是最节约成本，也最值得信赖的一种人脉力。其实，亲和力没有学术的定义，也没有最高的标准和独门绝学，只要一个人打开心扉，真诚地接纳他人，懂得欣赏和倾听，他就具备了亲和力。

女性身上柔美温婉的气质则更容易赢得朋友、赢得关注。母亲的关爱和理解则能够让孩子的心灵装满温情，对生活充满美好的期待。所以说，在家庭教育领域，父亲的影响力和母亲的亲和力则是为孩子创造健康成长的环境必不可少的两种力量。在这样的环境中长大的孩子，拥有的发展空间将更加广阔，因为在家庭的熏陶中，他已经不知不觉成为了一个拥有影响力和亲和力的人，而这正是能够使你的孩子成为未来精英人才的两种必不可少的重要特质。

家庭教育也是父母对自己的一次教育过程，父亲是孩子精神世界的建筑师，决定着孩子今后的气量和魄力；母亲是孩子情感世界的粉刷匠，决定着孩子心灵的亮度和色彩。把握属于父亲的领袖力，发挥属于母亲的人脉力，用这父爱的影响力与母爱的亲和力，为孩子的成长缔造一段辉煌之旅。

隔代亲要充分利用

回顾中国的历史传统，你会发现儿童教育历来是由老人负责的。可以说，隔代教育几乎是中国的“国粹”之一。上至皇家世胄，下

至平民百姓，我们不难发现其踪影。历史上的康熙皇帝之所以成为一代英明的帝王，与其祖母孝庄皇太后的教育有着密切的联系，而他的孙子辈乾隆皇帝也正是受他影响成就了清王朝的鼎盛。因此，我们的家庭教育中，一直存在着两种基本的教育形态，一是父母对子女的亲子教育；另一种就是祖辈对孙辈的隔代教育。所谓隔代教育，就是指祖辈对孙辈实施的一系列教育教养活动，教育专家通常将由爷爷、奶奶、外公、外婆对孩子的教育，称为“隔代教育”。隔代教育与亲子教育是相对应而存在的。

现实中，隔代家庭教育最常见的表现为老人对孩子的过分溺爱、纵容、袒护等等。通常，人到老年会格外疼爱孩子，并且容易陷入无原则地迁就和溺爱之中。同时，因为怕出错，遭到儿女责怪，老人心理上也会有一些顾忌和压力。于是老人们总把孩子放于说一不二的核心位置，事事依着孩子。所以很容易给孩子造成人人都得听自己的错觉，稍不合心意就大哭大闹。而每次遇到这种情况，老人就百般哄劝。长此以往，孩子会发现通过撒泼、发脾气等任性行为可以达到目的，于是一有机会孩子就以这种任性脾气要挟家长，以满足自己的非分要求。即使孩子犯了错误，老人也不及时纠正，孩子不合理的欲望也常会无原则地得到满足，而当父母对孩子进行教育时，老人们又会出面干涉。时间一长，孩子会以为自己是家庭的“主宰”。这种过分的溺爱和迁就容易使孩子产生“自我中心”意识，形成自私、任性等不良个性。

俗话说：一日之计在于晨，一年之计在于春，一生之计在于青。

对孩子一生来讲，个人品质、性格形成的关键期在 0～10 岁。家庭是“制造个性的工厂”，又是孩子的第一个环境，是最早进行个性培养和教育的场所。此时亲子之间的交往对幼儿个性的影响是很深的。以母亲为中心的各种刺激对孩子未来个性的发展影响很大，孩子不仅体验着由家庭环境给他们带来的一切影响，萌发着个性特征，也为今后的个性发展打下了基础。没有受到母爱教育的孩子，其心理的正常发展将受到很大影响。如果在这个阶段孩子几乎都与老人生活在一起，失去与父母沟通交流、培养感情的机会，任凭“隔代亲”特殊的宠爱泛滥，就会对其身心发育造成很不利的负面影响。

总体来说，在我国隔代教育的质量不尽如人意，祖辈家长的家庭教育总体水平明显低于父母的家庭教育水平。因此，父母对子女的亲子教育万万不可缺失，隔代教育只能是亲子教育的补充而绝不能越俎代庖。而解决此类问题的关键就是如何擅用其长，以避其短。

当然，我们不是全盘否定隔代教育，如果老人们能够具备一定的现代家庭教育科学知识，并把之运用到带孩子中，也是具有一定优势的。

首先，我们现在的许多祖辈家长们，他们有充裕的时间和精力，而且愿意花时间与孩子在一起生活。他们不仅照顾孩子的生活，提供学习的条件，进行适当的指导而且能够耐心地倾听孩子的叙述。一般来说，祖辈与孙辈之间容易建立融洽、和谐的关系。

其次，祖辈家长具有抚养和教育孩子的实践经验，对孩子在不同的年龄容易出现什么问题，应该怎样处理，他们知道的要比孩子

的父母多得多。在长期的社会实践中，祖辈家长所积累的社会阅历和人生感悟，也是促进幼儿发展和有效处理孩子教育问题的有利条件。

最后，作为祖辈家长，他们自身也有一种童心，很容易与孙子孙女建立起融洽的感情，这就为教育孩子打好了良好的感情基础，利于祖孙两辈身心健康。如果祖辈家长能发挥自己的所长教养孩子，年轻父母也能得以解决后顾之忧，专心致力于事业的发展。如此一来，也就达到了两全其美的效果。

没有完美的人，也没有不出错的人，即使再优秀的人多多少少也会有一些缺点，我们不能苛求老人们能完全按照自己的要求教育孩子，但我们可以及时帮助老人们改正不正确的教育方式。当发现老人对孩子有溺爱的现象或不妥当的教育方法时，我们应从侧面提醒老人，使老人意识到自己教育方式的不妥，切不可当众训斥老人，那样只会伤了老人的心。老人们精心呵护孩子的生活，为年轻的子女解决了实际困难，这是老人们对子女工作的支持与帮助，因此，要珍惜老人的劳动，对他们的真心付出心存感激，不要因为老人的有些教育方式不妥或溺爱孩子而剥夺老人享受天伦之乐的权力。

可以经常向老人介绍一些教育实例及教育书刊，丰富老人的教育知识，转变教育观念，从而在家庭中取得教育上的协调一致，提高家庭教育的质量。但是切记，抚育孩子是为人父母的义务和责任，忙碌不能作为把孩子丢给老人家的借口，所以不管多忙，妈妈都要抽时间和孩子在一起，以免与孩子之间产生隔阂。

总之，我们做妈妈的家庭教育理念要转变，在协调好与老人的关系的基础上，若也能引导老人转变教育理念，充分发挥好老人的作用，那就更好了。父辈和祖辈们在教育子女上要真正地形成家庭的育人合力，而不是互相指责和埋怨，相信就会真正实现隔代教育的双赢！

把孩子的老师看成盟友

2010 年，曾因为“孙子命令爷爷系鞋带”之事，网络纷纷对现代孩子的健康成长深感忧虑与不安。看看我们现在的孩子，他们多是独生自女，个个都是家里的“小皇帝”、“小公主”。父母对其百般溺爱和迁就，事事对其依着、顺着。而在学校里，孩子这种“霸道行为”也是屡见不鲜。当孩子有染于不良行为时，学校老师就把改变孩子的希望寄托于家长，可最终给予老师的又是一个个的失望。

先是留守儿童让老师找不到家长，好不容易找到而非留守孩子的家长，也都推脱忙于活计或工作应酬，总说“孩子已经交到学校了，就由老师处理了”，“要是他不听，就打他”，“我们的孩子在家里很听话，怎么到学校就有那么多的不良行为”……还有的家长在孩子面前奚落学校老师的种种不是，曲解《义务教育法》，以“变相体罚、不准开除”来抓住教师的软肋骨，无节制地溺爱与袒护孩子，等等。诸如此类的行为，让老师带着阳光之心而来，带着无可言比的沉重与无助而归。

望子成龙、望女成凤，是每一个家长的心愿，可这一美好的心愿也常常使得我们的家庭教育无奈地走入了一个误区，那就是要“智”不要“能”。很多家长们要么让孩子一味地学习，只注重知识的灌输，轻视能力的培养，过分依赖学校教育。要么，就是无视老师的教育，全然按自己的要求教育孩子。除了这个，还要让孩子加入到社会上举办的各种补习班，特长班去“充电”，唯恐自己的孩子被别的孩子给落下。然而，更可怕的是，家长和老师不配合，不沟通，使学校教育和家庭教育脱节，这对于孩子的成长和学习来说是极为不利的。

我们知道，学校是教书育人的地方，在传授知识的同时，按课程的要求注重孩子的素质教育，能力的培养，把德育工作贯穿到学校教育的始终。父母是孩子的第一任启蒙老师，为孩子们营造了第一个教育乐园，只有家长与老师合作，把家庭教育和学校教育连接起来，才能更好地培养孩子的综合素质和能力。

父母呵护关爱孩子在情理之中，但若关爱太多就成溺爱了。饭来他就张口，衣来他就伸手，这样溺爱出来的孩子，怎么会有感恩的心？他反而认为那是理所当然，会心安理得地接受父母施与的一切。所以教会孩子学会感恩才是最基本的思想教育之一，这也是培养情商最起码要做的事。还有，家庭教育不要与学校教育脱节，在家继续培养孩子的独立能力。在校老师好不容易激发起孩子热爱劳动的情感，可到了家，父母怕他累着不让做这个，不让做那个，特

别是爷爷奶奶、外公外婆更舍不得让他们做，或嫌弃他们不会做而不让他们做。这样的脱节对孩子简直就是一种悄无声息的摧残。最好的家庭教育就是让孩子成为家庭的小主人。比如，让孩子和父母一起去买日用品，安排家务以及休闲活动，大一点可以一起决定家庭大事，参与家庭理财等等。很多家长由于工作忙等原因，把教育孩子的事都丢给了学校，这怎能全面教育好孩子？

毕竟，学校教育不是万能的，它与社会、家庭的教育环境有着密切的联系。社会的复杂化，家长无知的淡漠化，导致了学校教育陷入了无助与无奈之中。在科技迅猛发展的时代，充满诱惑的网络虚拟世界无时不在吸引天真孩子的好奇心，不良因素随时侵袭一颗颗还不具备明辨是非的童心，学校无力改变社会环境并解决全部教育问题。

苏霍姆林斯基曾说过：教育技巧的全部奥秘也就在于如何爱护儿童。教育孩子不仅仅是学校老师的分内职责，也是每位父母的第一要职，无论是老师和父母都有一个共同的愿望，那就是教育好孩子。因此，教育不是父母或老师一方的义务，社会和家庭应该密切配合，父母应该把老师看成盟友，实现教育互动，才能收到良好的教育效果。

有一位妈妈就这样说过，自从她的孩子上了幼儿园，她就没怎么管了，特别是学习方面的，幼儿园当然会教了。这样的后果是她的孩子在全班同学中识字量最小，识字能

力最差的一个。现在她已经认识到这个问题，必须要和老师配合起来教育孩子。

一般来说，孩子在3岁时就该入幼儿园了，教育孩子的责任将由家庭和学校共同承担。因此，就需要家长和老师密切配合，步调一致，共同教育培养孩子。

家长首先要在孩子上幼儿园之前，就要帮助孩子做好心理方面的准备。告诉孩子，幼儿园里有许多老师和小朋友、很多玩具，老师和小朋友唱歌、跳舞、做游戏、讲故事、学习本领等，使孩子产生向往幼儿园的愿望。家长还应注意培养孩子的独立生活能力，训练孩子自己洗手洗脸、大小便，自己吃饭等，有意给孩子提供多和其他人接触的机会。

接下来，当孩子入园后，家长应与老师经常保持联系，随时了解学校对孩子教育的要求，以及自己孩子在学校的一切情况和表现，征询老师的意见，并向老师如实地介绍自己孩子的特点及在家庭的表现，以便老师有针对性地教育。如果家庭与校园步调不一致，就会使孩子无所适从，甚至养成不良习惯。倘若孩子在学校犯错后，受到老师的批评或被别的孩子碰着啦，孩子常常会满怀委屈或不满地向家长诉说，家长切记听后应保持冷静，不要随便评价或指责老师，应该把情况问清楚后，耐心帮助孩子，使孩子有正确认识，并改正错误。

最后，要告诫每一位家长的是，应该把孩子的老师当成你的盟

友，尊重老师的劳动，大力支持老师的工作。加强与孩子、与老师之间的沟通，让家庭教育和学校教育同步接轨，形成一个良好的家长学校联系网络。只有这样，才能为孩子的全面发展和健全人格栽培良土，给孩子树立正确的人生观和价值观，也唯有这样，才能切断“恶性循环”的教育带子，为教育好孩子开创一片蓝天。

第三章　在繁忙的工作中，跟孩子一起成长

请姥姥帮忙，“先培训，后上岗”

伴随着经济的高速发展和生存竞争的激烈，双职工家庭也越来越多，很多女性在生完孩子之后不得不去工作，而带孩子一事多由家中的老人负责。目前，由爷爷奶奶或者姥爷姥姥带管孩子的家庭已占了相当大比例。

可以肯定的是，由老人带孩子有一定的优势。老人对孩子爱多表现为，无条件满足孩子的需要。他们能宽容孩子的天性，使孩子精神上得到极大宽松、极度自由，这便为他们提供了模仿、探索的机会。但从心理发展方面来看，孩子的心理需要并不能代替孩子的父母，孩子对父母的情感依恋需要不能得到满足，使隔代教养对孩子的性格发展并不尽如人意。

而隔代教育对孩子的性格的影响也有不利的方面。由于老人容

易过分地溺爱和放纵孩子，使孩子过于自我，进而影响自我意识的发展，形成自私、任性的不良性格，容易使孩子错失形成友好交往和优良品质（如谦让、爱劳动）的良好机会。多数老年人喜欢安静，不爱运动，也不爱外出活动。孩子与奶奶姥姥朝夕相处，长期囿于老人的生活空间和氛围中，耳濡目染模仿的都是老年人的言行，张口闭口说的是成人的话，容易失去天真幼稚的本性。另外，外出活动少，一方面运动量小，身体缺乏锻炼，会造成体质柔弱多病。

同时，老人更多的包办替代和保护，阻碍了孩子的独立能力的发展，致使孩子视野狭小，缺乏活力，不敢面对生人、不会自己处理事务。严重的还会造成孩子心胸狭隘、固执、退缩、心理老年化……，这样很容易泯灭孩子天生的好奇心、冒险性和创新精神。而祖辈的价值观念、生活方式、知识结构、教育方式等与现代社会或多或少会有差别。

因此，对扮演子女与父母双重角色的年轻的爸爸妈妈而言，不要以为有姥姥或奶奶帮着带孩子就彻底放手教育孩子，一定要在百忙中抽出时间与孩子交流，抽时间陪陪孩子，教育引导孩子，常与老人沟通，千万不要放弃自身的职责。这是每一个为人父母不可推卸的责任和义务。

作为孩子的母亲，切记不要把工作当不管孩子的借口，只要重视，时间总能挤出来的。比如：每天晚饭后和孩子做游戏、讲故事，周末带孩子外出活动。同时要做到尊重老人，经常和老人聊聊天，讲讲科学养育孩子的新经验，虚心接受老人的指点。必须时，也可以买一些科学育儿的读物，与老人交流学习体会，帮助老人接受新事物。对老人宠爱孩子等一些错误的做法，既要坚决表明自己的态度，又要耐心和老人商量，尽量减少正面冲突。

老人的精神和心理承受能力，其实是很脆弱的，但他们对孩子的爱无可置疑。所以，在把孩子交给老人管教时可以“先培训，后上岗”但一定要注意和老人沟通时的方式和语气。

比如，告诉老人宝宝就要上或正在上幼儿园，园里有许多小朋友，来自不同的家庭，大家性格不一样，你要让宝宝从现在起就开始适应和不同性格的小朋友相处，等到他上幼儿园就不会出现问题了。假日里让妈妈请些朋友或同事带着宝宝来串门，你一定要抓住机会，让宝宝和小朋友在一起玩。如果出现他在玩的时候对别的小朋友不够友好的事时，你一定要要好言相劝，鼓励他和小朋友一起玩，帮助他和小朋友一块儿玩他的玩具，让他感受到分享的快乐。

再者，可以和老人谈谈独生子女环境单调，与人交往少的问题，理解宝宝将来还是得走上社会的，不能过于呵护，要逐渐锻炼宝宝的独立性，让他到集体生活中能尽快地适应。建议老人家给宝宝讲有关合作、分享、同情的故事，对宝宝的社交行为会有好处。这些故事老人可能是有的，如果没有，你可以为他编一些。提醒老人带孩子到朋友家去串门，在比较陌生的环境中，锻炼他的社交能力。有时他会受到小朋友的热情接待，会使他回过头来想自己的问题，以后碰到类似的情况，他就会改了。

老人为我们带孩子，我们可以全身心投入工作，更好地为家庭

创收，为孩子的生活成长创造更优越的环境。因此，我们要懂得感恩。但必须要清楚，自己才是教育孩子的真正主角。

所以，既不要为图省事，孩子一生下来就甩给老人。也不要怕老人惯坏了孩子，拒绝老人带孩子，割断祖孙之间的亲情。不论是与老人同住，还是暂时把孩子寄养在老人家中，我们都要注意和老人协调关系，一切以为了孩子的健康成长为出发点，以教育好孩子为根本目的。

决定你自己要做什么，而不是让孩子做什么

天下没有哪个妈妈不爱孩子的，可以说为了子女她们任劳任怨，用心良苦，可到头来却常常不尽如人意。细究其原因，主要就在于她们爱孩子的方式，这种方式在妈妈早期的家庭教育中就要明确。每个父母都希望自己的孩子，成为一个德、智、体、美全面协调发展的人。因此，妈妈在教育孩子成才的同时，要让孩子知道学做事就要先学做人的道理。

在这里，我们强调的是教育孩子过程中的“自然后果”和“逻辑后果”，所谓“自然后果”就是由孩子的行为导致的自然后果，不需要成人的参与。比如，不吃饭，他就会肚子饿；忘记了穿衣，就会感冒；站在雨里，就会被淋湿……而“逻辑后果”则需要成人的参与。这也就是说，在教育孩子的时候，作为妈妈，我们自己决定

要做什么，而不是让孩子做什么。

“自然后果”和“逻辑后果”会让孩子们受益匪浅，帮助孩子们建立他们的责任感、自律感。可孩子毕竟是小孩，有些道理并不是光靠言传就能领会，而由于孩子的天性使然，他们无法一时区分对错和险恶。尽管“自然后果”是孩子培养责任感的方式之一，但在一些情况下是不宜采用自然后果的。当自然后果会影响到其他人的权利时，比如，成人不能允许孩子体验向别人扔石头的自然后果，这正是监护四岁以下的孩子需要好好监护的一个非常重要的原因。防止这个年龄段的孩子出现危险状况的唯一办法就是监护，只有这样你才能随时冲过去避免危险发生。

还有，当孩子行为所导致的自然后果在孩子看来不是什么问题时，自然后果不能奏效时。比如，孩子不洗澡、不刷牙、不写作业、吃大量的不健康食品等。这些事情会导致长期负面效应，可在孩子他们看来却都不是什么问题。那么，这个时候就需要妈妈用实际行动和结果来引导孩子了。

我的小侄女乐乐今年读小学一年级，她每天回家的作业必须由妈妈陪着才肯做，否则不是哭就是闹，要不然就以不做作业来要挟妈妈。她妈妈实在拗不过乐乐，只好拖着工作了一天疲惫的身体陪在乐乐身边。可是，没几天乐乐就助长了新的毛病，不但要妈妈陪着，而且把妈妈当成“仆人”，书包、课本都要妈妈一一给拿了来摆好，如果写

字出错，也要妈妈帮着擦掉，好像全为妈妈学习。她妈妈为此深感无奈。

一次，我去她家做客，她妈妈就急忙向我诉苦，我告诉她："你必须停止陪她身边做作业的习惯，不管她怎么闹，但她总会适应的，你需要好好引导孩子自己的事情自己做，作业要独立完成不能依赖妈妈，这对乐乐对你都有好处，要知道，你自己决定你要做什么，而不是让孩子决定做什么。"她似懂非懂地点点头。

过了几个月，我又一次去她家，发现乐乐改变很大，不但一个人安静地做作业，而且我和她妈妈聊天的整个过程乐乐都没有吵闹，作业做完后，乐乐自己把课本和书包整理好，并且把做好的作业给妈妈拿过来让妈妈查阅，然后告诉我们她去洗漱然后自己去睡觉。看到乐乐这样的改变，我和她妈妈都深感欣慰。

其实，很多妈妈通过教育孩子发现，以良好的行为引导孩子们放弃不良行为，实际上更有助于孩子们从根本上停止、或者大量减少他们的不良行为。因此，每一个妈妈都有必要让孩子们提前知道你要做什么。如果可能，在某种情况下要做什么事应得到孩子们的同意。并采取和善而坚定的行动，而不是光说。当孩子试探你的新计划时，你的话越少越好，用实际行动让孩子明白。当你不得不说几句的时候，应该以和善而友好的态度说出来。当你坚持自己的新

计划时，不要管孩子们的不良行为看上去好像是你在“放过”他们。确实，惩罚能够产生更多立竿见影的效果，但这种新方法能帮助孩子们培养责任感以及将来需要的各种生活技能。

作为妈妈，要自己决定要做什么，而不是光指望着孩子去做什么。要知道，如果让孩子做一件你想要他做的事情的潜在危险是，如果孩子拒绝，就可能引起权利之争；如果孩子把它当作惩罚，感觉受到了伤害，则可能引起循环报复，对于年龄大的孩子尤其如此。如果你让孩子从你决定自己要做的事情的自然后果或逻辑后果中学习，那么，权利之争或循环报复出现的可能性就被消除了。

实施逻辑后果的另一个困难点，是它需要成人的思考、耐心、自控。许多成人发现这么要求孩子，比这么要求自己更容易。德博士教导过我们，对孩子和善并坚定，对维系我们和孩子之间的关系，有多么重要。要知道，和善是我们尊重孩子的首要表现，坚定则是我们尊重自己和规则的首要表现。

全能型妈妈，夺走了孩子成长的机会

现在的孩子多是独生子女，在家里备受老人和父母的宠爱与呵护。可以说现在的孩子都是父母眼中的宝贝，老人眼中的太阳。每个孩子从出生到长大，很多事都是爷爷奶奶或爸爸妈妈一律代劳，全部包办，久而久之，就养成了孩子衣来伸手饭来张口的习惯，凡

事不动脑，也不动手。比如，走路时，总担心孩子会摔倒，于是抱着孩子；当孩子吃饭满地乱撒时，担心孩子吃不饱，担心勺子戳伤了孩子，于是就喂孩子吃，亲自己给孩子穿衣，给孩子洗澡，给孩子提书包……总之，孩子的吃喝拉撒家长总是照顾得无微不至，一手包办。因此，出现了很多“全能妈妈”，即不需要孩子花一点口舌、费一点力气，什么都为孩子做好，使孩子的手、脚、口、目等逐渐失去了“用武之地”。

前不久，在一家晚报上看到这样一则报道：有一名女大学生辛辛苦苦考上了某名牌高校，然而就在开学后一个月后，学校通知家长来领女儿办退学手续，当她的妈妈千里迢迢赶到学校质问原因时，校方的回答令这位妈妈惊讶得半天合不上嘴角。

原来她的女儿自从入学以来，经常在校园迷失方向，从教室不知回宿舍的路怎么走，不知怎么在食堂打饭，常常饿肚子。有一次晚自习后竟然找不到回宿舍的路，一个人躲在校园路旁哭泣，最后被一位老师发现才得以安全送回宿舍，校方考虑到她的安全建议退学。听了校方的解释这位妈妈很愧疚，她承认自己是“全能妈妈”，从小到大女儿所有的事都是她一手包办，从没让女儿单独出过门，不让女儿做任何事，除了学习。我们可以看到，近几年，不断有媒体报道过类似的新闻。此类事件的一再发生，也引

起了社会对家庭教育的考问，这也是对父母包办代劳的教育方式的否定。

我认识的一位老师说，跟这个同学的退学相比，还有一些学生选择了陪读。每年的新生入学，学校都要花很大精力来帮助学生适应环境。不会洗衣服，不会收拾床铺，甚至不会买饭菜票的学生太多了。按说，一些必需的生活技能应该在进大学前就掌握，可事实上有为数不少的学生没有解决这些问题。所以，一旦离开父母就无所适从了。

没有不爱孩子的妈妈，孩子第一个爱的对象也是妈妈，他们愿意每时每刻与自己心爱的人待在一起，用自己独特的方式，比如分享有意思的事情来向妈妈表达爱意。同时他们相信自己无条件地被妈妈爱着，因此，他们跟妈妈在一起时更随性地展示真实的自我。

但是，妈妈事事包办代替，或把孩子看得过于娇弱，尽自己所能为他们做各种事情，解决各种问题，这对孩子的独立性与自信心的培养是极其不利的。而且还会严重扼杀孩子的生活自理能力、活动能力、交往能力等，一遇到困难，就不知所措，畏缩不前，从而为消沉、懒惰、无能、自卑埋下了祸根。

其实，爱的付出不等于爱的收获，方法不当的话，有时候付出得愈多，收获得愈少。孩子没有锻炼的机会，永远也长不大，没有与他年龄相应的能力，永远也适应不了社会发展的需求。我们知道，幼儿时期是各种能力初步发展的时期，家长应抓住这个时机，耐心

细致地培养和训练孩子在各个方面的能力和技能技巧，放手让他们独立完成一些力所能及的任务，给他们一定的自我决策和选择的权力，尊重孩子的合理意见和要求，给他们尽可能多的自由，不要过分限制孩子的活动，鼓励他们敢于提出自己的见解。

首先，要培养孩子的自信心，因为自信心是独立的前提。我们常常见到，不到一岁婴儿就抢着抓碗筷，试图自己动手吃饭，尽管弄得满脸是饭粒，却表明了他的愿望。到了两三岁，随着自我意识的萌生，独立的愿望更加强烈，什么都想要“我自己来”，自己洗脸，自己开电视。年幼的孩子从不会做到逐渐学会做，总是在反反复复中感受着独立做事的快乐。这是一个良好的发展过程，在这个的过程中，促进了孩子独立人格的形成，同时建立起自信心。过度的照顾、保护或经常拒绝孩子“我自己做”的想法，不仅会使孩子无从感受到自己的能力，也会使其失去成功的体验。

特别是妈妈，要认识到“让孩子锻炼”的重要性，不要怕他们做不好，也不能求全责备，更不能包办代替。对于孩子独立去做的事，只要他们付出了努力，无论结果怎么样都要给予认可和赞许，使孩子产生信心。如果从这时开始，妈妈能因势利导，放手锻炼并从旁支持、鼓励与帮助，孩子的独立性就能得到良好的发展。

其次，放手让孩子做力所能及的事情。许多妈妈任劳任怨，一切为了孩子，对他们百般呵护，处处越俎代庖，事事包办代替，想方设法为孩子提供最优越的物质生活，希望通过自己的努力把他们培养成为生活的强者。但是，生活好像在有意和她们开玩笑，妈妈

的愿望却落空了，辛勤的付出却没有得到应有的回报，孩子不仅没能成为生活的强者，反而成了她们永远的负担，孩子好像永远长不大，不仅担负不起创造未来家庭幸福的使命，而且连自己的生存和生活都要依赖父母。

一个“全能妈妈”只会剥削孩子成长的机会，这种看似完美的爱，实则对孩子是一种莫大的伤害。孩子的成长需要一定的空间，去试验自己的能力，去学会如何对付危险的局势。为了孩子的未来，不能一见孩子哭就心软，有时需要下狠心，这样才能培养孩子克服困难，迎接人生各种挑战的心理素质和实际能力。

因此，在日常生活中，我们要多给孩子提供锻炼的机会，让孩子自己完成他力所能及的事情，培养让孩子独立、自主、自强的能力，并能让孩子从一次次的成功体验中增强其自信心。当然，让孩子做力所能及的事情，绝不是放任自流，而是建立在了解孩子的能力范围、尊重他的情感的基础上。

假日要减少工作应酬

“和孩子在一起的时光最快乐”——这几乎是所有妈妈的切身体会。但朝九晚五搏杀职场的妈妈们，却往往迫于竞争的压力，无法享受快乐的亲子时间。好不容易等到节假日和休息时间，不少妈妈还因为要加班，或者忙于各种各样的应酬，而不能和孩子在一起。

于是，很多妈妈为了补偿孩子，总是等到长假期，对孩子的要求百依百顺，不是拼命买昂贵玩具、贵重用品，就是带孩子去豪华旅游、尽情吃喝玩乐。可这是孩子真正想要的吗？

妈妈是孩子最亲近的人，也是孩子一生中最好的朋友。可由于工作的关系，使得妈妈一年 365 天里，天天为了生计奔波操劳，而孩子们大部分的时间都要上学，妈妈与孩子之间的沟通越来越少，彼此之间的隔阂也越来越大。这无论对于孩子的成长还是亲子关子关系的增进都会造成不良影响。

“千万不要以忙为借口把孩子推给老人，不管多忙，一定要记得和孩子多聊天、多沟通。”这是一次午餐时，隔壁办公室的方玲在总结自己的育儿经验时发出的感慨。她说，在她孩子小的时候，她和丈夫因忙于事业，就把孩子送回了老家。他们给孩子创造了很好的物质条件，却忽视了孩子的情感需求。现在孩子大了，他们也上了年纪，但当他们想和孩子亲近一点的时候，却痛苦地发现：现在和孩子交流很困难，因为孩子根本不愿和他们沟通。

其实在我们身边，这样的妈妈有很多。她们平时工作忙，认为自己没时间照顾孩子、和孩子沟通都是应该的。到了假期不是加班，就是忙于应酬，要么就拼命给孩子买东西，以物质上的慷慨来表现对孩子的关爱，认为这样可以弥补平时的遗憾，甚至觉得这就是爱

孩子的最好方式。妈妈平时对孩子照顾不周、缺乏沟通，仅仅在假期进行物质补偿，这种做法看上去对孩子很好，其实这样做孩子并不喜欢，他们会认为自己在妈妈心中并不重要，妈妈看重的只是钱。

孩子的思想基础是在10岁左右的时候形成的。对于这一时期的孩子来说，10岁是他们思想、行为模式形成的关键时期，因为生理的发育会带来心理的逆反。如果这个时期妈妈对孩子的照顾只停留在物质上，而不能抽出更多时间陪孩子，彼此之间自然就会缺乏沟通。时间久了，妈妈与孩子之间就会形成隔阂，不但不利于孩子成长，孩子的逆反心理也就形成，那么孩子以后的人生走向会受到影响，甚至会影响孩子的一生。

平时工作没有时间，而假日则成了妈妈与孩子交流、增进感情的好时机，妈妈和孩子之间的每一项活动都可能促进或削弱亲子关系，上班族妈妈应该珍惜假日的时间，减少不必要的工作应酬，抓住一切空暇陪伴孩子，加强与孩子的沟通与交流。给孩子讲讲故事，谈谈心，与孩子一起总结一下学习，多听听他们的心里话。聊天的时候，妈妈要多问问孩子在学校的生活，比如有什么好朋友，今天有什么开心、不开心的事，让孩子知道你很关心、支持他。

另外，还要帮孩子排忧解惑，要用正确的价值观去影响孩子，帮助他们培养健康的情感，学会不计得失。这样，孩子的委屈、怨恨等不良情绪就不会在心中累积。

要知道，你可以把孩子交给老人或保姆代管，但谁也取代不了妈妈在孩子心目中的地位。职场妈妈们要自我反思一下，看自己是

否忽视了孩子的情感需求，是否连假日也不能陪孩子一起度过。而同时假日也是孩子们休息、放松、接触自然的大好时光，与平时的紧张学习时间相比，孩子的空闲时间多了，想象的空间也大了。一次户外晚餐，一次郊游，都有助于家庭成员之间的交流和沟通。上班族妈妈应争取一切机会带孩子去增长见识，鼓励孩子发挥想象力，尊重孩子的意见，这样，将有助于增强孩子的自信心和创造力。

其实，陪伴孩子不是非要等到假期，称职的妈妈，应该懂得忙里偷闲去陪伴孩子，争取多一点时间用在孩子身上。孩子的成长离不开朋友，而孩子最好的朋友应该是妈妈。如果妈妈能多抽点时间，好好陪孩子玩一天，你就会发现，你获得的将是意想不到的幸福和满足，与孩子在一起的那份亲情，是任何东西都取代不了的。

溺爱是孩子的敌人

溺爱是过度的爱，这是我们对溺爱的惯常理解，曾经我也这么以为，但深入了解了一些溺爱的案例后，我对这个说法产生了怀疑。

在溺爱中长大的人容易有一个连锁反应：首先挫折商低，一旦遭遇挫折就容易出现严重的逃避行为，其次，遭遇挫折时，他们通常因无法承受而变得偏激，很容易对父母发脾气，严重的还会对父母拳脚相加。

我们在很多报刊或网页的社会新闻中可以屡屡看到，而且常是

一个模式：溺爱中长大的孩子成了不孝子，常常对父母进行索取，如果不答应就拳脚相加，最后甚至是有的酿成了将父母打死或者是他被父母或亲人打死。最受宠爱的孩子反而与父母成为生死敌人，这种故事强烈地刺激了很多人的神经，于是这种孩子常被谴责为“狼心狗肺”。

而这种“狼心狗肺”的孩子正是因父母过度的溺爱造就的。

一个人的成长过程就是他成为他自己的过程，爱是这一过程中最重要的因素。我们给孩子提供什么样的爱，孩子就以适应这种爱的方式成长。

真正爱孩子就要以孩子的成长需要为核心，在孩子不同的发展阶段给予他不同方式的爱，0～2 岁期间，给予孩子无条件的爱；2～4 岁期间，尊重孩子自主的探索，但又在孩子需要帮助时出现在他面前……这种以孩子的成长需要为中心的真爱会让孩子成为自爱、爱别人、有鲜明的自我意识、健康的自主人格和高度创造力的人。

而与真爱对应的是溺爱，这种看不得孩子受苦，貌似是自我牺牲的爱，其实是懒惰的爱。0～2 岁期间，妈妈以孩子为中心，怎么爱他们都几乎不会犯错。但到了 2～4 岁，妈妈仍然这样做，甚至直到孩子成人了，妈妈也仍然一成不变地以这种方式去爱他，最终，这会导致毁灭性的结果。要么，溺爱下长大的孩子缺乏自我，他们只是包办式父母的简陋复制品；要么，他们的自我无限膨胀，他们的心中只有自己，没有别人，并最终成为别人的噩梦，成为自己的敌人。

正如卢梭所说的那样“你知道什么方法使孩子成为不幸的人吗，那就是对他百依百顺。”而我们现在的孩子大多是独生子女，生活条件优越，祖辈和父母众心捧月，可谓集“万千宠爱于一身”。正是因为父母，尤其是妈妈的过度溺爱，造成了孩子心理和性格上的许多缺陷：比如，自私任性，唯我独尊，没有责任心，不知道感恩，缺乏同情心，只知享受和索取，不知付出和奉献，依赖思想严重，承受不了挫折和痛苦，等等。

实际上，溺爱孩子的妈妈都是在满足自己需要，但它却披着“一切为了孩子”的外衣，而变得仿佛不可指责。而无数事实证明，对孩子溺爱与棍棒教育的后果是一样的，也就是说溺爱孩子和虐待孩子的后果是等同的，都是对孩子的不尊重，对孩子权利的剥削。棍棒教育伤害孩子的途径是从肉体到心灵，而溺爱伤害的途径是从心灵到肉体。可以说，溺爱是陷阱，溺爱是一种颠倒的爱，是一种最为懒惰的爱，也是最不利于孩子自我成长的爱，更是孩子成才的敌人。

这个世界上没有不爱孩子的父母，特别是中国的父母们，被公认为是付出“爱”最多的父母。他们为了孩子再苦再累也没有怨言，付出再多也心甘情愿，从不计较个人得失，也不求什么回报，真可以说是无私到极点。然而这种爱却并没有得到预期的回报，往往还适得其反。为了孩子的未来，为了家庭的幸福，每一个上班族妈妈都要学会怎样去爱孩子。要想走出溺爱的误区，要想真正爱孩子，不仅需要有宽阔的胸怀，还要敏锐的眼光和理智的头脑。

不妨让孩子从小做些力所能及的家务，培养孩子爱劳动的习惯，这对培养孩子的爱心、责任心及生活自理能力都是非常重要的。其实每个孩子都喜欢做劳动，只是妈妈过度的溺爱，亲手把孩子做家务的兴趣给扼杀了，把磨砺孩子意志的机会给剥夺了。比如，孩子第一次洗碗弄湿了衣服，大多数妈妈不是鼓励孩子继续做下去，而是再也不给孩子洗碗的机会了；孩子第一次整理自己的床铺时笨手笨脚时，大多数妈妈不是给孩子以赞扬和肯定，而是嫌孩子碍手碍脚，不如自己动手来得快。

不让孩子做家务，孩子衣来伸手，饭来张口，他没有这种生命的体验，自然体味不到父母的艰辛，不懂得感恩，责任心和自理能力的培养更无从谈起。这类事情看起来是小事，实际上是家庭教育中的大事，所谓“千里之堤，溃之蚁穴”。长期下去只能助长孩子的依赖思想、好逸恶劳等不良个性的发展。

同时，要对孩子不合理的要求坚决拒绝。所谓国有国法，家有家规，没有规矩不成方圆。对孩子提出的不合理要求，妈妈不要迁就姑息，不要妥协退让，更不能优柔寡断，决不能给孩子以可乘之机，而是要斩钉截铁地给予回绝，不留任何余地，让孩子为自己的行为负起责。要知道，能受到孩子尊重的父母是优秀的父母，能让孩子为自己行为负责的父母是杰出的父母。

当一个蹒跚学步的孩子想去拿五米外的球时，他的真实需要不仅是要拿到那个球，还必须要自己完成。这时的爱不是替孩子拿到那个球，而是陪伴着、守护着孩子，看着他独立完成这个任务，并

在他出现危险的时候化解他的真实的危险。这便是真爱，即看到孩子的真实存在，发现孩子的真实需要，并帮孩子实现他的需要。

一个孩子的自然成长中总会遇到很多挫折和困难，真爱孩子，妈妈就必须控制住自己干预孩子行为的冲动，把解决问题的机会给孩子，把成长的权利归还给孩子。

不要用你的成功去压倒他

“你给我记住了，以后不许再这样和我说话了！”

“你马上回到你的房间做作业去，大人说话，小孩子不许插嘴！”

你在生活中是不是会以这样的语气对孩子说话呢？你也许会说：“孩子太不懂事，不用这样的语气，他根本就不会往心里去。”但是，你也会承认，有时候，这样的教育效果并不理想。孩子不是低头不语，就是和你顶嘴，你想了解事情的原委，想让孩子听进你的话的目的根本就达不到。

现在的很多的上班妈妈反感上辈人的教育方式，却在成年后不自觉地又用在自己的孩子身上。要么就是摆出一副高高在上的架势，以自己作为家长，事业成功的权威来达到压倒孩子，使孩子服从自己的意愿。

但是，我不得不说，这是一种极端错误的做法。德国心理学家黑尔加．吉尔特勒说：“如果您放弃权力，放弃您的优越感，那么您

得到孩子的信任和尊重的机会就更大。”他还告诉我们，父母与孩子讲话时请蹲下身子，使自己和孩子处于同一高度，使孩子感到自己的存在，并且父母可以用孩子般的眼光去观察世界，这样更有利于平等交谈。因为孩子也有自尊心，一旦自尊心受到伤害，就容易产生抵触情绪。然而现实生活中，许多在职场上打拼的妈妈们并不能做到这点。特别是对待调皮的孩子，总是摆出一别盛气凌人、高高在上的姿态，对孩子进行说教，但结果却总让他们失望。

我因为工作关系，接触过很多孩子。其中有一位13岁的男孩。据他妈妈说，他在家里不是耷拉着脑袋不吭声，就是脸红脖子粗地顶撞父母，但在同学面前，他却非常合群，总是眉开眼笑，侃侃而谈。这让他的妈妈非常不理解，她不明白自己的孩子为什么那么叛逆，那么不听父母话。

很多时候，我们总是听到妈妈埋怨孩子的话，却很少有妈妈深究孩子不听话的原因。是因为他们懒惰、自私？我不能否认，确实是有一些孩子存在这样的心理。但是，出现这种问题的另外一个主要原因是妈妈把自己的姿态摆的太高，用一副盛气凌人的架势或命令的口吻和孩子说话、交流。没有一个平等和良好的沟通氛围，要想真正了解孩子的需要，达到教育的目的谈何容易？而更糟的是，用这种方式和孩子说话，还会使孩子的自尊心受到伤害，情商和修养也都会受到消极影响。

事实证明，孩子对于谨守威严的上班族妈妈会敬而远之，甚至于不敢向她们张开拥抱的双手。而孩子需要的是可以让自己毫不犹豫地投入怀抱的妈妈，是可以向其毫不忌讳地坦言自己内心想法的妈妈，是能够和自己一起玩耍、嬉闹的妈妈，是能够与自己一起听音乐、做游戏的妈妈……如果上班族妈妈能够不单单站在自己的角度上观察、判断问题并采取行动，而是“蹲下身子来”与孩子保持同一高度，那么孩子就会在妈妈身上感受到亲密无比温馨的爱。

因此，每一个妈妈先要把孩子当成独立的人看待，孩子的心思通常比父母还要细腻、敏感，他能敏锐地感受到家中的变化。把孩子当成独立的人平等看待，很多妈妈都理解和接受却很难做到，因为妈妈通常把孩子想象得很脆弱。但是，妈妈要相信孩子的能力，理解并许可孩子保持自己的价值观和生活方式，主动将自己的情况告诉孩子，获得孩子的信赖。

同时，让孩子拥有家庭大事的知情权。要知道，孩子除了对家庭基本的家务劳动感兴趣外，还会对家庭的大事感兴趣。他们会主动地打听父母的事，在父母说话时插嘴，渴望平等地参与到大人的讨论中去，并表达自己的想法，如果自己的意见被采纳，他们就会有良好的成就感。因此，明智的妈妈要抓住培养孩子平等意识的机会，让孩子拥有家庭大事的知情权，孩子会因为自己被父母重视而产生良好的情感体验。但是妈妈要把握好分寸，充分考虑到孩子的年龄特点，不能一概而论。

每个妈妈都想教育好自己的孩子，所以，建立融洽的亲子关系，

需要妈妈放下架子，平等对待孩子。只有这样才能让孩子敞开心扉，让孩子把妈妈当成自己的玩伴和忠实的朋友，那么，妈妈的话孩子也会听从。生活中，上班族妈妈和孩子之间之所以存在鸿沟，就是因为她们总爱高高在上地教育孩子，有时候甚至是强迫孩子。这必然会引起孩子的抵抗。所以，放下架子和孩子平等相处，做孩子的朋友，去了解他们的内心世界。如果孩子能把妈妈当成知己和一面镜子，你们的关系就会更加融洽。

其实，孩子和上班族妈妈的隔阂往往是妈妈自己造成的。上班族妈妈总是把自己凌驾于孩子之上，总是对孩子的缺点进行指责，孩子当然不会服气。如果你不希望孩子将来成为没有修养的人，那么你就要从生活中做起，注意和孩子说话的态度，转变你的教育姿态。

总之，上班族妈妈在与孩子相处时始终摆架子、撑面子的做法并不可取。妈妈不要用自己的成功来压倒孩子，放下高高在上的权威和架子，真正走入孩子的世界，与孩子平等沟通，才能帮孩子取得进步，为以后的教育铺垫良好且坚实的基础。

过于精致的成长环境易让孩子得“公主王子病”

前几天，我在老家院子里看到几盆花非常漂亮，就不顾母亲反

对硬是搬回一盆放到新家客厅里，来人就炫耀。有朋友说这种花不适合在温室里成长，看着鲜艳的花，我相信我能在温室里养好它。可是不到一星期叶子就开始枯萎，直到几天以后，花儿完全没有活的迹象时，我才深为自己的做法懊悔。

由此我想到了现在的孩子，不也正如这“温室里的花朵”吗？他们生长在过于精致的环境里，缺少抵抗外界不良因素的干扰能力和受挫能力，最终夭折也是必然的了。

随着生活条件的大力改善，很多妈妈因为平时忙于工作，总觉得亏欠孩子太多，于是就用满足孩子所有的要求来弥补。甚至可以说“求者不拒”，即使办不到都会想办法去满足。还有很多由老人带孩子的家庭，更是对孩子百般娇宠，呵护备至，什么活也不让孩子干，让其只等饭来张口，衣来伸手，好吃好玩的也只让孩子一个人去享受。总之，只要是别人孩子有的，自己的孩子就得有。别人孩子没有的，只要孩子想要，也不加以拒绝，一概允许。长此以往，孩子心中就只有自己，认为一切好东西都应该属于他个人，爸爸妈妈、爷爷奶奶照顾自己是理所当然。最终会使孩子形成自私自利的心理，这样的孩子长大也不可能会孝顺父母，也不会有责任感。

而我们现在妈妈们，有各自的工作和事业，不能“全方位”照顾孩子，因此就给孩子设置了过多禁区：不让孩子外出，不许参加各种运动，不许孩子摸这，也不许动那，以致孩子没有任何自由。结果不但会把孩子天真活泼的天性埋没，还会造成孩子从小就胆小怕事，遇事不会思考，大了也缺乏独立自主和敢闯的精神。不让孩子与外界接触，在家又没有同龄伙伴，只能导致孩子不合群的孤僻的性格。对孩子一味迁就，放任自流，孩子想干什么就干什么，犯了错误，既不教育也不疏导，甚至包庇纵容。这样的家庭教育，只会使孩子形成固执、任性，不容易接受教育的个性。天长日久，一个个“小王子”、“小公主”就这样在妈妈的“精心栽培”下诞生了。

三字经云：“子不教，父之过”。现在孩子身上普遍出现的“公主病”、“王子病”，与父母的过分娇宠，特别是妈妈良苦用心地为孩子创造的过于精致的成长环境有莫大关系。“不想再让孩子经历我曾经的贫苦”是现代父母都心存的想法。不少父母觉着自己曾经艰苦打拼过，不想让孩子再吃苦受累，尽己所能为子女提供优越的生活条件。却不知，自己正在剥夺孩子接受成长历练的权利。

温室的花朵经不起风雨。当“小公主”、“小王子”们长大后，既无责任感又无明确人生目标时，妈妈们后悔已晚。另外，大多数家庭比较重视子女的学习。为了能让孩子专心读书，很多妈妈事无巨细，处处包办，令子女的“公主病”“王子病”愈发严重，常导致“高分低能”的情况，这样的孩子缺乏处事经验，也就难以应对各种压力。

前不久，就有某媒体报道了一位脾气颇大的“小王子”。说老师带领一群6至8岁的儿童到公园玩水战，一个小男孩突然大发脾气不止。原来是妈妈前一晚为他收拾东西时，装错了水枪，把他最喜爱的一支留在了家里。小男

孩不依不饶，逼着正在上班的妈妈从单位到家再赶至公园，将水枪送给了他。报道称现在家庭子女普遍出现“公主病”、“王子病”现象：自理能力差，日常生活极度依赖别人，“饭来张口，衣来伸手”。有的孩子甚至极度以自我为中心，觉得家人的照顾都是必然的，稍不顺意，就大发雷霆。这些孩子长大以后容易产生自恋情结，如果过度自恋就会引发心理健康的问题。还会导致人际关系不良，进而影响以后的工作状态。

“望子成龙，望女成凤”是每位家长所期盼的，但一味地骄纵、满足会不会导致孩子的未来也会像我那盆花儿一样凋谢呢？

俗话说“穷人的孩子早当家”，此话虽然有失偏颇，但我们必须得承认，孩子越小可塑性就越大。如果孩子从小就养成坏习惯，长大再改就困难了。

要知道，工作忙或者和孩子在一起的时间少，不是溺爱孩子的理由。上班族妈妈应从小就重视培养孩子勤劳节俭、讲礼貌讲卫生、尊老爱幼的美德和独立生活的能力。多让孩子自己去做他会做和力所能及的事，既不可包办和迁就太多，也不可设置过多的禁区。而且妈妈应该给孩子较多的自由，但也不可放任自流，孩子有了错误应启发诱导，讲明道理。我们不但需要准备让孩子在精神上和物质上能吃苦，还应该让他们学会做人、做事，学会面对各种困难与挫折。妈妈要懂得只有对孩子严格要求才是真的疼爱，这才是我们教育的根本。

父母之爱，如山似海，但是过于精致的成长环境反而会给孩子的成长带来负面影响。因此，妈妈们不要总是认为孩子太娇嫩，还不足以独立面对外面的世界。其实，放开手，孩子往往会创造出我们意想不到的惊喜。给孩子点儿属于自己的空间，让“小公主”、“小王子”们独立、自由地成长，他们终有一日会成长为敢于搏击暴风雨的海燕。

第四章　用心"赢得"孩子

没有尊重就没有教育

我们是否都有这样的体会：面对"同事"，我们一般采取的态度是"尊重"，因为我们之间的地位是平等的，我们要在日常的工作中，共同去完成任务；面对"朋友"，我们一般采取的态度也是"尊重"，因为我们之间的地位也是平等的，我们要在日常的生活中互相帮助，进行交流。然而，在孩子面前，我们却很少注意"尊重"。

曾经在一部电视剧中看到过这样的情节：一个和母亲相依为命的七八岁小男孩，学习中等，性格内向，唯独对下象棋很感兴趣。在一次学校组织的象棋大赛上获得冠军，老师奖了他一副象棋。一天放学回家，母亲帮忙整理他书包时发现了这副象棋，于是大为恼火，不顾孩子的极力解释，狠狠地呵斥孩子，并把象棋付之一炬。看着成为灰烬的象棋，小男孩伤心转身走回房间关起了门，任凭母亲怎

么叫都不开。之后小男孩变得更加内向，消沉。

后来他母亲知道了事情的原委很是后悔，虽然最后小男孩看到母亲重新给他买的象棋，破涕而笑。但我们可以想象，这样的行为如果接二连三地发生，而妈妈如果不能及时发现并改正，那么，甚至于孩子的一生，给孩子造成的伤害都是非常严重的。

其实，现实中有相当一部分妈妈会在许多时候都犯下同样的错误。孩子和棋，孰轻孰重，为了一副棋或者为了某些东西而伤害孩子，本末倒置的事情我们做过多少呢？

对于父母来说，尊重孩子似乎是一件很难做到的事情，尤其是做妈妈的。如果随便问一位母亲，你爱自己的孩子吗？那答案肯定是同样的：爱！但是如果问，你尊重你的孩子吗？可能得到的答案就不知所以然了。往往因为妈妈以爱的名义，行使着自己享有的权利时，就容易忘记孩子的权利。

曾经有所学校，对校内全体中小学生做过类似这方面的调查。结果表明，有50%以上的孩子希望父母能够尊重自己的人格，能够平等地和自己交流沟通，有将近50%的孩子希望父母与自己是地位平等、感情亲密的朋友关系。

这个数据着实让人有些揪心。面对孩子，做妈妈的往往强调的是“孩子太小什么都不懂、什么都做不好”，这样我们就可以名副其实地当一个“家长”，在日常生活中，就总是能以“指挥者”的身份

出现在孩子面前，可以“无所顾忌”地对孩子进行指导、命令、监督、批评、训斥和否定，而丝毫不考虑孩子的心理感受。

同时，作为一个妈妈，我们也就理所应当地“有权力”要求孩子“向我们靠拢”，要求孩子“向我们汇报”，要求孩子必须把学习状况、日常生活状况、心理状况、与他人交往状况等所想所做不断地向我们汇报，一句话：就是要把自己的一切“隐私”向我们公开。

通俗地讲，就是妈妈认为自己在家庭中的地位高于孩子，因此必然认为自己有权力要求比自己地位低下的孩子要“无条件”地执行自己的意愿，而许多时候我们的意愿往往是以“命令”的方式出现。但是，面对这样一个结果，我们更应该警醒：正是我们当妈妈的在家庭教育中出现了不足，正是由于我们对孩子缺乏尊重，才使得孩子远离了我们。

当我们不断向孩子“发布命令”的时候，往往忽略了人与人之间要相互尊重这样一个基本道理，更忽视了应该把孩子看成是一个独立的人，一个应该有着自己的需求、见解、情感、情绪、地位、自尊和生活圈子的有血有肉的、活生生的人。

由于我们忽视了孩子的“人格”，所以必然导致我们对孩子采取错误的教育措施。在妈妈的“不尊重”式教育下，孩子成为了只知道服从命令的“机器人”。由于一切都要听命于妈妈，孩子做各种事情时都会显得很消极，缺乏责任心，缺乏社会交往能力，从而变得性格孤僻，严重的还会使孩子的心情长期处于抑郁状态之中。

研究表明，孩子自上了中学，就开始进入了“人格独立时期”，

这时候的孩子在心理上迫切地想独立，但其自身又缺乏独立的能力，因此在心理上处于一种很矛盾的状态。所以，这时候的孩子需要帮助，需要一个“参谋”进行出谋划策，帮助孩子逐步提高完善综合素质，尽快完成从“想独立”到“能独立”这一转变过程，

虽然，我们不能规定所有的孩子做同样的事，走同样的路，但我们可以帮孩子选择一条更好的路，就是允许他们去发展自己的兴趣，实现自己的愿望。兴趣是最好的老师，能不能尊重孩子的兴趣，就是是否真正爱孩子的重大区别点。

人都是有尊严的，即使是再弱小的人，同样有自己的自尊。因此，每一个妈妈在给孩子表达关爱的时候，要特别注意尊重孩子，没有尊重的爱是一种伤害，没有尊重的教育注定是一场失败。让我们从尊重孩子开始，真正地接近教育的奥妙之一——给孩子一个恰当的舞台，给孩子一个展示自我的机会吧！

放弃控制，邀请孩子合作

每个做父母的心中都有一个期望，那就是自己的孩子将来事业有成，生活幸福。也正因为如此，很多妈妈恨不能把全部的心血和精力都用在对孩子的教育上，尽可能地给孩子提供最好的生活、学习环境。当然，妈妈为孩子倾心付出无可厚非，但不要没有节制地付出，要善于引导、启发、帮助孩子。而有一部分妈妈认为自己是

爱孩子的，孩子就必须按自己的意愿去做事，必须唯自己命是从。

于是，在日常生活中，我们常常可以听到这样的声音：听话，不要这样，不要那样、你一点也不懂事、怎么说了这么多遍你也不学好？不要动这个，危险！……所有这些，都是带强烈感叹号的一些词语。

听得多了，常常会让我们觉得有些不顺耳，但也说不上来是哪里出了问题。大家带孩子不都是这样吗？反省我们自己，有些话不也是时常会对孩子说？只要我们细心观察，多多思考，就会有所顿悟。其实，这种爱，是我们当妈妈自以为是的爱，这在某种程度上不是爱，或者说不是正确的爱，而是一种对孩子变相地“控制”，并且以爱的名义控制孩子。

那么，什么是控制教育？即有些妈妈过度控制孩子的身体功能或心里想法。这里所说的“控制式教育”并不指严厉的压迫性管教，也包括温柔的强势关怀或甜言蜜语的强势控制。是我们带着善意出发，但结果不太好的一种控制。我们希望孩子能温文尔雅，彬彬有礼，识大体，举止得当。可当他们的表现和我们理想中的完全不一致时，很多类似的语言就会出现，我们不认为这是控制，但实际上我们已经在心里给孩子画了一个圈，他们必须按照这个圈去行事。

总之，这些父母过度控制孩子的想法或身体的功能，忽略孩子本身的情绪或思维的发展，以至于孩子不能自由地表达自己的意见和想法。长期处于妈妈的强势控制下，就会让孩子产生一个错觉，那就是“我的想法并不正确，只有妈妈的想法才是正确的。”长大之

后，就自然会产生各种各样的心理问题。不可否认，妈妈的愿望都是良好的，但对于孩子来说，最重要的事情，则是自己的感受，只有在尊重自己的基础上，才能建立起健康的自我。

一位在中学当班主任的朋友告诉我，说他们班每次开家长会时，几乎所有的大人都会迫不及待地开始声讨：孩子多么的不听话、不好好读书，难以管教、不知好歹。而孩子们则总是低着头，不发一言。有些面带羞愤坐立不安，有些则仿佛说的不是自己般的无所谓。其实，朋友说的这类现象在很多家长身上都曾上演过。

不错，教育孩子需要一些手段和方式，但更要用心。教育应该以尊重为基础，遗憾的是，我们现在很多上班妈妈都认识不到这个问题的严重性。她们潜意识中，总觉得自己为孩子付出了很多，做了牺牲，就要求回报。妈妈是以爱的名义在孩子身上寄托自己的期待，处理自己的问题。而对于孩子来说，当他过多地承担了妈妈自己的东西时，感受是复杂的，对妈妈既愧疚也愤怒，更多的时候，这些强大的情绪体验将使孩子攻击自己。可以说，因此而造成的家庭悲剧屡屡上演，这足以值得我们每一个做妈妈的深思和重视。

近几年来，亲子关系一直是被高度关注。妈妈和孩子，最亲近的关系也容易带来最大的纠结痛苦。“我们都是为他好，都是爱他!”这句话几乎是所有妈妈的代言词。究竟是爱还是控制，很多妈妈区

分不了，或者说潜意识里不愿意区分。因为大多数人都难逃我们的传统观念，孩子是自己生的，就得按自己的意愿去办事。其实孩子也是需要一定自由的，作为妈妈，我们能给予的就是教导、引导孩子走向正途，毕竟将来的成就还是要靠孩子自己去努力，孩子的路还需要孩子自己走。

当孩子有了选择的能力，就能够表达自己的好恶及意见，能够开口拒绝表示“不”。此时孩子最大的需要就是要感觉“独立自主”。妈妈对待孩子的态度往往决定孩子日后的人格发展。孩子从此时一直到两三岁之间，如果寻求独立自主的需要不能被满足，或者受到过分的压抑，孩子在日后就很难真实地表达自己的感受。

但孩子毕竟是孩子，虽然孩子在寻求独立自主，但实际却未成熟到能真正自主的程度，他们时时需要妈妈在旁协助或保护，才不会在向外界探险时受到伤害。

一个真正的好妈妈就是要做到放弃控制，与孩子合作。当孩子要去探索世界时，先用目光关注孩子，让孩子充分体会到自由探索的乐趣，而当妈妈感觉孩子进行的活动有一定危险时，用真诚态度来与孩子沟通，让孩子在妈妈的保护下安全地活动。慢慢地，孩子感觉到自己提出的意见得到了妈妈的认可，从而也会更愿意表达自己了。

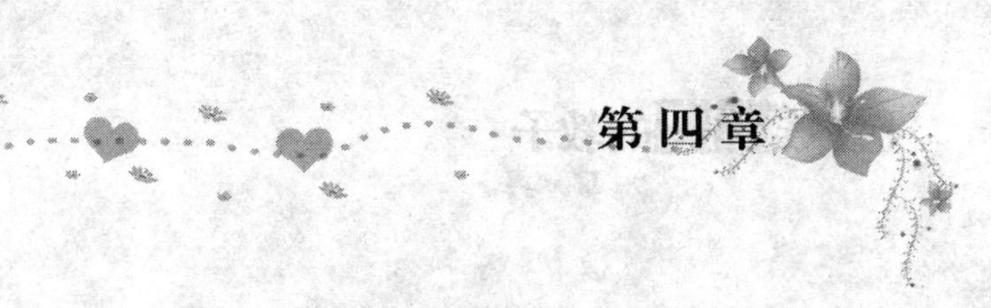

“开心就好”的放养策略

演员宋丹丹曾谈及教育儿子的方式，她说：“我特别忙，一直就没管过他，始终是放养状态。”宋丹丹对自己这种宽松教育很是推崇，“儿子每天都在快乐地成长，这要比单纯的应试教育幸福得多。”这是我第一次听到把“放养”这个词用在孩子的教育上。

所谓“放养”式教育，就是与时下的应试教育相对的，与很多家长争前恐后地把孩子送进各种各样的早教机构“圈养”起来的，迥然不同的另外一种做法。

在时下的应试教育领域内，浩瀚题海，不知淹没了多少“圈养”在教室里的莘莘学子。无数中小学生忙得天天补课，遨游题海，死记硬背，这使孩子们的创造性全被磨灭。近视眼大幅上升，豆芽菜屡见不鲜，亚健康提前出现。学生没有一点自由支配的时间，结果只有一个：培养出一大批高分低能的书呆子。

“圈养”的另一个表现就是溺爱。现在有很多妈妈怕孩子和小伙伴玩耍染上“坏”习性，就索性把孩子锁在家中“圈养”。这样就免了妈妈对孩子从小缺少管教，太野蛮没教养的担心。在“圈养”还是“放养”的育儿观念上，妈妈往往愁上心头。在传统的德育观念中，好像乖孩子就是好孩子，好孩子就是要循规蹈矩、不为人先、不为人后……于是，多少妈妈恨不得把孩子放在眼皮底下，24小时

监护。然而，教育专家指出，在这种环境下成长的孩子，缺乏自信和勇敢，缺少付出和挫折教育，童年成为了灰色，没有多少开心可言。

而相对“圈养”，“放养”似乎是一种更时尚、更科学的培养模式，因为越来越多的妈妈们会发出“孩子太累了”的心声。这个时期的孩子，应该根据自然天性发展，不必苛责他一定要学会什么，而是尽情地玩耍，开心就好，顺其自然，让孩子度过一个快乐的童年。

有这样一位妈妈，她在儿子两岁时就曾尝试教儿子认字，一天教几个，全部可以记住。但孩子不知道学习认字的目的，反而不那么活泼了，所以她放弃了这个“教学计划”。于是，她开始放任孩子去外面玩耍，每年假期还专门送回乡下老家，孩子在那里打野仗，堆雪人，扔泥巴，爱干什么干什么，非常开心。她说现在孩子上学了，没有学坏，既不打架，也不骂人，仍旧是很爱学习的快乐小神童。

我个人非常赞成“放养”这个提法。我们知道，鸡，是“放养”的好吃，肉质鲜美。“放养”的鸡，因自由觅食的缘故，它可以吃到多样的有机质的食物，呼吸到新鲜空气，可以自由活动，不像“速成鸡”那样整天在棚笼里“圈养”，身子不能伸展，一日三餐，吃的全是混合饲料。由此可见，家庭教育和学校教育也应提倡“放养”

式的教育理念，就是任孩子自由发展，不要死读书，不做书呆子，鼓励孩子多参加各种社会活动，多看各种各样的书籍等等。天高任鸟飞，海阔凭鱼跃，“放养”式教育是以“开心就好”为基础，更有助于孩子充分地施展自己的才能。

也有很多妈妈担心“放养”会让孩子变得放荡不羁。当然，这种担心是有必要的。我的同事，陶嫣的孩子今年刚升小学，本来她想好了要让孩子上些兴趣班度暑假，可是放假前的那段时间，因为工作太忙，陶嫣没有及时为孩子报班，没想到转眼到了7月，想给孩子报的班都已经满额，她陷入了焦虑之中。最后索性就把孩子“放养”在家，让他想干什么就干什么，不要被繁重的学习压力打垮，让孩子过个自在的暑假吧！

但是，这样一来，孩子要么没命地玩，要么该睡不睡，该起不起，饮食无节制，打扰了正常的生活秩序。暑假作业马马虎虎，常常完不成。一个假期下来，不但没有什么收获，还可能造成体质下降，为此陶嫣很是犯愁。

可见，“放养式教育”并不是没有节制地完全放养，而要把握好度。“放养”并非“放任”，这种“放养”式教育不是撒手不管孩子。有的家长把“放养”当“不教养”，整天忙于工作、事业或打工赚钱的家长，为孩子提供的只是生活上的保障，而对于孩子的内心世界一概不闻不问……教育专家认为，在现代社会，家庭教育中应尽量避免对孩子实行封闭式、隔绝式的“圈养”，也应摒弃无拘无束、放任自流式的“放养”——这都易导致孩子的合群性、合作性缺失，

最容易形成问题儿童。

学龄前孩子的“任务”应该就是玩。“圈养”或“放养”都不利于儿童身心的成长。关键是要在“玩”中培养其规则意识，有的放矢地逐步引导。专家认为，孩子从小应有自己的同龄人群体，不要仅仅成为大人的“玩物”和附属品。妈妈应该像高明的教练，对孩子进行科学的“驯养”，才能塑造真正的千里马。

对此，现在有教育专家提出了一种新型的家庭教育，即自然教育。那么，什么是自然教育呢？顾名思义，就是让孩子亲近自然、与社会接触，开阔视野，陶冶情操，从而锤炼出了坚强的性格，使孩子对大自然和对人类更具博爱之心。这样一来，孩子就会渐渐懂得许多为人处世的道理。这对孩子的成长极为重要。

童年应该和快乐等名。爱孩子，就不要把他永远置于自己的保护之下，藏于温室之中。因为孩子迟早有一天要独自面对自己的人生，面对未来的挑战。坚守“开心就好”的放养策略，给孩子提供一个更宽松的成长环境，孩子的路让他自己来走，这样才是对孩子真正的爱，合格的爱。

先做孩子的“同伙”，后做孩子的“军师”

对孩子的教育我们要用心，他们虽然小，但同样渴望我们用平等的心态去对待。家长也只有放下高高在上的架子，把孩子当成

“同伙”，才能真正地走进孩子的内心。只有静下心来去倾听孩子的心声，了解孩子的需求，才能真正发挥家长“军师”的指导作用。

就我个人而言，在这方面是非常注意的，但人有时候难免会受情绪的影响，从而容易忽视孩子的感受。

记得有一次，一大早外面就下起了雨，我忙给上小学二年级的儿子拿出了衬衣，可儿子不喜欢这件衣服，我怎么跟他说，他硬是不穿。一气之下，我冲着儿子大声吼道：“今天你穿也得穿，不穿也得穿，由不得你！”儿子顿时不吱声了，眼里含满了委屈的泪水，我也感到自己有些过分。过了一会我拉过儿子语气缓和了下来：“一下雨，天就冷起来了，不穿衬衣就会生病，这样你就不能上学也不能和小朋友玩耍了，而且也会影响妈妈工作的。”儿子含着泪水点了点头，最后高兴地穿上衬衣上学去了。

后来，我在办公室回想起早上这一幕，不由感慨：不用命令、要求的口吻，不要一开始就把自己当成孩子的“军师”。而应该循序渐进，站在孩子的角度想问题，先接纳孩子的感受，理解孩子的想法，甚至和孩子当“同伙”，当这一切都做到的时候，再施以“肯定＋鼓励＋赞赏”，还有什么事情，孩子会不听商量呢？

我想，即使再调皮的孩子，再怎么贪玩不爱学习，难免给父母

一种“恨铁不成钢”的感觉。面对妈妈的命令口气，他们更是不从。于是妈妈和孩子之间慢慢产生了矛盾与隔阂，时间一长便影响到亲子关系的维护。其实每个孩子和妈妈都希望他们之间的关系融洽，只是因为妈妈没有摆正教育孩子的心态，没有建立正确的亲子关系，才会使孩子越来越“坏”。试着转换家长的角色，以“同伙”的身份出现在孩子面前，与孩子成为无话不淡的朋友，一定会有意想不到的效果。

世界著名教育家苏霍姆林斯基说过：“尊重被教育的对象，是教育的实质和精华。”教人首先要教心，在人类精神财富的合声中最细腻、最柔和的旋律应该是对他人尊重的心声。与孩子成为“同伙”，就是要承认他的人格尊严，倾听他的意见，接纳他的感受，包容他的缺点，分享他的喜悦，这样你才有机会发挥“军师”的作用。

与孩子成为“同伙”应当是无条件的，也就是这份尊重不决定于孩子的行动而是对孩子的整体接纳，尤其对暂时后进的孩子更要尊重和相信他的价值和潜能。

曾经和一位妈妈探讨过她的育子经验。她说，儿子虽然很调皮，但也很懂事。她和儿子共同学习、共同进步，不论谁学得了什么新知识，都要随时相互交流。在与孩子共同学习的过程中，她儿子的求知欲越来越旺盛，自信心大增，常常把新了解到的知识讲解给她听，而她也在工作之余和儿子的帮助下拓宽了知识面，与孩子有了更多的共

同语言。

作为孩子的朋友，妈妈与孩子之间还应该经常开展批评与自我批评。由于受传统教育的影响，许多家庭是家长批评孩子多，家长有了错，孩子却没有权利和胆量批评家长。这样的相处不公平，对孩子的健康成长也很不利。人无完人，孩子在成长的过程中会犯这样那样的错误，家长在孩子面前也难免有不对的时候。遇到这种情况，如果家长以长者自居，粗暴对待孩子的错误，而对自己的错误视而不见，不但家长的威信无法树立，也容易给孩子造成放纵自己犯错、有了错误可以不改的坏习惯。

因此，妈妈要和孩子经常相互交流，更应该相互理解母子之间的感情越来越深，朋友的地位越来越牢固。现在的妈妈们既要工作又要照顾家庭，实在有些辛苦，都希望孩子能够理解自己，懂得心痛妈妈，做一个懂事的、成熟的孩子。然而，我们做妈妈的往往容易忽视了对孩子的理解。

如果妈妈总是摆出一副高高在上的“军师”架势，总是以命令孩子该做什么，不该做什么。长此以往，不但不利于亲子关系的培养，反而使孩子变得循规蹈矩，没有自己的思想和爱好。这样的孩子即使考试回回得满分，也不会有什么创新思想，以至于使他以后的人生都会受到影响。每个妈妈都应该站在孩子的角度想想，现在的独生子女缺少玩伴，所以妈妈们不要剥削孩子在休息的时候适当的玩乐，比如：玩玩电脑、打打游戏，其实这些对孩子也是有益的。

作为妈妈需要做的是帮孩子把握好时间，严格遵循先学习、作业，后玩耍的原则，不要影响到孩子的学习和休息。

其实，做妈妈的要以心换心，孩子只有感受到妈妈的真诚，他才不会疏远你，这样和孩子之间的鸿沟就会越来越小，才能更有效地和孩子沟通，真正走进孩子的内心，与孩子顺畅地交谈。不能一味地采用高压政策教训孩子，指责孩子，而应该和孩子成为“同伙”，发现孩子生活微处所潜藏的优势和不足，才能更有效地教育、引导孩子。

当然，和孩子成为“同伙”，既要对孩子严格要求，善于从日常生活中发现问题，随时给孩子引导，把孩子当作平等的伙伴，与孩子一起学习、一起玩儿，尊重孩子的想法，还要给孩子到位的帮助，让孩子在妈妈的帮助下变得更加活灵活现。童心仍活泼、童趣皆成文，相信每一个妈妈都会收获这样效果。

倾听孩子的心声

如果有一天你下班回家，发现上小学的女儿把卫生间搞得一片狼藉，地上到处是脏衣服，自己浑身还湿透了，你的第一反应会是什么呢？

我认识的一位妈妈，在遇到这个情况时，她的第一反

应是，指着女儿说："我跟你说过多少次了，不准玩水，你怎么就是不听话呢？"结果女儿"哇"的一声就哭了出来。后来她才知道，女儿是觉得妈妈上班太累，回家还要做家务，就想帮着妈妈洗衣服。后来，这位妈妈觉得自己当时太冲动，错怪了孩子，为此而后悔不已。

每个孩子都会哭泣，会恐惧，会发脾气也会愤怒……在成长的过程中妈妈常常困扰于孩子的一些"非正常"表现而不能自拔。从发展心理学的角度看，这些"非正常"表现在孩子的成长过程中，如果处理得好，将有利于他们形成健全的人格。要知道，事出必有因。孩子的每一个"非正常"表现的背后都有一个正当的理由。他们可能是在宣泄精神或身体上的创伤所引起的负面情绪，也可能是在呼唤父母的关注以帮助他们更好地宣泄。这个时候，妈妈给予倾听将是最好的关注和支持。而对青春期内心动荡不安的孩子来说，妈妈不带价值判断的倾听，更是让他们建立沟通意愿及信任的重要基础。

例如，如果孩子告诉你，"妈妈，我不想学钢琴了"。这个时候，妈妈常带价值判断的反应就是："你怎么可以这样！""你真是身在福中不知福！"这么一说，孩子受到批评，对与妈妈沟通的意愿就大打折扣。而不带评价的倾听做法，则会营造安全的谈话氛围，让孩子愿意敞开心胸。

妈妈可以这样对孩子说："你的意思是说，你最近对钢琴不太感

兴趣了，是吗?”然后再问她：“为什么呢？你能告诉我原因吗?”让孩子继续把她心里话告诉你。

如果妈妈能这么说，孩子就会知道，如果他有心理困扰，妈妈在任何时候都会抱着支持的态度听他说话。当孩子知道妈妈是抱着这样的态度，他也肯定会迫不及待地与妈妈分享心事了。

不可否认，从家长的角度看，让孩子参加钢琴等学习班和围着高考的指挥棒参加较差科目的补习，体现了家长的良苦用心。但是，家长应更多倾听孩子的心声，要让孩子多认识社会，并尊重孩子的意愿来发展他们的兴趣爱好，这样才有利于他们的成长，也是真正对他们负责，毕竟孩子的成长不是几本书、几堂补习课就能起作用的。

现实中，我们整天看到的是，家长对学生的要求，老师对学生的要求，学校对孩子的要求。但是现在有谁来听一听，我们的孩子有什么要求呢?

有一次，几个妈妈来跟我咨询和讨论教育孩子的方法。一般来说，当着众人的面，妈妈们提的问题都比较照顾到孩子的自尊。可是，这次有一位妈妈，就当着自己孩子和众人的面，说自己的孩子是多么的差，甚至还说孩子有偷摸的毛病。听她说了一会儿，我就开口说“请你打住吧!”

我觉得不管在什么场合，尤其当着众人的面，就更应该给孩子留一点儿尊严。当着那么多家长和学生的面，那个妈妈竟然把她的孩子说得一无是处，满身缺点。我说：

“你能说出你孩子的优点吗?”她想了半天，才说：“孩子挺聪明的，可就是不爱学习。”最后，我告诉她，做妈妈的最好也要经常听听孩子对自己的看法，听听孩子自己的想法，这有助于妈妈和孩子之间的交流，更有助于了解孩子，以便更好地实施教育的目的。

我们知道，现在孩子多是独生子女，他们的苦水往往无处倾诉。孩子本来与别的孩子接触就有限，而别的孩子也大都是独生子女，大都有一种以自我为中心的倾向，也不大会劝导别的孩子。所以，孩子可以向其吐苦水的知心人，其实就是妈妈，如果你的孩子没有跟你吐过苦水，你就有问题。不要责怪孩子不跟你说话，做妈妈的要多想想原因在什么地方，你就知道该怎么做了。所以妈妈应该多倾听，多让孩子敢跟你谈。什么时候，孩子能把自己的一肚子苦水都向你倾诉的时候，这个孩子就是一个很阳光、很向上的孩子。

德国教育学家卡尔·威特说：“我认为倾听是一种非常好的教育方式。”因为倾听对孩子来说，是在表示尊敬，表达关心，也促使孩子去认识自己的能力。如果孩子感到，他能自由地对任何事情提出自己的意见，而他的认识又没有受到轻视和奚落，他就变得毫不迟疑、无所顾忌地发表自己的意见，先是在家里，然后是学校，将来就可以在工作上，自信勇敢地正视和处理问题。

身为妈妈的你现在一定明白了倾听的重要性。但从没放下身段倾听孩子的第一次尝试，可能还需要掌握一些技巧性的东西，比如，说话时注视孩子，保持目光接触，不要东张西望。倾听的最佳时候是你和孩子独处时，这样更容易让孩子敞开心扉。切记不要中途打断孩子的话，这样会让孩子觉得你不够尊重他，从而影响信任。倾听就是要听到孩子的心声，要让孩子把话说完。同时，可适时而恰当地提出问题，作为妈妈的您可以通过表述自己的意见引导孩子的思路。但一定要注意，和孩子交流时面部要保持自然放松的微笑，表情随孩子谈话内容有相应的变化，恰如其分地点头。

倾听是感受孩子的心灵，倾听是孩子心灵的呼声。我们可以通过倾听，帮助孩子提高应付重大挑战的能力，使孩子在倾诉中学会自主教育。想要帮助孩子走出困境，那么，每一个妈妈就要真正读懂孩子，倾听孩子的心声，从而帮助他们解决在成长过程中遇到的问题，才能使他们更加健康快乐地成长。

不要对孩子的情绪变化视而不见

无忧无虑，本是童年特有的属性，而这对于如今的孩子来说反倒成了一种奢求。“大人只知道让我们好好学习，吃饱穿暖，根本不管我们心情好不好”，我在一所小学为孩子们做心理辅导时，孩子们纷纷发出了这样的抱怨。对此，多数孩子家长却不以为然：“小孩子，哪里懂得什么叫心情?”

家长的回答让我颇有些无言之痛。在她们的意识里“心情”这

东西，与童年没有关系，与孩子没有关系。然而，近期由中国青少年研究中心和共青团中央国际联络部发布的《中国青年发展报告》显示，我国17岁以下的青少年儿童中，大约3000万人受到各种情绪障碍和行为问题的困扰。

可见，“心情”这东西不仅存在于童年、存在于孩子们的成长历程中，而且是一种不容忽视、不容漠视的存在。调查的数字，不是个小数字，而孩子的情商里也绝不是个小问题。

高尔基说：爱孩子是母鸡都会做的事，但当家长们把目光聚焦在孩子们的情绪上时，也许会发现，假若我们的爱缺少力量，也就不会比母鸡高明多少。固然，孩子吃得饱不饱，穿得暖不暖，学习成绩好不好，是我们做妈妈的应该也最为关注的问题，而对孩子成长影响非常重要的情绪，却是多数妈妈关注的盲点，更甚者有些妈妈对此是视而不见。

生活中总会发生一些不快事件，这些事件或多或少都会对人们的情绪造成影响，尤其是遭受挫折时，人们会沮丧、抑郁，孩子也不例外。例如孩子在学校受到了老师的批评，这时比较要强的孩子就会出现明显的挫折感，他们显得不高兴，怕同学老师看不起，也可能怕受到家长的责怪，表现得话少、紧张、沉默，如果孩子能够在较短时间内自我调节过来，那么妈妈也就不必担心。

如果孩子经过一段时间还是情绪不好，妈妈就应该干预了。比如孩子因为受了批评而不高兴，妈妈就可以在和孩子平等交流的过程中，问问孩子受批评的原因，是不是上课说话了？是不是做错题

了？是不是和同学发生争吵了等等……找到原因后不应该过分指责孩子，而应该帮孩子分析他错在了哪里，老师批评他并不代表他是个“坏”小孩，老师也不会看不起他，而是为他能好好学习，提高自己。妈妈如果这样说的话，孩子可能就会变得心平气和了。

有时孩子也可能因为在某一方面做得很出色而受到某种奖励，这时孩子可能出现很高兴的情况，这也是正常的，可以让孩子尽情地高兴一阵，并对孩子取得的成绩给予表扬。但同时也要告诉孩子不能因为这一点成绩骄傲自满，做人需要谦虚，谦虚才能取得更大的成绩，也才能与人更好地相处。另外，要使孩子养成良好的情绪表达习惯，妈妈首先应对自己的情绪表达方式进行反省，因为父母的榜样作用会在很大程度上影响孩子。

在机关工作的张芬前段时间发现她9岁的女儿经常不开心。她常说：“真烦”、“没意思”……开始张芬还觉得孩子说这些话时像个“小大人”，特别有趣。不过时间长了，女儿不但经常说这些话，而且说时还紧锁眉头。问女儿烦什么，女儿说：“你和爸爸整天烦恼，我也跟着不高兴。”原来前一段时间张芬家里忙着装修新房，还要办各种手续和装修，家里老人还突然发病住进了医院，事情凑在一起，一家人都表现得很烦躁，但她没想到这种烦躁心情也传染给了孩子。

我们必须明白，情绪是可以传染的，家长们把工作中或者生活中的不愉快表现出来很容易影响到孩子。如果总生活在一个充满抱怨和不满的环境中，孩子也潜移默化地像大人一样用消极的语言来宣泄自己的紧张和不满，而一旦这类语言形成习惯后，对孩子们今后的人际交往将非常不利。

每位妈妈都希望自己的孩子能够快乐成长，而孩子的快乐与否很大程度上取决于父母的心态。如果父母是快乐的，他们的快乐会传染给孩子；如果父母自己整天愁眉苦脸，孩子如何能笑逐颜开呢?

另外，如果父母对孩子比较粗暴，动不动就训斥孩子，孩子对各种事情没有任何解释和发言权，这样会使孩子减少或缺乏学习用语言正确表达情感的机会，也就有可能最终学会粗暴待人的不良习惯，这会对孩子的未来同样会造成消极影响，也不利于孩子以后的生活和事业。

与以前相比，现在孩子的压力明显增大。由于孩子对自己情绪的控制能力比较差，他们时不时地发“小脾气”是常见的事情。有时不见得是什么异常现象，敢爱、敢恨、敢说、敢笑，这是孩子心理方面的一种优势，这种优势会使得孩子的各种情绪得到及时的宣泄，非常有利于他们心理的健康发展。只要孩子的情绪不扰乱别人的正常学习和生活，不伤及别人，就没有什么对和错之分，也不需要特别地加以“控制”，妈妈这时可以采取视而不见的冷处理办法，孩子的脾气可能很快就烟消云散，正所谓来得快、去得也快。妈妈即要关注孩子情绪的自然流露，更应该宽容孩子的情绪，而不是压制。比如，孩子伤心时，我们应该鼓励他哭出来，就算是男孩子也应该这样。

情绪与健康有密切的关系：情绪可通过神经、内分泌和免疫系统引起的生理变化影响健康，严重时也可导致疾病。乐观的情绪有利于健康和长寿，而严重的负面情绪本身就是一种不健康状态，更为严重的情绪也会影响到孩子智力和能力的发挥。

因此，每一位妈妈都应当时刻注意孩子的情绪发展，鼓励孩子表达自己的内心，及时帮孩子疏导不良的情绪，让孩子在一个良好的情绪和生活环境下健康快乐地成长！

做一个真实的自己比做一个“妈妈的乖孩子”更重要

小美今年读初一，学习很优秀，也很乖巧，但就是情绪时好时坏，常常表现得很抑郁。

为此，小美的妈妈带着她来找我，希望我能帮到小美。当母女二人和我坐在一起探讨了一阵子时，小美的妈妈仍不相信小美有情绪问题，在妈妈看来，小美这个孩子从小就乖巧听话，学习成绩又好，从不让父母操心。而且在家的时候阳光开朗，充满了活力和笑容，完全看不见一丝抑郁的阴影。妈妈说这些话时，坐在一旁的小美始终沉默不

语，但还是在我的百般鼓励下，小美终于喃喃地吐出对妈妈的抱怨，没有什么惊天之语，都是琐碎的生活细节。无非是妈妈事无巨细的唠叨，怨她做作业的时候字写得不够整齐，走路的时候腰板站得不够挺直，洗头发的时候速度不够快，哪一天要穿什么不应该穿什么的，如此等等。

整个谈话给我的感触是：这是一场让人难过的对话。在交谈过程中，我可以看见一个乖孩子成长的图景，也可以看见一个外表优秀、快乐的乖孩子内心深处隐藏着怎样的创伤。她的妈妈也很震惊，通过这次谈话，她也明白了，小美那些深入骨髓的抑郁情绪是因何而来的，并表示以后一定会尊重孩子。

事实上，许多妈妈都是拿着放大镜，审视着孩子的一言一行，并在唠叨中完成了对孩子的家庭教育。对于一个乖巧的孩子来说，这个过程极其受伤。几乎所有的妈妈都有一个或模糊或清晰的“理想孩子”的模板，有的孩子会反抗这个模板，不停地出状况，于是妈妈就得不停地处理问题，修改模板，渐渐地这个模板就具有了弹性和空间，这种孩子的成长也许不够完美，但真实、自然。

而那些听妈妈话乖巧的孩子，是努力迎合妈妈期望，自觉不自觉地按妈妈的“理想模板”修剪自己，于是他成了从不制造麻烦、让妈妈省心的乖孩子，甚至愿意把所有心事藏起来，在妈妈面前扮演一个永远开心、绽放笑容的孩子。在他们努力迎合某个人时，同

时也让出了自我发现的机会，丧失了自信和自尊。因为他从没有机会也没有充满弹性的空间来认识自己、建设自己。奇怪的是，事情往往是这样，这样乖巧的孩子，越是渴望妈妈的认同，越是发现无论自己多努力，都不能令妈妈满意，都不能达到妈妈理想的期望。于是压抑、沮丧就像噩梦一样驱逐不去，压抑着孩子。

更为可怕的是，这类听话的、从不让父母操心的乖孩子，进入青春期后，会成为不明原因的抑郁人，情绪不稳定的脆弱人，成为心理危机的易感高危人群。他不知道怎样来探索自我、认同自我，他没办法舒展地做回真正的自己。一旦遭遇危机，或需要应变力来应对环境中的挑战，他往往觉得力不从心，无所适从。

曾经听过这样一句话：乖孩子可能会没出息，淘气的孩子往往能做大事。虽然有些以偏概全，但想想还是有些道理。我们在生活中常见到很多这样的情况，处理事情乖孩子无从下手，淘气的孩子却能做到。其实，做妈妈的本来就不应该什么都干涉孩子们，让他们自由发展，这样才能更好地发现孩子的兴趣，培养孩子独立思考和应变的能力。

在生活中，我们常常能听到有些妈妈无不得意地这样说，“我的孩子很乖，很听话”、“我儿子从不顶撞我，叫干什么就什么”……每当听到这些话时，我很是纠结，特别是看到这些妈妈得意的表情时，更是痛心。得意的背后，不知这些妈妈可曾想过，这样的“乖孩子”是不是缺少主见、缺乏独立意识呢？那么，他们将来如何应会这个社会呢？

要知道，在孩子的成长中，当孩子有自己的看法和想法时，作为家长的要尊重孩子。正如前文所讲，没有尊重就没有教育。尊重就是把选择权留给孩子，允许孩子有思想上的自由、情绪上的自由、感官的自由及表达上的自由，接受孩子做真实的自己，才是教育的最佳状态。如果一味的要把孩子打造成只会听妈妈话的“乖孩子”，只会阻碍孩子个性和独立思考能力的培养，对孩子的一生都可能会造成严重的影响。

教育学家认为，父母只是孩子的经纪人，至于孩子的人生，应该由他自己设计，你并不能带他走未来的路，所以不用你去强迫、要求他，他都会积极完成。

当然，也不是说所有的事情只要孩子喜欢就让他去做。家长作为孩子成长的经纪人，最重要的是帮孩子发现自己，找到真实的自我，然后接受自己、喜欢自己，选择自己想要做的事。

当和孩子说话时，妈妈要尽量用开放式的问题，比如“你喜欢哪个颜色的?”而不是“你喜欢红色还是黄色”。很多妈妈往往习惯替孩子做决定，久而久之，孩子就没有独立思考和选择的能力，更别说设计自己喜欢的人生道路了。无论遇到什么问题，应该让孩子思考出答案，在他无法判断的时候，妈妈再帮孩子选择，要知道，孩子需要的是鼓励，而不是你帮他思考。

总之，做一个孩子，实际上不必太乖，在成长的过程中，探索自我、建设自我远比迎合父母更为重要。作为妈妈，你必须明白，养育一个孩子，没有什么比让他做自己，拥有一个真实自然的成长

过程更好的了。给予孩子成长的时间和空间，让孩子在宽松的环境里健康发展吧！

第五章　后天教育比天赋更重要

幼儿是成人之母，从孩子一出生就开始教育

威廉说："幼儿是成人之母。"意思是说，成人的基础是在小时候形成的。每个人刚生下来的时候都是一样的，仅仅由于环境，特别是幼小时期所处的环境不同，有的人可能成为天才或英才，有的人则变成了凡夫俗子甚至蠢材。

儿童的早期教育，是决定其一生发展的关键。具备了相应的资格和能力，父母才能圆满地完成教子育人这一神圣的任务。所以，对孩子的教育必须尽早开始，开始得越早，取得的效果就越显著，开始得越晚，儿童的能力实现就越少，这就是儿童潜在能力的递减法则。

通常，3 岁之前是孩子最为重要的时期，这一时期，孩子的大脑接受事物的方法和以后的截然不同。我们知道，刚出生的婴儿没有

分辨人面孔的能力，而到三四个月，或五六个月，就能分辨出母亲和别人的面孔了，开始“认生”了。但这时的孩子并不是对面孔特征进行了这样那样的分析后才记住的，他们是在反复的观察中，把母亲整个面孔印象原封不动地“拷贝”进了自己大脑之中。

婴儿依靠直觉，具有在短时间内掌握整体的记忆识别能力，是成人远远所不能及的，这种纯记忆式的识别能力，也远远超过我们的想象。他们对多次重复的事物不厌其烦，所以 3 岁以前也是“硬灌”时期。因为这个时候孩子的大脑还处在一个白纸状态，无法像成人那样进行分析判断，因此，可以说他具有一种不需要理解或领会的吸收能力。如果不把你认为正确的东西，经常地、生动地反复灌入幼儿尚未具备自主分辨好坏能力的大脑中的话，他就会毫无区别地大量吸收坏的东西，从而形成自身的素质。

其实，人和人根本不存在智力水平上差别，只有不同智力之间优势、组合与发展速度上的差异，每个人都有相应的成功领域。即使是普通的孩子，只要教育得法，也会成为不平凡的人。而一个人的品质如何，很大程度上是取决于幼年时期所受的教育如何。人就像瓷器一样，小时候就形成了他一生的雏形。幼儿时期就好比制造瓷器的黏土，给予什么样的教育就会形成什么样的雏形。

没有人生来就会做妈妈，0 岁的孩子，0 岁的妈妈。每一个妈妈培养孩子的过程其实是妈妈和孩子共同成长的过程。但是在这个过程中，妈妈往往容易把目光聚焦在孩子身上，对孩子“高标准、严要求”，天天鞭策孩子努力上进，然而自己的成长，却在不知不觉间完全停滞了。

孩子的身上总会留下妈妈的影子。妈妈的心理状态、思想观念、行为方式，直接影响着孩子。一个好妈妈首先就是要做好自己，孩子就会耳濡目染，潜移默化，从中得到熏陶，受到启发。如果你深爱着孩子，也一定希望自己的孩子在成长过程中不留遗憾。那么，不妨从现在做起，从争取“持证上岗”开始，为当好妈妈做些“功课”吧。

首先，即使工作再繁忙，妈妈也要尽量多陪伴孩子。孩子是我们生命的延续，没有什么比塑造一个人更重要的。每天和孩子沟通，认真听孩子说会儿话，或者完全投入到孩子的玩中，等等，这比给孩子提供优越的物质条件更加重要。

其次，及早给孩子装几个核心的“精神软件”。在竞争日趋激烈的社会中，要想使孩子拥有一份精彩的人生，需要具备能够适应社会的多种品质和能力。自尊心、自信心、责任心、主动进取精神——这是孩子成长的几个核心“精神软件”，是孩子精神人格的脊梁，妈妈一定要把它们及早输入孩子的生命程序之中。

最后，妈妈要把最好的自己呈现给孩子。每个孩子都具有很强的可塑性，大量的行为都会在幼年阶段固化为习惯，因而培养各种良好习惯最容易见效。作为妈妈，不管你目前生活有多么失意，也不要把你的抱怨一览无遗地呈现给孩子。如果你希望孩子比自己走得更远，就要把自己最好的状态呈现给孩子，让孩子看到你乐观向上、积极进取的言行，给孩子一个充满活力的成长环境。

事实证明，有好习惯的父母才能培养出有良好习惯的孩子，每一个父母都要牢记一句话：“你的身后站着孩子。”你的任何行为都有可能落入他的眼底。如果我们能乐观地看待孩子，相信在孩子身上一定潜藏着智慧的种子。

毕竟，孩子的童年只有一次，孩子的成长最需要妈妈的陪伴，尤其是在孩子幼小的时候，通过朝夕相处的陪伴、日复一日的交流，孩子与妈妈建立起亲密的依恋，建立起安全感，这是孩子健康成长最重要的基础。而妈妈不仅仅要做孩子的朋友，更要肩负起为人父母的更重要的职责，在孩子的成长路上起到真正的引导作用。

幼儿是成人之母，教育孩子的过程其实就是我们做妈妈的自我教育和学习的过程。从孩子一出生就开始在亲子共同前行的路程上，孩子的小手需要我们的大手去牵引，去扶持。有了这种认识，我们就可以扮演好生活教练、学习榜样、知心朋友、人生导师和坚强后盾等角色，更好地帮助孩子健康的成长。

抓住孩子智力发展的最佳时期

根据儿童潜能的递减法则，一个人在成长过程中，是有某种智力发展最佳时期的，这个最佳期非常关键，它对人一生的智力发展都起着决定性作用，不容错过。因此，对孩子早期智力开发的关键，就是抓住最佳期。

所谓最佳时期，就是说对人智力发展至关重要的时期，在这个时候，如果给予适当的环境刺激，某些能力能够得以正常发展，一旦错过，则不易补救。德国幼儿早期教育家威特说："对孩子的教育开始再早也不会过头"。可见，正确的早期教育是建立在对孩子智力发展最佳期认识上。对于孩子来说，智力发展最快的时期就是"最佳期"。主要表现为：在这个时期，孩子对外界的刺激特别敏感，容易接受外界信息。孩子的先天潜能发挥得最好最充分，从而容易获得某种能力。抓住"最佳期"进行良好的教育，就如同农民在不误农时进行播种，能收到事半功倍的成效。

我们常听到这句：三岁看大，七岁看老。这虽是民间流传的一句古老的谚语，但它概括了幼儿心理发展的一般规律。即指从幼儿三周岁和七岁时的心理特点、个性倾向就能看到长大后的心理与个性形象的雏形。

科学家们发现，那些在婴儿期被遗弃或被野兽哺育的儿童，被发现后，即使给予适宜的生活环境和教育，他们的智力仍停留在很低的水平上。比如1920年在印度发现的"狼孩"卡玛拉，由于将她带回人类社会时她已经七八岁，错过了学习语言的最佳年龄，所以直到她十六七岁死去时，也没能真正学会讲话。像这样的例子还有不少，这些材料证明，在某一特定年龄阶段，孩子的某种能力发展最为迅速，这种特定的年龄阶段，也就是我们所说的最佳期。

一般来说，人类大脑的发育和智力发展的速度相一致，而3岁以前大脑发展最快的时期，以后逐渐减慢，直至5岁以前即完成整

个人脑发育的80％，到7岁时大脑的结构和功能基本接近成人，可以说，7岁以前是孩子智力发展的关键期，而以3岁以前更为关键。因此，从孩子出生到7岁之前，这个时期对妈妈来说，是必须要密切关注和把握的。

比如，1岁至3岁是孩子口语发展的关键期，3岁也是孩子计算能力发展的关键，而掌握数字概念的最佳年龄是5岁至5岁半，这个时期妈妈可以多给孩子说话，可以让孩子先听数再学数数，增加宝宝对语言和数字的兴趣；从出生到4岁时是孩子视觉发展的最佳期（研究表明），这个时期孩子对物体的颜色和形状非常感兴趣，也是孩子感性认识世界的开始。这个时候妈妈要做的是，在孩子周围摆放一些五颜六色的玩具，或带孩子去户外欣赏花草树木等方法来刺激孩子的视觉。3到5岁时，是孩子音乐能力发展的关键年龄，妈妈可以根据孩子的兴趣，选择适当的乐器让宝宝练习，也可选择适合孩子的歌曲、童话故事音乐等，与孩子一起分享，或向孩子提出问题，以此激发孩子的想象；而4岁到5岁是孩子学习书面语言的最佳时期，到了5岁时，也是孩子掌握词汇能力的关键时期。妈妈可以在此关键期前，就开始培养孩子对文字有个感性的认识，然后再促进孩子在书写发展关键期时能够得心应手。

其实，孩子学习各种能力都有一个关键期也就是最佳期，在最佳期孩子学习起来比较容易，效果也比较显著。一位曾经发明了全能教育法的名人曾经说过这样一句话：在儿童发育过程中，他们的潜在能力如果得不到及时开发就会逐步消失，如果一出生就能得到良好教育，那么对于他们的一生来说都是一件幸事。

由这句话可见，抓住孩子智力发展的最佳时期是非常重要的，能够影响孩子的一生。我们常说机会一旦失去，将不再会回来。如果表现在一个孩子的一生成长的道路上，孩子所受到的教育将更会验证这一个道理。为了不影响到孩子一生的发展，家长一定抓住孩子发展的关键时期。而这个关键时期的把握，就要求家长对孩子发展过程中所能遇到的多个关键时期要清楚、要明白，只有如此才可以牢牢地抓住关键期。

举例来说，一般的孩子，他们的脑智力发展的关键时期就是在六岁之前，所以这个非常关键的时期，家长及老师就不应该用陈旧的死记硬背来“填鸭式”地教育他们，而是应该用引导性的、创造性的方法为其开发大脑，尤其是右脑的开发。只有如此，他们才有可能在以后成长的路上一步步地成为一个思维敏捷（也就是大家常说的多么聪明）的孩子，并且非常富有艺术和富有创造性的一个人才。

因此，抓住孩子智力发展的最佳时期至关重要，我们就应该早点地帮助孩子做好引导和铺垫，这个是每个妈妈的责任，也是影响孩子一生的关键。

充分发挥孩子的潜能

所谓潜能，就是指具有发展某方面才能的特殊素质，任何一个孩子都有自己的特长，这就是潜能。

那么，孩子的潜能优势表现在哪些方面呢？观察和发现孩子的潜能优势表现，妈妈可以从以下七个方面入手。

语言文字方面，孩子比别的孩子说话早，词汇量更丰富，能区别词汇间微妙的差别，并用来表达更准确的意思。比同龄孩子更早会用抽象意义的词，比如“可是”、“即使”。能绘声绘色地背儿歌、讲故事，甚至自己会编故事。

在数理逻辑方面，孩子好奇多问，对数字敏感，且善于对物品进行分类，能很快学会等量交换，如1角等于10分。在音乐方面，孩子能很快学会唱一首且不跑调的歌，喜欢摸乐器，能分辨不同乐器的声音。在空间想象方面，孩子的观察力比较强，能发现事物的细枝末节，想象力丰富，擅长画立体图画，出门很少迷路，很少不知所措。在身体动觉方面，孩子能掌握各种工具器械，容易学会翻跟斗、游泳、骑车等，且善于拆装收音机、钟表等小机械。

还有在人际关系方面，孩子能自然大方地跟别人交谈，并且能体察到别人的忧伤、高兴，在同龄小朋友当中很合群，喜欢他的人很多，而他喜欢的人也很多。有领导才能，能提议和组织大家一起玩一个游戏。遇到问题，比如想借别人手里的玩具玩，或是受了别人欺负，能很快想出解决办法。在自我认识方面，表现为孩子做事情有自己的主见，有自信，喜欢自己选择与安排自己的事情。

很少有孩子面面俱到，同时在七个方面上卓尔不凡。即使同一个孩子身上，这七种能力的发展也可能有先后快慢，比如有的孩子记忆力很强，但语言发展暂时比同龄人慢一些，而过一段时间，你又会发现他在语言上进入了“爆发期”，进步得非常快。不要因为别人的孩子在某方面表现得特别优秀，就觉得自己的孩子不如人。要知道，每一个孩子都是独一无二的天使。

潜能为孩子的智力开发奠定了良好的基础，只有发现了孩子在某方面的潜能优势，才能有针对性地培养孩子的优势，有助于开发孩子的智力。但是如果孩子没有表现潜能的环境和教育，那么，如何发掘他们的潜能就成了个难题，很有可能孩子的天赋潜能会被无声无息地埋没。而发现孩子的独特性和挖掘孩子的潜能，则要求妈妈具有“伯乐”的眼光，并会为孩子创造被发掘的机会。

那么，妈妈首先要做的，就是仔细观察，做好记录。或者借助专业人士的评估，了解孩子实际的发展水平，找到他喜欢什么、擅长什么，然后为孩子创造条件并加以鼓励。而对于孩子的弱项，最好的办法就是用优势来带动。当然，发掘孩子潜能不是坐等奇迹的发生，可以让孩子接触尽可能多的领域，让孩子能从众多选择中得出自己的喜好和特长非常重要。多给孩子表现的机会，比如让孩子叙述当天经历的趣事，由妈妈帮他记录下来；家人过生日时，鼓励每个人表演一个节目；每周日的晚上大家朗读短文并发表心得等等。

每个孩子都是一个未知数，任何精密的仪器和专家都无法准确预测出孩子的特殊性，只有通过长期的细心观察才能了解孩子。所以，带孩子接触多领域，妈妈则需要做一个冷静的观察者和记录者，根据孩子的表现，你就会判断出孩子的兴趣和潜能优势所在。

其次，先稳定孩子的潜能，再培养孩子的潜能。我们知道，孩子是很情绪化的，因此，孩子的潜能也具有不稳定性，很有可能会随时转移兴趣。而孩子的兴趣水平比较低，以外在的、短暂的兴趣为主，所以在最初的教育过程中，家长要先稳定孩子的兴趣，想办法维护孩子的兴趣，以孩子感兴趣的方式来调动他的学习潜能。

妈妈最后要做的就是，正确认识和转化孩子的潜能。很多妈妈都会混淆潜能和爱好的概念。在这两个概念中，爱好的范围很广，所含感性因素偏多，而潜能则是对一事物更高层次的素质了。比如孩子喜欢玩具过山车，这只能说明他爱好游戏，而不是潜能。孩子喜欢动画片只能说明他爱好看电视，这也算不上什么潜能。当然不是说这些爱好就没有用，你可以去转化孩子的这种潜能。比如孩子喜欢看动画片，那妈妈不妨先看看孩子平时看得动画片，然后就片中的情节提一些问题，这样激发了孩子的记忆潜能后，可以继续引导孩子一起猜测下一集的内容，这样，也激发了孩子的想象潜能。条件允许的，妈妈不妨在孩子看一次电视后，就陪孩子温习一下内容，浮想三日，这样既减少了孩子看电视对眼睛的伤害，而所谓的不良爱好也成功地转化为正面潜能了。

也许你还不知道自己的孩子有多少潜能，但是你一定要肯定一点，即孩子的潜能是无限的。只要你为他创造适时的平台，他的潜能一定能大放异彩。

训练五官，刺激大脑发育

大多数人都知道，人的五官（耳、目、口、鼻、皮肤）的发展，直接影响着人大脑的发育。五官是人类感知外部世界的生理基础，人类就是依靠听觉、视觉、味觉、嗅觉、触觉感知外部世界的。如果从小能刺激孩子的感觉器官，就能够促使大脑各部分机能活跃积极，进而形成积极的条件发射，调节大脑的各种功能。如果孩子大脑那五种感觉的区域都发挥出最大效能，那么，他将会成为一个聪明伶俐的孩子。

我想，每一个妈妈都希望自己的孩子聪明伶俐，这就要求妈妈们从小训练并刺激孩子的五个感官功能。

孩子的听觉比视觉发展得要早一些，所以要尽早发展听觉。训练听觉时，妈妈悦耳的声音对孩子很重要，为孩子朗读、歌唱，幸福的童年应该与故事同在。没有故事的童年是缺少快乐和生机的，妈妈要尽早地给孩子讲故事，读儿歌，或者让孩子听轻音乐，这对于促进孩子语言能力及智力发展具有重要作用。

因此，可以在婴儿时期，甚至孩子还在腹中时期，妈妈就应该每天给孩子说一些甜美的话，或唱唱好听的温婉的歌曲，朗诵一下美妙的文章。我想凡是做过母亲的都有这样的经历：当你摸着肚皮和腹中的宝宝对话时，肚皮会颤动，这表明孩子已经接受到妈妈给

的信号了。或者给一岁左右的宝宝讲故事时，他也会随着你的语调的变化而有不同的反应。这样不知不觉就使孩子的听觉得到了锻炼。

在视觉方面，妈妈不妨给孩子买一些五颜六色的小球或者木片，或是穿着色彩鲜艳服装的布娃娃、布制的小猫、小狗、小鹿等，把这些色彩鲜艳的物品摆在孩子四周，时而移动位置，相信孩子的小眼珠就会跟随物品的移动而移动。这些都会很好地发展孩子的色彩视觉。如果错过发展色彩感觉的最佳时期，孩子以后对色彩的感觉就会非常迟钝。等孩子的视觉发达起来以后，就要培养孩子的观察能力。这有两个方法，一是通过丰富多彩的色彩来培养孩子的观察能力。

就拿我来说吧，我在女儿房间的四周挂上了各种名画的摹本，从女儿小时候起，我就抱着她识别屋中的各种物品，如桌子、椅子等，并把这些物品的名称念给她听。女儿开始只注意画的颜色，而渐渐地也懂得了画中的含义。此外，我还经常把同女儿谈话的内容绘成图画，用这种方法增长女儿的智慧。

在味觉上，除了应给孩子各种味道的刺激之外，考虑到吃过多的糖和盐对身体没有好处。因此，这个时期，妈妈应该坚持饮食清淡的原则，给孩子多吃一些不同口味的水果、牛奶等清淡的食物。这样既可以保持孩子的感觉灵敏度，又可以避免养成多吃糖和盐的

坏习惯。

同时，妈妈一定要帮助孩子尽早学会爬行，因为爬行是幼儿成长过程中必不可少、意义重大的阶段。而俯卧也是最适合婴儿的活动姿势，爬行时，孩子的颈部肌肉发育快，头抬得高，可以自由地看周围的东西，受到各种刺激的机会也增多了，这就会大大促使大脑发育，使孩子变得聪明。

在触觉方面，妈妈可以给孩子拿一些毛绒玩具或者砂纸，让孩子感触，这是教给孩子粗糙和光滑感觉的绝好办法。不过，婴儿爱把手上拿的物品往嘴里放，所以妈妈一定多加留心，不要不小心伤害了孩子。我要强调的是，对孩子做这些事，只要他是高兴的，你就尽管去做，切记不要有任何强制的成分。

训练孩子的五官是为了刺激孩子大脑发育的开始。那么，妈妈们刺激孩子大脑又该怎么做呢？一般情况下，刺激脑部发育的动力有两种：一是脑部荷尔蒙，可以促进“神经细胞突触生长因子”发展；二是外界刺激。荷尔蒙是与生俱来的，由外力刺激脑啡，让“突触”发展得越多，脑神经的连接也越多，布的线路越密，脑部也就发育得愈快。

我们知道，音乐有独特的魅力和明显促进智力发育的作用，它对孩子的健康成长也有很大的帮助。特别是学会欣赏音乐，可以培养孩子的艺术修养，丰富和美化孩子的精神生活。促使孩子全面发展，成为一个具有高度文化素养的人，还可以提高孩子的听觉感受，促进情感体验，陶冶情操。久而久之，孩子的言谈举止变得文雅大

方，还可使左右大脑平衡发达，手指的运动，也促进脑的发育。所以，学习音乐特别是学乐器的孩子更聪明。许多学习优秀的孩子都学习过乐器。当然，对于3岁前的孩子来说，学习音乐只是使孩子有一个初步的感性认识，这就是让孩子听音乐，学唱歌。

其实，人类的脑部发育在妈妈腹中时就已经完成了，约在3个月时，宝宝的脑部发育快速成长，如果这时外界的刺激越多，宝宝的脑部发育也就越快。出生后又是一个脑部发育的黄金时期，如果妈妈在这时给孩子不同的音乐刺激，就会刺激宝宝不同的脑部神经发展，脑神经连接越多，自然会提升宝宝的多元智能。

孩子身上存在着巨大的能量，我们找到了使孩子发挥能量的正确途径，也就找到了孩子的发展方向。教育可以精心，但不必刻意，生活处处有教育，孩子的早期教育从训练他的五种感觉入手，充分利用丰富的生活环境，来刺激和促进孩子各种感觉的发展，激发孩子的大脑发育，让孩子从一开始就向着健康的方向成长。

用游戏的方式教育孩子

所谓游戏，就是指儿童运用一定的知识和语言，借助各种物品，通过身体运动和心智活动，反映并探索周围世界的活动。其特点具有：具体性、虚拟性、趣味性、社会性。通常游戏是社会生活的反映，周围的现实生活是儿童游戏的基本源泉。借助游戏，孩子可以

学习成人社会生活经验，也可以从中看到未来生活的前景。

我国著名教育家陈和鹤琴先生说过："小孩子生来是好动的，是以游戏为生命的。"的确，所有的孩子都喜欢游戏。对孩子来说，游戏就是他们生活的全部乐趣。对家长而言，游戏则是教育孩子的一种最佳形式。

游戏对幼小的孩子具有特殊的意义。因为孩子处于生理上发育还很不成熟的时期，有些孩子视游戏为生命，游戏是他们生活的方式，学习的方法。可以说，幼儿就是在游戏中生活，在游戏中学习，在游戏中成长的。因而，有游戏生活的儿童才能称得上是真正的儿童，也只有在游戏生活中成长的儿童才会是身心健康的儿童。游戏是儿童的正当权利，因此，不让孩子玩的做法是极其错误的。

俗话说：整天用功不玩耍，聪明孩子也变傻。因此，爱玩、会玩是好孩子的标准之一。而我们当前在婴幼儿教育中，游戏行为往往不被鼓励，爱玩的孩子常被看作是淘气、调皮捣蛋、不用功、没出息的孩子。喜欢不喜欢玩，会不会玩，对大人也许不那么重要，可对幼儿却是件大事，它是衡量孩子身心健康发展的标志。由于幼儿游戏水平反映着他们的身心发展水平，因此，会玩的孩子总是聪明能干、身体健壮，并且是善于交往合作的好孩子。

而游戏也是孩子最自然、最有效的一种学习方式。成人常常会把游戏与学习对立起来，其实，游戏的对立面不是学习而是不游戏。在游戏中学习是孩子学习的特点，游戏的过程就是孩子的学习过程。每个妈妈都看见过孩子玩玩具，他们在充满新奇、幻想和奥秘的玩

具世界里，小脑袋不停地问，并努力去摆弄、操作以期得出答案。气球为什么会飞上天？陀螺怎么会转？火车为何会叫、会冒烟？这些问题不仅激发孩子丰富的想象力、思维力，同时也成了孩子认识世界的工具，启迪他们智慧的教科书。

比如著名动画片艺术家万籁鸣，他从小喜欢和母亲玩手影游戏，常被墙上晃动耳朵的“兔子”、汪汪叫的“小狗”迷住。形态生动逼真的手影游戏，激发了他对动画艺术的兴趣，长大以后他制作了我国第一部彩色动画片《大闹天宫》，成了著名艺术家。还有美国语言学家斯特金娜夫人，她常和女儿维尼玩语言游戏、表演游戏。维尼3岁就会写诗，4岁写剧本，5岁出诗集。

由于游戏为孩子们提供了一个轻松愉快、丰富刺激、能鼓励自己学习的宽松环境，使他们获得自尊和自信，获得对学习的持久热情，从而终身受益。为了支持孩子的游戏活动，妈妈除了准备游戏场地与空间，以及提供合适的、丰富的游戏材料，包括玩具之外，更应该设计各种方式融入到不同年龄段孩子的游戏过程中去。毕竟，孩子们玩游戏还需要成人来指导。

大家都知道，不到1岁的宝宝基本上属于“无能力”的被动状态，还不知道怎么做游戏。在他们眼里，父母或许就是一个大玩具。适合这些宝宝的游戏，无论内容与形式都应该简单为好。比如宝宝无意中做了一个类似拍手的动作，妈妈马上紧跟着做一个拍手动作，然后宝宝又会模仿妈妈，继续学着做下去。

等孩子长到两三岁的时候，他们已经能够稳稳当当地走路，活动能力也大为增强，可以自己做游戏了。此时的孩子非常乐意假想很多角色，这时妈妈要配合他愉快地完成游戏。譬如，当孩子举着玩具枪跑过来，嘴上喊着“不许动”时，妈妈只能举起双手，扮成俘虏；当他们改换成拿着玩具针筒，一脸严肃地要给你打针时，妈妈也只好乖乖地坐下来当病人。这个时候，妈妈还应该有意识地鼓励宝宝与同龄人一起玩，并允许他们去户外玩各种各样的运动游戏。在玩的过程当中，妈妈必须遵循这样的原则，一旦与孩子开始玩了，就要玩到使孩子觉得满意为止，不能因为自己感到厌烦了，就单方面终止游戏。要做孩子游戏的忠实合作者，但不要特意讨好孩子，不能一味地顺从他们。

到了孩子三、四岁或更大，他们越来越喜欢和小伙伴们在一起，而一般不爱跟家长玩游戏。所以，家长最好退居二线，成为游戏的旁观者。此时，你可以成为孩子最可靠的监护人。比如在玩追逐游戏时，有的孩子眼看就要被追上了，一时情急之下，很可能从高处跳下来。家长就得想方设法防止类似的危险因素，还有就是要考虑各种玩具的安全问题。

在游戏的过程中，孩子很可能发生玩不下去的情况。比如孩子们爱玩的游戏不一致，意见不统一，结果都不知道该玩什么好。或者在玩“兵捉贼”游戏时，两个孩子都想当警察，都不愿装扮小偷

角色，双方一旦僵持，游戏就没法继续了。这时候家长不宜直接给孩子出主意，而是该用一些启发性的语言引导孩子们自己动脑筋想办法。同时，家长还要培养孩子在游戏结束后，自己动手收拾玩具、整理现场的良好习惯。

游戏是促进孩子身心全面发展的重要手段，是教育孩子极好的方式，而指导游戏则需要家长的爱心。这种爱表现为对孩子的游戏的仔细观察、了解，和对孩子的尊重，表现为家长作为孩子的游戏伙伴，平等地参与游戏。唯有如此，才能充分发挥游戏的教育作用，成功总是属于认真的妈妈，只要坚持和有足够耐心。

怎样选择孩子的兴趣班

放眼社会，现如今的兴趣班如雨后春笋般遍地开花，让我们现在的家长们眼花缭乱。“美术班、舞蹈班、乐器班……我家的宝贝到底该报什么兴趣班?”面对花花绿绿的兴趣班宣传单，不少妈妈犯了愁。孩子的兴趣该如何树立，如何保护，是如今家长们相当关注的问题。

于是，有些妈妈急于让孩子多学东西，也没细细观察自己孩子身上表现出了哪些方面的特长，只将各种兴趣班都让孩子逐一地报名参加，以此来等待孩子在某一方面的闪光点。有些妈妈则盲目跟从别的家长，一旦发现自己的孩子英语语音不标准，急忙转到幼儿英语训班学习，绘画跟不上别人了，赶紧给孩子报名绘画班。这样一来，增添了孩子的负担不说，甚至产生厌学的后果。

更有些妈妈讲求多多益善，认为社会竞争激烈，要学更多的知识和技能才行。一位帮孩子报五项兴趣班的妈妈说："一个兴趣班没有多少钱，重要的是他在学习，不必一个人在家里玩。"孩子每天的时间被安排得满满的，这样父母就心安理得，觉得孩子学了许多特长，对将来大有益处，却不知剥夺了孩子活泼爱玩的天性，剥夺了孩子童年应有的乐趣。这样的家长大有人在，其实这些做法都是很愚蠢的，只会让孩子不堪"重压"，很容易产生厌学情绪。

伟大的科学家爱因斯坦说过："兴趣是最好的老师。"这就是说一个人一旦对某一个事物有了浓厚的兴趣，就会主动去求知、去探索、去实践，并在求知、探索、实践中产生愉快的情绪和体验，所以古今中外的家长无不重视兴趣在孩子智力开发中的作用，给孩子选择一个适合孩子的一个兴趣班，对孩子来说也是有着密切关系的。那么，妈妈们该要如何帮助孩子选择合适的兴趣班呢？

我建议妈妈们应该根据孩子年龄的不同，采取不同的方式。一般 3 岁左右的孩子还不能把握自己的兴趣所在，但他们对画画、看书、听音乐还是有一定的感知力的。所以在日常生活中，妈妈应通过对孩子的观察来了解孩子的兴趣所在，然后帮孩子定位。如果孩

子看到别的孩子画画，就忍不住用小手去学着比划；或者听见音乐响，就想扭着小屁股去跳舞，这就足以说明孩子对画画或音乐是有兴趣的。这个时妈妈就要给孩子报这类的学习班，让孩子把潜能发挥出来。

而孩子到5～6岁之后就渐渐有了自己的主见，具体对什么有兴趣就能表现出来了。此时，妈妈完全可以根据孩子的意愿来帮孩子选班，也可以让孩子自由选择。

曾听到一个小学三年级的小姑娘这样说："我想学绘画，可是妈妈要让我弹琴和唱歌，她说长大了才有气质"。作为妈妈应认识到兴趣是孩子学习的内驱力，只有幼儿对所学的活动感兴趣，就会产生无穷的力量。孩子的学习更多的是凭兴趣，妈妈应顺应这一点，尊重孩子的意愿，在平等、民主的心态中与孩子商量选择何种兴趣班。切记将自己的意愿强加在孩子身上，如果妈妈真的想让孩子在某个方面加强一下，不妨适当地往这方面引导孩子，让孩子感到去上兴趣班是一件很开心的事。

当然，不是说把孩子送到兴趣班后，妈妈就万事大吉了。孩子到底愿不愿意在这个班上学习，还要看老师咋样。如果老师在上课过程中感染力特别强，特别具有亲和力，孩子回家以后，会很兴奋地把学到的东西讲给家长听。如果孩子去了两天，回家就嘟囔着说不想去上课了，可能孩子不喜欢教这个兴趣班的老师，家长也不必强求孩子，更不可让孩子边哭边上兴趣班。

同时，还要处理好"质"与"量"的关系。因为孩子的兴趣总

是各种各样，具有不稳定性，但每个孩子的表现特长都具有倾向性。妈妈千万不要为孩子选择太多的特长项目，孩子总是以玩为主，游戏占据了他们的大部分时间。参加各种兴趣班需要花时间学习、训练。孩子本应该玩耍和游戏的时间都被安排了各种学习，会引起孩子的反感，扼杀了他们学习的积极性，也会分散孩子的注意力。最好选择 1～2 种孩子喜爱的兴趣班较为适合，同时每天安排好孩子的学习、游戏、训练的时间。

由于孩子个性发展得不全面，有时候就连自己想学什么都说不清楚。所以此时，妈妈们要适时关注孩子的变化。很多妈妈们也担心孩子这个班学两天、那个班又学两天，到最后全被耽搁了，什么也没学会。其实真的不必担心，要知道孩子上兴趣班，并不是以学习知识为主，而是要培养孩子的兴趣，培养孩子的初步认知能力，至于知识，这时候并不是学习的主要内容。

总之，要根据孩子的实际情况来给孩子选择，尽可能的帮助孩子选择合适的兴趣班，避免错误地、盲目地选择给孩子造成不良影响。尊重孩子的意愿，让他们在自由的空间里，真正找到自己的兴趣所在，只有正确的方式才能对孩子起到良好的作用。

帮孩子摆脱“开学恐惧症”

假期无忧无虑的生活与开学后紧张的学习生活，形成了鲜明反

差从而导致的心理问题，称为“开学恐惧症”。

近几年，随着上学的孩子们压力的日益增大，导致很多孩子患上“开学综合症”，即中小学生在开学前后常见的一种非器质性的心理问题。

“开学恐惧症”，一般在开学前后两周表现得比较明显，其主要症状是情绪低落、心慌意乱、无缘无故发脾气、注意力不集中、记忆力减退、思维能力下降等。有的学生还伴随有头痛、恶心、胃痛等身体不适症状。尤其是部分中小学生会出现不同程度的心理波动，行为上会表现为失眠、嗜睡、疯狂玩电脑、厌食、厌学等。如果不及时调整，可能会导致其他心理问题。

分析“开学综合症”产生的原因，主要是过于放松的假期生活与过度紧张的学习生活差别太大，造成一部分中小学生在生理、心理上难以适应和接受。在假期里尤其是长假期，很多中小学生每天的时间几乎全部用来看电视、上网、玩游戏和娱乐，休闲、睡眠，随心所欲，缺乏必要的学习和智力训练，身心放松过度，行为过于懒散，生活安排没有规律。所以一到开学后，一部分中小学生还留恋这种自由自在的假期生活方式，对紧张的学习生活忧心忡忡，对学校生活产生焦虑和恐惧。

而有一些中小学生还会出现这样的矛盾心理：在学校学习时盼望着快点放假休息，在寒暑假开始时觉得还是到学校上学好，假期结束了却又不想去上学。从表面上看，“开学综合症”是中小学生在长假期间过多娱乐休闲、过于放纵自己而导致的“玩心”一时还没有收回来的表现，而从深层次分析，一些中小学生在学习生活时间上缺少清晰合理的规划，没有养成良好的生活与学习习惯，自我意识还不够成熟，不能及时调控自我，没有顺利实现从家庭生活向学校生活的过渡。缺乏生活和学习的良性规划，这也是“开学恐惧症”产生一大原因。

同时，家庭教育指导不到位也是导致“开学恐惧症”的诱因。孩子的自我调适能力不强是一方面，而学校和家庭教育的科学指导还没有真正到位也是一大原因。孩子之所以出现“开学综合症”，除了说明他们对新学期学习生活“适应不良”以外，同样也折射出我们的家庭教育和学校教育还存在一定的偏差。当前应试教育下，学校的升学考试压力、人际交往障碍、校园文化生活单调、心理健康教育不力，以及家庭教育管理放任等，这些才是导致中小学生“开学综合症”的根本原因。特别是一些心理素质和适应能力较差的中小学生，或在学校里学习成绩不好、经常受到老师批评，或性格十分内向，对新环境不能很快适应，又过于追求完美的中小学生，往往是“开学综合症”的易发人群。

当暑假结束，紧张的学习生活开始，某些常见的中学生心理隐疾也爆发了出来，如今“开学恐惧症”正成为困扰学生和家长的“拦路虎”。那么，作为家长，我们应该怎样帮孩子摆脱“开学恐惧症”呢？

有关专家建议，缓解开学恐惧的关键，在于家长首先应该帮助孩子正确理解学习和放松的关系，用乐观的态度跟孩子谈谈学校和

新学期，多说一些欣赏和鼓励的话语给孩子以信心，让孩子从正面的角度去迎接新的学期。

因此，妈妈要针对放假期间孩子生活秩序被打乱的事实，针对孩子涣散的生活习惯，及时地加以纠正和改变，让孩子的心理尽快从“放假”中挣脱出来，以便及早适应正常的学习生活。如果孩子一时无法适应，则需要的循循善诱，妈妈也予以适当的监督。在开学之初，妈妈也要与老师沟通，与孩子进行假期心得交流，以便减轻孩子压力。

当然，以上做法只是消极的应对措施，要想从根本上遏制“开学恐惧症”，妈妈必须要确立正确的教育观，不要一味地纵容孩子，尤其不能用金钱、物质奖励去刺激孩子过度消费。而是应向孩子说明高消费的危害和不良后果，以帮助孩子树立健康的心态。同时，家长及学校也要给孩子一个轻松的环境，和孩子一起分析对学校产生恐惧的原因，进而针对不同原因进行疏导，也可以适当配合心理咨询，要让孩子减少恐惧感，让其对学校生活充满信心。

引导孩子尽快走出“开学综合症”，需要学校、教师、家长和中小学生等多方面的共同努力。做一个成功的妈妈，做一个关心孩子的妈妈，帮助孩子摆脱“开学恐惧症”，帮孩子理性地认识并安排好假期生活和学习生活，确保孩子不受困惑，开心快乐地迎接假期后的学习。

第六章 你可能不是天才，但你可能成为天才的母亲

把你的孩子培养成“领头羊”

领头羊，是“权”和“威”二者的自然合一，侧重于战略，要去什么地方，该怎么走，自己想明白了，就赶紧启程，也不用和其他人商量，队伍自然就跟他跑。所以，领头羊，一般可称之为“领导者”、“组织者”。

通常“领头羊”都惯于推测、思考与判断，这是领导能力的重要体现。那些能够认真思考问题，并替大家解决燃眉之急的人，无疑将成为“领头羊”。

堂姐的儿子恪恪今年5岁了，长得壮壮实实，人也聪明，唯独惯于做别人的小尾巴，什么事都跟着别人转，这令堂姐很头疼。一次见面，堂姐就告诉我说：“昨天去接恪

恪，老师告诉我说前几天儿童节时，她要求同学们一起布置教室，别的小朋友们忙着贴壁画、拉花帘，恪恪却无所事事，老师问他为什么不动手，他还振振有词说没安排他。老师还说手工课上，让别的小朋友随意剪彩纸，有的孩子三两下就剪出恐龙来，而恪恪只会模仿别人……”

随后，我暗示表姐，恪恪不积极参与活动、不自信、不敢探索，这些行为说明他性格中缺少“领头羊”的意识，长久下去，他会养成没有主见、随波逐流、凡事都喜欢“垫底”的柔弱品性，势必影响未来的生活和事业。

看着堂姐着急的神情，我安慰她不要太心急，凡事都有个过程。几天后，接到堂姐的电话，她在电话里对我说：“我一回家就开始观察邻居中的那些‘孩子王’，还有一些在学校里当大队长、小班长的孩子，我仔细琢磨他们的言行。我发现，这些小‘领头羊’的父母，根本不像我这样的袒护孩子人，对孩子有些放任自流。”我告诉她，这不是放任，其实，这些小“领头羊”的父母教育孩子，无不是遵循着培养领导者的基本准则——培养孩子的进取精神和责任感，让他们独立生活、勇于探索，并随时创造机会、让他们自己解决难题。

“领头羊”一般都具备强烈的自信心，即便有微小失误，也相信自己是赢家。要知道，孩子的成长需要肯定，肯定是孩子生命中的

阳光。而很多妈妈总是认为，严格要求就要靠责骂，只有这样，孩子才能进步。其实不然。曾经有两位心理学家做过这样的一次心理测验：把孩子分成A、B两个组，分别让他们考同样的问题。过了三天，再度去那所学校，告诉A组同学："上次考试成绩非常好，今天再考一次，你们千万不能输给上次，好好写吧！"。又对B组的同学说："你们上次成绩很差，这次必须反败为胜才行。"结果，原本成绩相当的两组，得到肯定和夸奖的一组，第二次测试成绩很好，而受到责怪后再考的那一组，成绩很不理想。

有的妈妈虽然明白了"责骂孩子不好，肯定和夸奖才会使孩子变得更好"的道理，可是在事实面前自己却做不到。眼看孩子不用功学习，甚至捣乱，不骂他反而夸他，这的确很难做到。此刻最重要的是，必须充分地理解孩子，相信孩子。所以，对一个成功妈妈来说，重要的是信任孩子所拥有的潜在力量，只要能充分发挥这一力量，孩子就会成为了不起的孩子。

但是夸孩子也要会夸，不能简单地戴高帽，那样会引起孩子的反感。一般这种办法只适用于儿童期的孩子，如果他们长成大小孩了，你再这么说，他们八成会认为你要叫他们做事而不理你。所以，最好的办法是把他们做的事情带着夸奖的口气说给别人听，但又要让他们听到，让他们感觉到"骄傲"。只要能针对孩子的优点去夸奖他、肯定他，他就会变得更好。

在孩子的人生旅途上，他每走一步，都要给予他积极的肯定。当这些形成良性循环时，他会因自信和成就感，义无反顾地往前走，

这就是“领头羊”的力量源泉。

“领头羊”必备的进取精神是探索。每个孩子都比较佩服勇于探索、敢于迎接挑战的人，并乐于效仿他们。如果妈妈要求孩子凡事循规蹈矩，不许冒险，那么孩子将无缘于“领头羊”，只会原地踏步。

而梦想则是“领头羊”行动的前提。孩子由于认知力不成熟，梦想也会随时间的推移而有所改变。可能小的时候孩子梦想当一个画家，再大一点他可能会想当一个作家。所以，妈妈要做的就是允许孩子在各个年龄段都有梦想，并鼓励孩子行动起来。比如妈妈如果支持孩子当画家，他就会主动练习绘画，凡事亲力亲为，勇于做个能驾驭事物的孩子。

作为领导者的共同特质，就是能自主地勾画出一幅蓝图，并激励大家和他共同去完成。这个蓝图的前身，就是孩子的梦想。所以，父母要鼓励孩子“奇思异想”，并鼓励孩子付诸行动。孩子有了梦想并具备快速行动的能力，就当仁不让地成了“领头羊”。

这个世界没有天生的领导者，优秀的领导艺术，往往都是后天造就的，而妈妈就是孩子的第一任老师，你的言传身教，会给孩子以引导和影响。俗语说：投入什么，收获什么。因此，要想把孩子培养成“领头羊”，妈妈就应该给孩子提供机会，让他在擅长的领域统领他人，这有助于帮他们树立信心，增加与人打交道的经验和能力，让他获得领导者的内在品质与力量。

要知道，你可能不是天才，但有可能你会成为天才的妈妈。

别禁止孩子说怪话，那也是一种思考

想起前不久的一个周末，我陪孩子堆积木。他突然要拿玩具水枪玩水，我怕弄湿他衣服就说："一会儿再拿，先坐好了。"谁知他的急脾气来了，一边往外走一边带着哭腔说："我就要拿，我就要拿。"

听了他的话，我又好气又好笑，就给他个台阶下说："你忘了吗，什么事好好商量就行，越像你这样耍赖越不行。"他听了，看了我一眼，并没有停下向外走的脚步，语气却改变了一些："我就是要去跟爸爸商量，不跟女生商量，女生唧唧歪歪的。"接着找爸爸商量去了。我却被他那句话逗乐了，什么女生唧唧歪歪的，真不知他从哪里学来的这些话。

后来，想想和孩子在一起时经常听他说一些令人捧腹的话，真不知他的小脑袋里究竟装了多少天马行空的想法。但有一点应该可以证实，那就是孩子在渐渐长大，有很多话不用跟别人学自己就会组织。

爱孩子，从听懂他们说的话开始。如果你能对他们从校园里带回家的怪话心领神会，相信可以促进你们之间的亲情交流。爱说怪

话的孩子有灵气。

鲁迅当年带孩子去照相，居然也发现了这个文化差异的奥秘。鲁迅的儿子在日本照的相片，调皮的样子很特别。可是，回国后照的相片总是面无笑容，而且显得特别温顺。原来，在日本照相，人家认为孩子调皮的样子最可爱，所以专门捕捉孩子的调皮相给摄下来，而中国文化认为孩子调皮与淘气最可恶，所以，照相时决不肯把孩子的这个样子保存下来，而是专门捕捉那温顺而乖巧的镜头。

然而，多少年过去了，直到今天，我们的教育仍然是以把孩子完全管住、震慑住为成功的标志，有时恨不得给孩子来一双手铐外加一双脚镣才放心。我们所崇拜的教育方法，也是技术主义加权威主义。所谓技术主义，其实还不是教学的科学技术，而是规训技术。所谓权威主义，就是用了威权效应，让孩子们看了你就感觉害怕，甚至听到你的名字就感觉害怕。因害怕而不敢犯事。想想一个孩子因做错一件小事而被罚跑五千米的情形，犯个错误就要写两千字以上的检讨，还要当众表演与唱歌等等，他还有什么灵性和思考？

曾经，有一位前来寻求帮助的妈妈对我说：“我儿子最近有些反常，竟说些让我听不懂的怪话。”她说她儿子在和同学通电话、聊天时，竟说些什么“趴趴熊”、“潜水艇”、“晕”……当时看孩子说得很高兴，而她自己却一句都听不懂。后来儿子告诉她，“趴趴熊”是懒人，“潜水艇”是没水平的意思。

还有一次，她说儿子和邻居家的孩子吵了起来，原因是那孩子说她儿子是“神童”、“蛋白质”，她儿子很不高兴，后来儿子告诉她“神童”是“神经病儿童”的意思，“蛋白质”是“傻蛋、白痴、神经质”的意思。这些话让她听得目瞪口呆，文字的含义变化成这样了，她怕孩子会学坏了，她说自己不知该怎么办。

我告诉她，这些词汇都是如今校园内的所谓新词汇。校园流行语有一个共同特点，那就是言简意赅、容易表达，隐含较强的感情色彩，极易在青少年中得到共鸣而流传。它反映了一定时期学生的心态。这种心态有积极的因素也有消极的因素，不能简单地把它概括为“好”或者“坏”。这样的语言还具有时效性，孩子在过了这个年龄阶段后，就不会对这样的词汇再感兴趣了。

孩子总是喜欢尝试说各种话，只要他说的不是特别不好的话，大人就不要禁止。通常爱说怪话的孩子都很有灵气，也是孩子想象力的一种表现，表明他对某些事物的思考。而那些习惯于听话的乖孩子，在遇到需要独立思考做出决定的时候往往会陷入困境。我们的传统文化及教育多少年来似乎就是在做一件事，就是要让孩子变得乖巧温顺才放心。很少从保护孩子的天性出发，尊重儿童的世界，保护他们的想象力及好奇心。

试想，允许孩子在大人说话时插上几句话，甚至说几句调皮的怪话，又能耽误什么呢？其实，有时我们所学的知识与那样机智幽

默的灵气所比较起来，真得不算什么。要知道，说怪话是需要想象力与幽默感的，而且正是孩子富有生命活力的表现，是聪明而富有灵气的表现。

因此，不要禁止孩子说怪话，一个妈妈要学会倾听你的孩子的说的任何话，甚至要从他们的机智幽默的怪话里听出孩子的生命灵气。你的一个真诚的欣赏式的微笑与点头，都会给孩子的心灵带来一片晴空。

会玩的孩子独立性强

所谓独立性也叫自主性，是一个复杂的概念，按词义解释就是不依赖于他人，不受他人的干涉和支配，自己思考、自我判断和自我行动，是指个人对自己的活动具体支配和控制的能力。

家长教育孩子的目的，就是希望孩子与父母保持独立，帮助孩子成为一个独立的个体，将来自己能够独当一面。因此，培养孩子的独立性也是我们当前家庭教育的一个重点。

我们知道，玩是孩子的天性，也是孩子的权利。在玩的过程中，孩子的聪明才智能被充分开发出来。而我们现在，好多妈妈认为孩子玩就是瞎玩。其实不然，好孩子不仅是教育出来的，还是玩出来的。对于孩子来说，“玩”是无法避免的，但“玩什么”却是可以引导的。换句话说，也就是让孩子在“玩”中开发智力，在“玩”中

学会思考，在“玩”中不知不觉培养起孩子健康的身心。

我们来看看一个妈妈的育儿经验：一个周末妈妈用推车推着4岁的儿子去公园玩，当母子看到滑梯时，孩子向妈妈挥动着小手要玩滑滑梯。于是妈妈便停了下来，让儿子去了滑梯前。他爬呀，爬呀，可费了好大劲，却仍然未能爬上第一个台阶。这里要说明的是，如果孩子登上了第一个台阶的话，他便会很顺利地爬上去，并愉快地滑下来，不存在任何危险。

于是小男孩就无奈地跑到了妈妈跟前，请求妈妈抱他上去。

这个时候如果你是妈妈，你会如何抉择呢？

有相当一部分妈妈会认为孩子还小，靠他自己又上不去，当然需要大人的帮助了。于是，便非常自然，非常习惯，同时又是非常充满爱心地将儿子抱了上去。殊不知，这一抱便把儿子尝试着独立解决问题的机会“抱”丢了。还有一部分妈妈没有马上将儿子抱上去，而是对孩子说：“好孩子，勇敢点，自己上，妈妈扶你一下。”理由是孩子虽小，但也要要求他尽可能地独立解决问题。做妈妈的之所以扶他一下，那是因为在妈妈的眼里，孩子的能力还达不到自己上去的水平，故而扶他上去也未尝不可。

于是，在妈妈的帮助下，孩子也顺利地爬了上去，愉快地滑了

下来。从此孩子明白了一个道理，那就是遇到困难时，求助妈妈是最好的方法。

当然，也有一些妈妈不会去抱，也没有想去扶孩子一把，她们认为对孩子要严格要求，从小就让他明白自己的事要自己做。想玩滑梯，那你就应该靠自己的能力上去，否则你就不玩，不要总想着去依赖别人。于是，在父母严厉的目光下，孩子全无了玩的兴致，只能低着头悻悻地走开，但这给孩子的心里感受是：自己是一个无能的失败者。自然也就放弃了对成功的其他的尝试。

但还有一部分妈妈当面对孩子的请求时，则用一种启发似的语言温和地说："宝宝，如果妈妈不在这里的话，你有没有办法自己上去?"说这话时眼睛里充满了鼓励。于是，孩子便开动小脑筋，认真地想呀，想呀。突然他高兴地跑到妈妈跟前，用一种非常自信的语气说："妈妈，我有办法了，我可以踩着小推车上去!"。这个时候你不能肯定地告孩子可以，因为当您这样说的时候，孩子会觉得通过自己的思考提出了解决问题的方法向你求证时，他得到了您的肯定和赏识，同时也学会了对权威的服从与依赖，以后大凡孩子遇到了类似问题他都会向你求证答案的正确与否，而不是自己去验证。

其实最好的回答，就是只对孩子说三个字"试试看"。让孩子用自己的行动去验证自己的方法，这会让孩子更相信自己有能力把问题解决。当孩子踩着小车爬了上去，这个时候您再给孩子一个"你真棒"的赏识和鼓励。孩子成功了，他不仅愉快地滑了滑梯，还从这次成功中奠定了自信，培养了孩子的独立思考解决问题的能力，在以后的成长中他会更愿意去挑战自己，解决问题。

我们可以看出，会玩的孩子拥有较强的独立性，在孩子的玩的过程中，离不开家长的引导作用。毫无疑问，在引导孩子玩的问题上，最后一类妈妈为我们做出了榜样。然而遗憾的是，生活中大约有 95%的父母采取的是第一个妈妈的做法，总是那么非常自然，非常习惯又非常充满爱心地将孩子抱上去。他们只想到眼前的孩子太小，却压根儿就没有意识到他们这么简单地一抱，在无意中剥夺了孩子一次独立思考解决问题的机会。如果我们总是这样不给孩子独立思考解决问题机会，在孩子一次一次的求助面前，越俎代庖的话，久而久之，也就养成了孩子严重的依赖性。然而有一天，当我们抱怨孩子的独立性太差，依赖性太强时，何曾想过这都是我们自己一手造成的。

孩子长大的过程是一个社会化的过程，其中有两个显著特点：一是群体性。孩子在群体交往中长大，再优秀的父母也不能代替伙伴的作用。二是实践性。孩子通过亲身体验能明白许多道理，当孩子求助于自己时，不要急于帮孩子解决，给孩子一次独立思考的机会，鼓励他积极地去动脑筋，想办法，依靠自己的力量去解决。这样，当他用自己的智慧成功地解决了这个问题时，他便会从中享受到一种成功的快乐，也锻炼了独立思考和应对的能力。

因此，我们要给孩子更多的自由，支持孩子富有个性和创造性的表达。放手让他们去玩，发挥他们的想象力，不规定今天一定要玩什么，但让孩子尽情地去想一想、玩一玩。对孩子所有的想象、玩法都给予充分的肯定，鼓励孩子，让他们体验玩的幸福和快乐，这才是孩子真正的自主玩耍。孩子想做的事，只要没有发生意外的可能，就让他们自己选择、自己做主，不要用自己的建议去左右他们的想法，否则就会挫折孩子的积极性、主动性，不利于独立性的培养。

同时，妈妈还要鼓励孩子玩出新花样来，为孩子提供丰富多样的材料，设计富有情节的游戏活动，营造自由宽松的娱乐环境氛围，让孩子展开想象的翅膀，在自由自在的玩中探索、发展、提高，尝试自己思考、自己判断，有自己的主见，这样孩子的独立自主性才能得到更充分的发挥和提高。

孩子没有朋友比考试不及格还要严重

作为成年人，我们都有一种体会：每当回忆起童年生活时就非常兴奋，对儿时的朋友感到特别亲切，谈到与童年朋友一起干的各种趣事，如数家珍。如果儿时的朋友要聚会，只要时间允许，有“请”必到；儿时的朋友需要帮助，立即行动，当仁不让。我们的经历告诉我们：孩子需要朋友。

然而，现在的孩子多为独生子女，与同龄伙伴交往的机会也在大大减少。许多孩子往往不能同其他小朋友一起玩，其实就是缺乏交往的技巧而导致的结果。如果妈妈在面对这种结果不及时给予指导和教育，肯定会给孩子的学习生活中带来一定困难，比如不合群、孤僻等等。

一般来说，小学时期是妈妈培养孩子与别人相处能力的关键期。而我们有些妈妈却把孩子的学习成绩看得很重，却常常忽略孩子与小伙伴的关系，认为与小朋友玩耍只是浪费时间，而误认为孩子不合群是由于孩子性格方面的原因。其实，这样的想法是完全错误的。人际交往对孩子的成长有很重要的作用，亲密的朋友不仅能使孩子体验到友谊带来的身心愉悦，还能培养孩子分析问题、解决问题的能力，促进智商、情商的发展。如果孩子没有朋友，他在成长过程中就会有性格孤僻、胆小怕事等不良心理表现，直接影响孩子的身心健康。

有许多专家认为，孩子不会与人交往比他的学业失败还要严重，没有朋友的孩子比考试不及格更严重。

其实，妈妈只要留心一下，就会发现一个规律：与同伴和谐相处的孩子，往往都平安健康，没有朋友的孩子却容易发生问题。对孩子来说，交往是一种重要的精神需求，也是孩子社会化的重要途径。孩子的成长过程，其实就是一个学习过程，而这种学习是在与其他人尤其是与同龄伙伴的交往过程中实现的。

首先，孩子在与小朋友的交往中能够学习别人优点，克服自己的缺点。

有一个女孩儿，自己的东西总是乱扔一气，用什么找

不到什么。自从与另一位小女孩一起玩儿之后，东西就开始整理得井井有条。原来，她到那个小女孩家几次，看到小女孩总是把东西摆放得整整齐齐，看起来好看，而且得到了阿姨的夸奖。

其实，这跟我们大人在交往中互相学习是一样的，只不过孩子们的学习比较简单、初级罢了，而这正是孩子们所需要的。但是，有一个问题值得注意，孩子们也可能互相学习缺点，这是由孩子们的幼稚、好奇、是非不清引起的。这种现象出现并不可怕，只要妈妈耐心给予指导，孩子们会很快“改邪归正”的。而同时，改正的过程，也提高了孩子辨别是非的能力。

其次，孩子在小朋友的交往中学习适应社会、提高社交的能力。我们可以想想，孩子们常在一起玩儿“过家家”的游戏，先分配不同的角色，然后做买菜、做饭、扫地以及娶媳妇、走亲戚等等各种家庭中的事情，这是成人社会现象在儿童社会中的折射。孩子们在“过家家”中学会了社会上的很多知识，也初步锻炼了社交能力。再如，孩子们在一起，常常为了一个问题总是争论得面红耳赤、不可开交，不管解决与否、解决得是否合理，他们的认识总会前进一步，这也是在学习，认知社会。如果孩子没有朋友，这一切都是不可能发生的。

还有，孩子在与小朋友的交往中也能够培养群体意识，克服过强的个体意识。现在，不少孩子个体意识特别强，在家里是“小霸

主”，常常以自我为中心，这对孩子的发展十分有害。而群体生活正是克服自我中心毛病的熔炉。孩子在群体中，必须遵从群体的规则，每个人都有权利，如果只顾自己，就会受到排斥，小朋友会看不起他，不跟他玩儿。他会进行激烈的思想斗争，最终向群体规范“投降”，成为一个合群的孩子。要知道，合群是人的重要品质和能力，这是家长无法口授给孩子的。

假如你的孩子真的不合群、孤独、偏执，那么妈妈就要好好在自己身上找一找原因，然后下点工夫给孩子创造“合群”的机会。千万不可以用自身的辛劳代替属于孩子的小朋友，这只会助长孩子的“社会交往萎缩症”，一辈子受牵累。

现在，多数家庭都是独生子女，他们没有兄弟姐妹，他们需要在与伙伴们的交往中学习人际交往的一些规则。一般来说，妈妈都会懂得孩子交朋友的重要，只是对孩子的交往不放心，往往就偏于严加控制，从而导致和孩子的矛盾激化。也许，家长换个思路效果就会好一些了。

人的实质是社会关系的总和。离开人与人的联系、人与人的交往，人就不存在，更无从发展。在诸多的联系、交往中，总有至近的、感情亲密的一圈人，这就是朋友。任何人的成长都是跌跌撞撞的，交朋友也是磕磕碰碰的，妈妈要做的就是尊重和引导，给孩子提供交往的机会，让我们的孩子在朋友圈中长大成人，这对于今天的独生子女来说，尤为重要。

划定“可、否”范围，为培养自制力奠基

生活中，有的人能管得住自己，有的人管不住自己。管得住自己的，就有可能成为“人杰”。我们都希望孩子往“人杰”的方向发展，当然就要把孩子培养成一个管得住自己的人。所谓“管得住自己”，就是有足够的自制力推动自己做该做的事，并阻止自己不做不该做的事。

不言而喻，自制力就是一种善于控制自己的情绪、支配自己行为的能力。对于孩子来说，中枢神经系统尚未发育完善，神经纤维尚未全部髓鞘化，传递的神经行动容易泛化、不够准确，因此常会表现出比较弱的自制能力。比如说：孩子在去医院的路上，他答应妈妈看病时不哭。但当医生把听诊器放在他的前胸时，他又哇地哭了。又比如：妈妈不让孩子饭前吃零食，孩子也知道，但当他看到香喷喷的点心和甜甜的巧克力时，又禁不住美味的诱惑，趁妈妈不在家就拿来吃，到吃饭时就不能好好吃饭了。孩子的这些行为都说明，他们并非有意和大人过不去，而是缺乏控制自己的能力。对孩子的自制力，我们不应消极地等到它树大自然直，而是务必从小就要规划一个“可、否”的范围，为培养孩子的自制力奠基一个良好的基础。

我儿子一岁多的时候，已经有了一定的独立行动能力，却也是不具备是非观念的时候，他特别喜欢撕我的书和本子。我就给儿子一些废报纸让他撕，并告诉他说："这些废报纸是可以撕的，那些书和本子是不可以撕的。"以此给孩子划出了第一个"可以"与"不可以"的范围。我认为，划定范围，建立"可、否"观念，并要孩子来遵守规定，对孩子的成长非常重要，在克制不做某些事的过程中，培养的是通向成功的另一种重要素质，那就是自制力。

因此，妈妈应建立一套家庭规范，使孩子知道什么事情可以做，什么事情不可以做。有规可循，孩子才能逐步建立起抑制不良行为的能力。也许开始培养时，孩子并不一定完全理解某种做法的道理，而是单纯的反射。比如：家长不许孩子玩火柴，每当孩子拿起火柴时，就受到不能玩这个的约束，久而久之，看到火柴就不动手了，但对于火柴燃烧，玩火很危险的道理却还不甚了解。随着年龄增长，在培养孩子树立约束自己准则的同时，要让孩子懂得其中的道理，及时进行道德教育。

所以对孩子应该适用什么样的规则，妈妈需要认真掌握。不能今日河东明日河西，使孩子无所适从，这样当然也就难以培养孩子的自制能力。此外，规则不宜过多，"不许"多了，将会压抑孩子的探索欲。

此外，妈妈要允许孩子犯一些小错误。孩子因缺乏自制力而犯

下如打坏东西、提一些过分的要求等等的错误时，妈妈应当容忍一下，而不是粗暴地指责。以粗暴的方式对待有过失的孩子，只会让孩子产生反抗情绪。妈妈应该对孩子要有足够的耐心，当孩子的行为变成一种习惯时，自制力就自然而然地形成了。

当然，在孩子刚刚开始出现破坏性行为的时候，妈妈就必须分清无意破坏和有意破坏。无意破坏是由于肌肉不够发达和动作不够协调造成的，有些有意破坏属于孩子的探索性的行为，如打破鸡蛋，乱翻抽屉；还有些属于试探性行为，如推倒积木，撕碎报纸；还有些属于参与性和模仿性的行为，如将种好的花草拔起来又重新种下去等等。对于孩子的这些行为，家长需要区别对待，不能一味禁止。尤其重要的是，当你发出“不能这样”的警告时，一定要告诉孩子“可以怎样”，说出来的话就一定要算数，否则就没有震慑力。

一个成功的妈妈善于建立合理的家庭制度，就是现在所说的“契约教育”。可跟孩子定好规章制度，比如玩游戏的时间、看电视的时间。规矩一旦定下来就不许变动，孩子和家长都要遵守。当孩子行为不合规矩的时候，妈妈就要跟他讲道理，告诉他，他越界了。

有人说，孩子这么小就如此严格要求，是不是太过分了呢？我的体会不是这样。一般来说，严格的教育对孩子来讲都是很痛苦的，但一开始如果就实行严格的、规范的教育的话，就不会这样。不允许的事，一开始就不允许，这对孩子就没有什么痛苦。正如一位诗人说的：“我们对从未得到的东西就不会感到不足。”有时答应，有时不答应；有时不行，有时就行，这样不知不觉就在培养孩子的投机心理，而不是自制力。应该说，家长没有定见以及意见不一致，都是教育孩子的最大禁忌。

值得注意的是，认识自我是培养自制能力的前提。家长过多的批评会令孩子长期处在负面情绪中，以致不能正确认识自己。妈妈要多与孩子聊天，这是帮助孩子认识自我的有效途径。谈论孩子感兴趣的东西、他的长处和弱点及产生原因，有助于消除孩子逆反心理，稳定心态。从而使孩子在“可、否”的规范内，自觉并自然地形成良好的自制能力，以便将来更加从容地走向社会，开创新的人生篇章。

让孩子学会自己管自己

可以说，现在很多孩子都是在家长的“保护”下成长的，有时就算父母对他严格要求，他的爷爷奶奶们也不会答应，“疼”还来不及呢，更别说忍心让他去独立了。正是由于家长对孩子这种过分的溺爱和保护，使孩子从小在缺乏困难与障碍的环境中成长，自然而然就欠缺自理能力的发展。有的孩子进入幼儿园了都不会用勺子吃饭，不会自己上厕所，冬天还得让老师帮助解扣脱衣等等。其实，这些都是错误的早期教育造成的。

有这样一句话：“人人都说孩子小，谁知人小心不小；你若小看孩子小，便比孩子还要小。”我们知道，孩子的世界是单纯的，如一

张白纸，在上面涂抹什么颜色它就显现什么颜色。早期教育就是一支在白纸上涂抹颜色的画笔，希望用心去画出那幅斑斓美丽的图画。

妈妈们不可能时时陪伴在孩子左右，他总要离开妈妈走向社会。让孩子从小学会自理自立，学会自己管自己，将来他才能更好地处理他所遇到的事情、解决未来他所面临的许多问题。因此，在孩子从小的生活中，对于他能够管好的事，妈妈就要有试着交给孩子自己去处理的意识，让孩子慢慢懂得如何对自己的事情负责。这样一来，一旦孩子感受到自律的好处，当然就会自然而然地把这当作一种习惯。

所以建议妈妈不妨让孩子先从小事做起。比如，饭前洗手、上厕所后洗手、打喷嚏和咳嗽时捂住嘴巴等这些小事，先让孩子做到，让他养成习惯。虽然这些细节小，但妈妈们绝不能忽视。你要和他一起去实现这些简单的事情。饭前饭后带着孩子一起洗手，洗完手后，可以拉着孩子的手闻一下，并说："哇！好香啊！这样细菌就不会再来了！"让孩子明白洗手是有重要作用的。

妈妈们的一言一行都对孩子起着决定性的作用，要为孩子做一个好榜样。孩子最先就是从模仿开始的，妈妈与孩子最近，当然他会自觉不自觉地模仿你的行为，此时妈妈所做的一切就要时刻注意，因为你的面前总有一双小眼睛在关注着你。所以，妈妈自己要保持房间的清洁，打理好自己的个人卫生，做好自己的事情，让他看到一个美好的环境，是你营造的。孩子自然也就会模仿营造。不过妈妈切记不要凡事包办，孩子能做的事情就放手让孩子去做。包办行为会使孩子失去责任心，如果孩子遇到困难，妈妈可在旁边给予指导，让他把事情独立做完。

还有要让孩子学会整理自己的东西。比如衣服、鞋子、玩具等，从哪儿拿得就要放回哪里。妈妈先让孩子知道这些东西放在哪里，由孩子自己拿出来，这样他才知道要放回哪里去。可以在孩子放玩具的收纳箱外贴上玩具的图样或颜色标记，或者在衣柜外贴上衣服的图样，这样有利于孩子记住物品摆放的位置。妈妈不要担心孩子太小做不好，只要你经常对孩子说“自己管好自己的事”，相信他能做好。这样做就是要督促着培养孩子动手的习惯，学会管理自己，约束自己。长大了，孩子为人处世也自然有了自己的原则。

同时，妈妈要鼓励孩子做事有始有终，勇于承担责任。孩子好奇心强，什么都想去试试，但做事总是有头无尾。所以交给孩子做的事情，妈妈要检查、督促以及对结果的评价，以便培养孩子持之以恒、认真负责的好习惯。如果孩子通过努力取得了一定成绩时，妈妈要给予积极肯定。妈妈的表扬与肯定会让孩子体验到成功的喜悦，树立自信心，增强其成功感和自豪感，使孩子明白自己能做很多的事，自己应该做很多事并且能做得很好。

不过有一点不能忽视，就是妈妈要学会尊重孩子的选择。一般妈妈会不自觉地犯一些小错误，比如在穿衣服时，问孩子要穿什么颜色，可是当孩子回答后却不采纳，甚至会问“为什么要穿那个颜色”？既然问了孩子就应该给孩子选择的权力，就要接纳孩子的意见，这是最简单的尊重。只要孩子的行为举止不是很离谱，妈妈就

应接纳并且尊重孩子的做法和意见，这样才会让孩子感受到妈妈的尊重，在心里会形成自信，有了自信后才能够尊重自己，从而尊重别人。

我家孩子如果要穿自己喜欢颜色的衣服，虽然我感觉那衣服不好看，但我还会满足孩子的想法，我认为孩子虽然小，可也是有思想，有爱好，有审美观的。

不管怎么说，孩子自理能力的培养，需要妈妈和老师的通力配合。其实孩子能管住自己不是一时之功，但是作为妈妈只要有正确的方法，并持之以恒的贯穿到日常的教育中去，如果孩子碰到问题或发生错误行为，一定要采用鼓励、激励、表扬等正面教育形式。总有一天，孩子会让我们惊喜，她会用自己的行动告诉你，“我能管好自己”。

要知道，溺爱，不是对孩子真正的爱。要是真爱孩子，就请放开，让他们自己去做自己的事情，让他们自由健康地成长吧！

当他受欺负时，你不能让他选择示弱

前几天下午，我去幼儿园接儿子时，发现儿子脸和脖子上竟然有几道伤，一问才知道儿子是被班里另一个小男

孩欺负时抓伤的。我当时心里很难过，儿子很乖巧，从不和小朋友打架。后来我找到那个抓伤儿子的小男孩，告诉他："打架的孩子不是好孩子，你们要和睦相处，做好朋友，好吗？"小男孩有点胆怯，但还是点头表示同意，就这样，也算"声讨"结束了。

晚上回到家，老公看到儿子脸上的伤脸都变了，问怎么回事，大致告诉他我下午去学校的事，老公直骂我"愚昧"，说我跟一个小屁孩嘀咕什么，应该直接找那小孩的家长和老师，这件事的责任就在老师，是老师没看好！然后就开始教训儿子："你们俩谁先动手的？他抓你你怎么不抓他？下回谁再欺负你，你就上去揍他，看他下次还敢不敢欺负你！"

儿子听了爸爸的话，还是似懂非懂地点了点头。其实，类似的话以前他爸爸也教过他，说"人不犯我我不犯人"什么的，当时我还说他怎么这样教孩子，只是叫儿子以后少惹事。可是这次我没有说话，我也很郁闷，是不是现在这个社会真的不再适合"老实"的孩子？太软弱会被欺负，别的家长们都这样想都这样教的吗？如果都这么教，以后这个社会还会变成个什么样？

那么，究竟孩子"受欺"后该怎么教育？我想，这是一个值得我们所有家长共同思考的问题。

不可否认，时下有些家长认为，现代社会已从“适者生存”演变为“强者生存”。为了让自己的孩子能在这个属于“强者”的社会中争得一席之地，不少家长苦心培养孩子的强势性格，希望孩子从小不吃亏，时时处处压人一头，教孩子以牙还牙、以暴制暴。这种做法可能会让孩子免于一时受欺，但却很可能让孩子把暴力当成解决问题的唯一方式，产生“暴力崇拜”。习惯使用暴力的孩子，在未成年时可能会觉得无往而不利，然而一旦进入规范有序的成人社会，他就会处处碰壁，甚至很容易走向反社会的极端。其结果是孩子过分强横自专，人际关系紧张，成为同龄人中“不受欢迎”的人。

而当孩子被同伴欺负排斥时，如果让孩子一味退让、选择示弱、任人欺凌当然也是不可取的。这会导致孩子养成懦弱的性格，胆小怕事，遇到困难容易畏惧、逃避，不能勇敢面对。这对孩子的成长都是极为不利的。

针对这种现象，有教育专家指出，家长的认识存在一定误区，现代社会不仅是充满竞争的社会，更是强调合作的社会，家长要更多地关注孩子社交能力的培养，而不能一味教育孩子处处逞强，当然也不能处处示弱。俗话说“水滴石穿”，水并不强，却能穿石，这就告诉我们，真正的强者，是那些能屈能伸、做事有弹性和韧劲的人。

最忌讳的就是你先前给他灌输“打人不是好孩子”的观念，然后在孩子被人欺负，在冲突中被打的时候，于是又改为“你为什么不打回去”，这样往往会让孩子陷于矛盾中，不知自己到底应该如何处理，到底是打回去还是不打回去？所以妈妈首先要调整自己的思

想，如果认为孩子被打时应该打回去，就不要先为孩子树立“好孩子不打人”的标准。孩子在冲突中没有反抗，妈妈也不应该一味地责备孩子懦弱。遇到这种情况，妈妈应该坦诚地与孩子修正自己的观点，这是很必要的解决方法，就是告诉孩子在何种情况下，使用暴力的手段是不可以接受的。如果妈妈教育孩子“打人是错误的，是不好的行为”，而妈妈却用这种方式教育孩子，孩子往往会用同样的暴力方式来处理和同伴的关系，因为他从自己的生活中可以体会到这种方式带来的“效果”。

比较好的方法是，教你的孩子表现出自信心。当孩子面临“受欺”时，建议他严肃注视着欺凌弱小者的眼睛说：“住手，我可不喜欢你所做的事情”或者“请不要碰我”等等，然后，昂首挺胸地离开。当对方还要继续欺负行为时，教孩子用手用力地推开他。

妈妈也可跟孩子一起进行角色扮演。帮助他演习信心十足的样子，如站得直直的，直视着欺人者的眼睛。建议他说一些话来使欺负他的人放松警惕。比如，假如实施暴力的人常常骂你的孩子是笨蛋，你的孩子可以这样做出反应：“那不是真的，我很聪明，我得了好分数。”

但是，妈妈也不要总是以孩子为中心，要引导孩子多从别人的角度来想问题。比如带孩子出门买东西时，可以和孩子一起给家人选些小礼物；商量外出游玩时，不一定每次都去儿童游乐场，也可以选择一条大家都认同的出游线路等。此外，教会孩子一些起码的社交礼仪也很重要。比如见面时的热情问候、接受别人帮助时的真

诚道谢、犯错误时的主动道歉，以及如何对身边人表示起码的尊重，等等。

注重培养孩子的社交意识，让孩子学会与人合作、分享。正如蒙台梭利所说，孩子只有掌握了社会交往的礼仪，才能有信心去发展他的社会性。有些妈妈担心，教孩子礼让妥协，会不会使孩子形成软弱性格？事实上，这是个观念误区，因为礼让妥协并不意味着放弃自己的正当权益，妈妈要做的是，让孩子学会站在他人的角度看问题，并且像保护自己的权益一样尊重他人的权益。只有这样，孩子才能在集体生活中做到既不受欺负排斥，也不欺负排斥别人，才能形成健全的人格。

教育孩子真的是一门太大的学问，在做妈妈这一方面，大家都是学生，没有任何经验，而孩子“受欺”后怎么教育这个问题，我认为不让孩子选择示弱并非就是要以暴制暴，最根本的方法就是培养孩子的综合素质，提高孩子的综合能力，当孩子强大到一定程度时，就会产生一种威严，这种威严足以让欲实施“欺负”者望而却步，这样的孩子必然会成为未来社会真正的强者。

理财教育要从小开始

我们通常认为理财是成人的事情，看似与孩子无关，但你想理财观念的培养如果不从小时候就开始，怕是等成人了再去理财也费劲不少。

其实，在美国、英国、以色列等国家，关于理财教育从孩子很小的时候就已经开始了。美国儿童理财教育最主要的渠道还是来自家庭和学校。从孩子踏进幼儿园起，孩子们就会接受有关理财概念。这样他们就慢慢懂得了钱是什么以及钱在生活中的重要性。在美国，教会孩子处理财务的重要手段之一就是鼓励孩子打工，每年大约有300万中小学生在外打工。另外美国人常常将自己不需要的东西拿出来拍卖或者捐赠，而小孩也会将自己用不着的玩具摆在家门口出售，以获得一点收入，剩余物品全部捐给慈善机构。此外，许多学校都在开设相关的课程同时，鼓励学生研究证券市场、投资理财、信贷业务，其中捐赠免税的理论也在课程中体现。

每个妈妈都希望自己的孩子一生幸福，但幸福的生活离不开一样东西，那就是钱。很多妈妈都不愿意当着孩子的面说“钱”，你说也可以，只要做到不能让孩子认为“有钱就能制造幸福”就行。教育孩子学会理财，就是要帮助孩子树立正确的金钱观、价值观，以提高孩子的财商，引导孩子节约用钱和养成存钱的习惯，指导孩子正确消费，培养孩子独立性和守护比金钱更重要的品行。对于孩子来讲，越早学习理财，就会越早具备理财能力以及掌握获取财富的技能，从而在越来越激烈的现代社会竞争中，更易、更快、更早地获得成功。因此，妈妈应该结合孩子的特点，从小对孩子进行理财教育。

再看现在城市孩子花钱大手大脚，从不计价格高低，买名牌穿名牌，攀比成风，很让家长头疼。有的妈妈抱怨说："现在的孩子不知道心疼人，我一天从早到晚，一个月才挣几百元钱，他的一次生日聚会就花去我工资一半。"还有一位妈妈曾告诉我说："女儿正在上高中，每月要1200元作为生活费用。但家庭的收入不能满足孩子的需要，我现在真不知道怎么做了。"

那就听听专家怎么说的吧，专家说孩子在学会"赚钱"之前，通常都是先学会"花钱"的。因此在开始有花钱的行为之前，就必须先让孩子们学习和认识金钱的真正价值，让他们了解"钱可以用来做什么"以及"钱不该用来做什么"。

对此，妈妈先要有理财意识和科学理财方法，有良好的节俭习惯，为孩子做出榜样。一个花钱大手大脚、不会节俭的妈妈很难教会孩子科学地理财。

在教孩子学习理财时应该先让孩子了解你挣钱的方式。你可以带孩子一起到你工作的地方参观一下，让他体验一下挣钱是多么的不容易。假如你是自己开小店的，应该让孩子在你的店铺里待上几天，让他看看，卖出一件商品是一件多么不容易的事情，从而让他知道，钱来之不易。

然后，让孩子合理支配零花钱，学会记账，并让孩子了解家庭财务计划。当孩子有几元，几角，或者几十元的时候，引导孩子把

零钱放进储蓄罐里，并养成习惯，久而久之，当有一天孩子发现钱罐里原来有数目不少的钱时，他会觉得很惊喜，这时告诉他，他的存款可以帮他实现一个大心愿的话，更容易帮他建立起储蓄抗风险的理财观念。而让孩子学会记账，就是要他明白家庭里的开销和支出情况，能长久坚持下来的孩子，长大后会变得精细而有条理。

还可以和孩子一起学习掌握基本的金融知识与工具，使孩子懂得既要合理合法地赚钱，又要有良好的消费习惯。同时，给孩子提供亲身体验理财的实践过程。例如，假设家里要过一个重要的节日，妈妈和孩子一起商量怎么在有限的时间内安排，哪些东西是必须买的，哪些东西是次要的，该花多少钱，怎么购买。并让他自己设计一张预算表，从中引导他如何规范花钱的方向及适度使用钱财。从而培养孩子正确对待金钱，形成正确的理财观，道德观和劳动观。

总之，教孩子理财就是教孩子做人，妈妈要从小抓起。要知道，从小养成的好习惯会伴随孩子一生，让孩子受益一生。

第七章　妈妈的性格决定孩子的性格

妈妈的生活态度决定养育风格、教学风格

在18世纪中叶，有一个爱听故事的孩子。他几乎每天晚上都要依偎着妈妈，眨巴着一双疑惑的眼睛一边听故事一边思考。他的妈妈讲故事有一个特点，就是从来不直接说出故事的结局，而是用问话启迪这个爱听故事的孩子去想象："宝贝，你猜猜，仙女遇到魔鬼还能逃出来吗?""为什么公主不喜欢嫁给老国王给她选的人?"——在母亲的精心培育下，这个爱听故事的孩子长大后成为世界上公认的伟大诗人，并在戏剧、小说甚至自然科学方面都取得了卓越的成就，他就是德国伟大的文学家、思想家——歌德。

上面的事例是一位聪明贤惠的母亲造就了一代伟人，而在我们的生活中，平凡的母亲教子的故事也足以令人深思。

第七章

昱宸是一个上幼儿园大班的小朋友。有一天，他很不满地抱怨："妈妈，你为什么不让我在地板玩篮球呢？外面在下雨，可是我想玩。"妈妈轻轻拍着昱宸的头说："楼下的奶奶年纪大了，这样的噪音她怎么受得了啊。"听了妈妈的话，昱宸更加委屈了："那为什么我们家楼上常常弄得很响啊？"妈妈和蔼地说："咱家楼上有个刚满周岁的小弟弟呀，他在家里玩的时候，玩具会掉到地上的，他需要练习呢。"昱宸极不情愿地说："那只好我们受委屈了！"妈妈说："一个人应该更多地为别人着想，这是人一生最重要的事，你要时刻记得多替别人考虑。"

我想，即使昱宸长大了不会成名成家，但有这样的妈妈给他如此好的家教，他成人后肯定会成为一个有教养、受欢迎的人，这样的人即使很平凡，他的人生也是精彩的。

我们常说，态度决定一切，同样的事，态度不同，其结果也不同。妈妈的生活态度不同决定了其养育、教育风格的不同，如果妈妈的生活态度过于消极，或者急功近利、不懂得与人为善等等，那么教育出来的孩子大多跟妈妈相差无几。而相反，妈妈生活态度积极向上，知书达理，她的这种态度在无形中就给孩子起到引导启发的作用，这种风格教育出来的孩子，必然是一个人格健全，受人喜欢的孩子。

孩子要成长为一个社会成员，需要学习很多的社会行为规范和

生活技能。这个过程我们也叫做“社会化”。孩子的社会化过程主要通过家庭、学校和社会来完成的，而家庭是最为关键的一环。妈妈作为孩子情感世界的支撑者，她表现出的处世态度对孩子的性格、意志、行为习惯等非智力因素的形成和智力开发，有着巨大、深远的影响力。这种影响正确与否和力度大小，在很大程度上决定孩子一生的发展。

不可否认，妈妈对孩子的培养是一个充满艰辛的过程，同时，作为社会生活中的一员，越来越多的妈妈成为职业女性，她们不仅承担着教育孩子的责任，在走出家门后还要在自己的工作岗位上独当一面，因此，妈妈必须在生活磨炼中形成良好的社会适应能力并能够不断地进步和完善自己，以自己的行为做孩子生活的榜样。

孩子要教育好，妈妈的教育能力是很重要的，而这在很大程度上取决妈妈的生活态度。没有哪个妈妈生来就是教育专家。事实上，要求每个妈妈都成为教育家，无论理论上还是实践中都不现实。

孔子曾经强调“教学相长”，一个合格的妈妈应该在家庭和社会中起到良好的示范作用，并由单纯凭借感觉或者经验教育孩子变为与孩子共同学习、共同成长。对孩子来说，妈妈的教育是任何教育所不能代替的，忽视家庭的教育，社会教育所做的一切努力都将成为无源之水。

妈妈的知识、智慧、个人经验、社会态度等共同组成妈妈的教育能力，因此，做妈妈的应该自强不息，全面提高自身素质，即使是在事业上并没有取得骄人的成就，积极的人生态度本身对孩子来

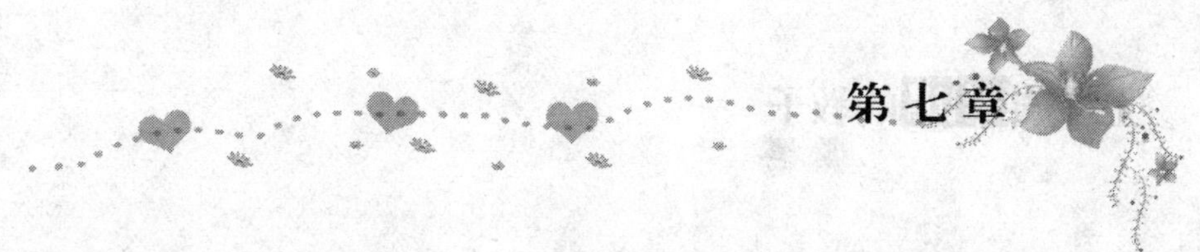

说就是一种很好的教育和激励。妈妈自身的心态、情绪、个性品质、承受挫折的勇气等都是心理能力的体现，把孩子培养成为一个善于和他人相处，对生活中遇到的挫折能够乐观对待的人，与妈妈和善待人、敢于面对生活中的困难并能够设法解决问题是分不开的。一个合格的妈妈必须提高自身的素养，肩负起养育、教育孩子的重任。

在将懵懂无知的孩子抚育成人的过程中，父母的言行举止决定了孩子们的习惯及成长。正如每一位妈妈所熟知的那句俗语一样："种瓜得瓜，种豆得豆"。一个愉快、活泼、有良好的生活态度的母亲要比那些心情抑郁、整日对生活抱怨不断的母亲对孩子的成长要有利得多。因此，一个母亲要加强自身的素养还必须学会倾听自己的心声，明白自己真正的需求，知道什么是自己在生活中应该积极追求的，自己的优点是什么，渐渐地就会自信起来，这种自信能帮助母亲教育好孩子。

总之，家庭教育对一个人的成长和发展起到了决定性的作用，妈妈的教育是家庭教育最重要的一部分，甚至是家庭教育的全部，一个人是否有良好的家教，其实很大程度上由他有一个什么样的妈妈来决定。妈妈的性格决定孩子的性格，妈妈的生活态度决定了其养育、教育孩子的风格和品质。好妈妈才能教育出好子女，这是一条永远不变的真理。就像每个孩子都蕴含着无限潜能一样，每一位妈妈也都拥有自己的教育方法，让我们从现在开始，从基础做起，先成为孩子们的良师益友吧！

理智型妈妈

说到理智型的人，顾名思义，就是遇事比较理智。他们的性格品质中理智成分超越情感成分，善于通过逻辑分析得出结论，善于分析各种选择的利与弊，并且善于批判性思维，理智感强、意志坚定。这类人比较容易接受冷静的、实事求是的推理，而且做事讲求实效，不感情用事，对于事业来说，这些品质都具有积极意义。

但同时，“理智型”人也有软肋，比如在人际关系方面，过于理智的人就可能会碰到一些麻烦。由于对情感不够重视，理智型的人往往不善体会他人内心的情感变化，处理事务时也不善于照顾他人的心情，做出的决定往往对别人的需要重视不够，有时会无意间伤害他人感情。对于他人内心的情感，理智型的人也不愿倾听，在他们看来，关注情感并不能解决实际问题，有时还会把事情弄得更糟。这样的人通常被视为冷静的领导者，却不是一个可以亲密交往的朋友。因此，理智型的人有很多关系密切的合作者，却很少有知心朋友。

那么，一个理智型的妈妈在养育孩子过程中，往往会有什么样的表现呢？

根据我多年的观察，总结了几点：首先，理智型妈妈会经常给孩子说教，讲道理，却从不在孩子面前表露情感。孩子难以从妈妈

身上看到情感反馈，而处于自我中心阶段的婴幼儿通常会把妈妈的表现和自己联系起来，疑惑，进而认定："妈妈不喜欢我。"对于孩子而言，他的看法就是现实，他会认同他认定的"妈妈的看法"，也会不喜欢自己，从而埋下自卑的引线。可见，这种"现实"对孩子是一种非常大的伤害。

其次，精明强干的理智型妈妈常常不给孩子犯错误的机会，常用过多的规则束缚孩子的自由发展。理智型妈妈对于规则的重视，很可能会从工作延伸到家庭中。她们对于孩子可能遇到的问题通常能够事先洞察，通常会提前考虑并指导孩子，给孩子现成答案，却很少给予孩子自己思考、面对困难、解决问题的机会。孩子常常需要遵守很多明规则和暗规则，如果孩子违背了就会受到妈妈的批评。

然而，理智型的妈妈却没有想到，经验是可以传授的，但是能力必须通过实践培养。帮助孩子解决一时的问题，看似简单高效，实际上只是做妈妈的少了一些麻烦，但却剥夺了孩子成长的机会。要知道，在面对问题时不断尝试，并从自己的错误中学习思考，是孩子能力发展的主要途径，而过多的规则会压抑孩子的自由，束缚孩子的行动，这些都不利于孩子的成长和发展。

最后，理智型妈妈对孩子的情绪表达不够重视。孩子的情绪表达很直接，不善掩藏。无论是遇到高兴的事还是遇到挫折，都希望向妈妈倾诉时，而理智型的妈妈很快会把注意力放到问题的过程、真相、解决方法等实质性的方面，试图建议孩子如何更好地处理问题。其实妈妈提供的建议不一定适合于孩子，很多时候，尤其是学

龄前的孩子，需要的并不是指导。他们只是需要倾诉，需要有人倾听，在倾诉中，孩子可以理清思路，并找到自己的解决方法。

更糟糕的是，妈妈的说教会阻碍孩子清楚表达情绪，逐渐就会压抑了孩子的情绪表达。久而久之，孩子会感到无法得到妈妈的理解，无法和妈妈沟通，慢慢地就不再尝试向妈妈吐露心声。此外，孩子不能痛快表达的情绪并不会自行消失，它们总会试图通过其他途径表达出来。如果找不到适当的方式，有些孩子甚至会以伤害自己的方式试图表达内心的挫折感。这是任何一个妈妈都不愿意看到的。

诚然，遇事冷静理智，是一种可贵的品质。但是作为妈妈，仅仅冷静理智是不够的。在此，我建议精明强干的理智型妈妈不要被一种角色所束缚，应注意在各种角色间的转换。工作的时候，你可以是一个精明理智的管理者，下班回家之后，你就需要提醒自己："现在我不是主管，而是一位母亲。"

同时，理智型妈妈也要学会真诚表达自己的情绪，用言语和行为表达对孩子的爱，让孩子有机会宣泄不良情绪。家，本是一个可以自由表达的地方，作为妈妈，应当学会倾听孩子的心声。当孩子提到某些不愉快的经历时，认真倾听，适时表示理解和接纳，不要急于做出正确或错误判断，更不要只顾着给孩子讲大道理。记住，在这个时刻，孩子才是主角。如果孩子拒绝了你，也不要强求孩子听你的建议。若能保持这种客观冷静，同时又是支持性的态度，孩子会更愿意倾听你的看法，接受建议的可能性也会更大。

还要有一点，就是不要包办代办，给孩子犯错的机会，可制定简单明确的必要规则。由于知识、经验不够丰富，加上逻辑思维能力不成熟，孩子有时的确无法做出正确的判断。但经验累积的过程非常重要，孩子必须有机会练习如何做出正确判断和决定。当孩子做出错误判断时，妈妈应给予适当的辅导，向孩子解释为什么他的做法不合适，同时可以提供解决方法给他选择，并讲解怎样解决问题才是正确的。而必要的规则，可以控制孩子不会做出过分的或危险的行为。在一些必须坚守的原则方面，让孩子明确知道你可以容忍的底线，也就是什么行为是绝对不能允许的，什么是可以做的，更有利于帮助孩子从错误中学习和成长。

做到以上几点，相信理智型妈妈同样可以成为一个和蔼、亲切、与孩子关系融洽的好妈妈。

安逸型妈妈

“我喜欢宁静安逸的生活，相对物质的追求，我更崇尚精神境界的至高无上，我觉得物质的东西只要努力就会得到，但却要牺牲很多，有的时候还会伤害到别人，这是我不愿意的。我向往日出而作日落而息的简单生活，我不是一个肢体懒惰的人，但我承认我是个精力懒惰的人，我不愿花费心思去琢磨人心，不愿花费精力去争取什么优秀，

我只想踏实地工作，做好分内的事，我没有太多的要求，平淡安逸的生活足矣。”在一个清静的小茶楼里，在机关做宣传工作的蔡玲一边端着茶杯，一边娓娓地向我诉说着她的生活，脸上舒展着恬淡平静的笑容，让我感觉很舒服。

停了一会，蔡玲接着说：“所以我对孩子要求也不高，只要他身体好，吃饭好，至于学习嘛，只要他尽力就行，不一定非要考满分，拿第一的，健康快乐就行了。”她的话让我不知怎么反驳，不过我可以肯定蔡玲是个标准的安逸型的妈妈。她对生活的态度，对孩子的教育方式，似乎无懈可击，但仔细想想问题还是很严重的。

仅从安逸的字面来看，我们都能理解到，安逸型的妈妈是很少索求的人，她们随和安静，容易知足，随遇而安，对生活要求不高，只求管好自己，做好本职工作，照顾好家人的起居。她们与世无争，性情温和，从某种意义上说，这样的女性的确算得上是贤妻良母。而另一方面，安逸型的人也有很多弊病：她们往往也不求上进，不能发展自己的才智，做事效率不高，没有耐心，缺乏自我成长。如果妈妈把这样的生活态度转嫁给孩子，固然可以使孩子不追求浮华，不贪恋物质，不会爱慕虚荣，做一个随遇而安的人。然而，也容易使孩子泯灭探索、进取的动力和信心。因为安逸型妈妈往往不会给孩子太多压力，这样一来孩子自然就变懒了。生活安逸了，就容易不思进取，受不了委屈，吃不了苦，最终也会一事无成。

第七章

妈妈作为子女最早、最直接、最重要的教育者，其素质水平，特别是受教育的程度关系着新生一代的身心发展水平，关系着家庭生活的质量。妈妈也是孩子早期智力的开发者和品德的培养者。如果妈妈是庸俗粗暴的，小孩子也可能是粗暴、蛮横的；妈妈是友善、豁达的，子女也可能是友善开朗的；妈妈是一个邋遢、慵懒、颓丧的人，子女生活在一个零乱无章、起居无序的环境里，就可能因袭妈妈不良的生活习惯。因此，作为第一教育者的妈妈的文化素质、道德修养以及言行举止、对人对事对孩子本人教育的态度，对纯洁幼稚且善于模仿的幼儿无不产生重要的影响。

所以说，做妈妈其实也是一个自我学习的过程。孩子小的时候妈妈想的全是物质层面上的问题：如母乳应该喂多少？尿片选什么牌子？每天补多少钙……但当孩子慢慢长大，你就会发现，那只是最最基本的物质层面的满足、身体生理的满足，以这种形式表达出的母爱恰恰处在爱的金字塔的最基础层。

那么爱的金字塔上层是什么？我认为是：用智慧去爱，科学地做妈妈。这份智慧需体现在每一天的生活场景里，聪明的妈妈会明白不能只用妈妈的时间、金钱和怀抱去满足孩子的成长需要。相反，妈妈更需要考虑一些看不见摸不到的问题：如何做，何时做，怎么做，为什么做。我们知道，一般6岁前的孩子是用肢体触摸来探索和学习这个世界的，并且因为独立探索而变得更聪明。

所以，想做个好妈妈，我们都必须从基本的哺育“技术”开始学习，然后升级到养育的层次，最后再上升到教育和培育。这段陪

孩子成长的过程也正是妈妈自我成长、自我超越的过程。虽然养儿育女始于“养”，但却难在“育”啊。总之，孩子是我们再次优化自己的契机：我们要学习新的养育知识，改变已有的不良习惯，丰富自己的人生，做一个更美好的社会人。因此，无论妈妈的育儿动机是什么，只要想育好孩子，就必须先育好自己。

的确，在现实中，安逸型妈妈的教子方式确实有可取之处，但与利相比，害似乎更多一点。无论妈妈如何随意恬淡，可生活中的问题总是会不断出现不断生成的。做妈妈的过程就是用智慧引渡自己的人生旅程的过程，更是一个教会孩子如何应对人生挑战和自我优化的过程。我相信，这样的人生不但是妈妈需要的，也是孩子成长所需要的。

控制型妈妈

出于爱护孩子的本能，或者出于难以掌控自己的生活而产生的怕遭到遗弃的恐惧，以及对孩子的过度依恋，有些妈妈内心渴望完全掌控孩子的行为，而难以忍受与孩子的片刻分离。这样的情况特别容易产生距离儿童，而到成人后，很容易形成回避型人格。

由于家庭矛盾、情感失落、工作危机等原因，导致很多妈妈内心缺少安全感，而这一类型的妈妈也很容易成为控制型妈妈。当妈妈因为种种原因感到不安的时候，就会采用种种保护的方法，来习惯性地控制孩子的身心发展，并希望孩子按照自己的意愿，而不是按照孩子的意愿来生活时。本来是人世间最美妙的母爱，却让孩子的心理产生了各种各样的问题。

我有一个从小一起长大的朋友，他的事业非常成功，而且还经营着自己的公司。但是他朋友很少，一起共事人也都大不愿接近他。原因是他很难信任别人，凡事都喜欢亲历亲为，对公司运营的方方面面，哪怕是很小的环节，都不愿放手。任何一点逆耳的建议，都会让他暴跳如雷。这样的状况让他感觉很累，也让他的周围的人很无奈。但是只有随时随地掌控公司的一切事宜，他才感到安全。

其实形成他这种性格是有原因的：从小父母的婚姻不美满，经常吵架，只要一吵架，妈妈总把他拉入自己这一边要他做“盟友”，不停地对着他数落父亲的不是。由于与丈夫感情不好，妈妈便把所有感情投注到儿子身上。妈妈潜意识里期望儿子能取代丈夫的角色，因此言语上常拿儿子和丈夫相比，会对他说：“还是儿子听话，看你爸爸就会和我吵。”同时在成长过程中，妈妈不断对他强调他不应该去爱任何人，只应该爱妈妈一人。给他的感觉是：似乎妈妈永远是对的，而且永远要占上风。

妈妈在感情上毫无安全感，所以她控制孩子，要确保孩子不会

背叛自己才会感到安全。妈妈的控制让朋友在对权威特别敏感，因为潜意识里害怕生命中再度出现像小时候妈妈对自己控制的情境，因此对任何形式的权威都不信任，但同时他会不自觉地重复这些情境。最终，形成了他典型的控制型人格。

可见，支配欲是控制型人格中很重要的特性，对他们而言，人生就是战场，每一个人都是他的敌人。他们永远在打一场早已不存在的战争，他几乎不能相信任何人，即使最亲密的战友，也是潜在的敌人，因为他有个主要形象："我将会被控制、被操纵。"所以在生活中、工作中，这类人往往无法信任任何人，也不可能与人达到友好合作。

当经过了一代代的积淀，在控制型人的潜意识里就会成为一种固化的模式，或者说是习惯，即每当自己感到不安全感时，就会去反复控制别人。这种控制型妈妈的出现，不仅有她们在成长经历中的自身问题，也和他们从小所接受的教养模式相关。所以，控制型人做了妈妈以后，她们也很自然成为一个控制孩子满足自己的妈妈。以试图控制孩子的情绪，让孩子更爱自己，依恋自己，从而获取更多的安全感。

内心没有安全感的妈妈，总是希望通过对孩子无微不至的照料来换回孩子爱的回应。她们用这种方式来塑造孩子，要求孩子，以至于用自己的感受代替孩子的感受。最直接的结果就是，导致孩子无法建构自己的内心世界。试想，一个内心力量不够强大，而又过早接触充满了冷和硬的外在世界的孩子，他的内心是不是或多或少

缺少些许柔软、信任与宽容呢？这给孩子带去的只是挣扎和迷茫。所以，宝宝的情绪是抗拒的、烦躁的。其实，妈妈自身的状态，就是孩子成长最重要的环境，如果妈妈不尊重孩子的需求，事事以自己的意愿控制孩子，孩子除了迷茫和挣扎之外，没有快乐可言。更重要的是还会把孩子带离自然法则所指引的成长之路，而变成复制妈妈的生命状态。

这于孩子来说是非常大的伤害。最好的办法就是让孩子按照自己的意愿来生活。不要总是要求孩子听话，或者当孩子不服从自己的某些指令时，强迫要求孩子服从自己。其实，每个孩子都愿意在自己的内在世界中，体验每一种丰富的感受，用自己的视角观察各种各样生命的色彩，触摸他们好奇想要探索的东西……所以，妈妈应该让孩子按照自己的意愿来生活，让孩子的身体、感觉、情绪、心理等各种内在的生命因素都得到完整的发展和塑造。

切记不要一味指责孩子，要给孩子表达自己的机会。一味指责孩子，从来都不能达到让孩子认识错误的目的，而是往往适得其反。当妈妈大惊小怪地指责他，甚至严厉地要求他认错时，孩子的注意力就集中在妈妈的负面情绪上，并且由此而本能地产生恐惧和抵触情绪来保护自己，却忘了惹大人生气的原因。他们将本来应该运用到自己身上的能量，转而应用到对付成年人的情绪和保护自己不受惩罚上来，也会因此而感觉自己是一个很糟糕的人。

因此，要与孩子建立良好的沟通关系，只有通过沟通，才能了解对方的需求，从而更好地满足并解决问题。所以，妈妈要清醒认

识和防止自己内部、外部因素的干扰，真实准确地表达自己的想法，也让对方能够准确了解自己的想法。从而，可以为孩子做出一致性表达的榜样。

孩子的模仿性很强，他们最初的成长和学习，就是以模仿为主，无论是有意识的模仿，还是无意的秉承。所以说，妈妈是什么样的人，孩子就有可能什么样的人。妈妈家长希望孩子成为什么样的人，我们做妈妈的首先需要成为那样的人。

如果控制型妈妈不想让孩子成为第二个自己，就必须要改变这种控制式的教育，学会尊重孩子，学会倾听孩子，给孩子一个自由、惬意、宽松的童年生活。

取悦型妈妈

时代一天天地进步，我们的生活压力也在一天天增大，导致今天很多的职业妈妈要孩子越来越晚，而与此同时，我们为孩子积累的物质条件越来越丰厚。于是，这个经过充分计划和隆重等待之后的结晶，一出生就不可避免地集万千宠爱于一身。

其实，爱，孩子其实一直不缺少，因为没有一个妈妈不是挖空心思、用不同的表达形式，给孩子们自己无私的爱。

而我们今天的妈妈似乎比任何时期的妈妈都有“理由”娇纵孩子。一方面我们的生活水平空前提高了，而一方面我们能够给孩子

的时间也越来越少，所以心底隐隐的愧疚感让一切疼爱都显得理所应当。为了让难得的亲子时光气氛融洽，我们往往会无节制地满足孩子的要求，而忽略孩子本身需求的问题；我们太在意自己在孩子心目中的形象，所以想方设法地取悦于他，生怕严厉、苛刻甚至抠门儿这样的字眼和我们沾边。我们满心以为取悦孩子就可以心安理得，固然，这样可以弥补对孩子心中的愧疚，但是可曾想过，一味地取悦孩子，对孩子的成长来说并非是好事。

我小侄子允铎今年六岁了，他妈妈赵丽在离家不远的县城工作，平时都由奶奶带着，只有到周末和节假期妈妈才能陪在小侄子身边。或许赵丽也认为跟孩子在一起的时间太少，觉得亏欠儿子，所以对孩子格外宠爱，想方设法取悦孩子，只要孩子有要求就极尽满足，可以说已经有些溺爱。

一次周末，我给小侄子买了把小水枪，他一见就高兴地拿着玩起来了。可是一会儿他就开始胡闹，他把装好水的水枪对着大人乱射，我一看急忙止制，并告诉他这样做很不礼貌，要他对着花草去玩。他听了点点头，正准备离去，可这时赵丽却一旁看到孩子委屈就着急了，赶忙说："宝贝，来对着妈妈吧，没事的！"允铎得到妈妈的鼓励，顿时把我话的当耳边风了，我也不好再阻止了。而他奶奶看不下去就训斥允铎几句，允铎倚着有妈妈支持，就是大哭大闹，竟然一甩手把水枪摔出去好远。

而这都算是小事情，她平时可以说事事都依着顺着孩子，看不得孩子受一丁点委屈。这样一来，本来她不在的时候孩子还挺懂事的，可是只要看到她就是另外一个样子。

得不到满足就哭闹或暴跳如雷，孩子变成这样，很大一部分原因就是由于他妈妈一味取悦导致的。当然爱哭闹是两三岁孩子的常事，但是，孩子到了五六岁还这样，妈妈就要注意了，因为孩子已经发现这一招很奏效。他很难与别的孩子交朋友，或一起玩耍，房间里已全是玩具了，但还想要更多。如果是这样，就等于是在告诉孩子他可以不劳而获。当你的孩子永远被满足，就会导致他不可能迁就他人，这进而导致他成为不受大家欢迎的人。

每个妈妈都期望做个“完美妈妈”，很多妈妈甚至在孩子出生前，就开始努力了解与孩子相关的一切，从吃的到穿的再到玩的，取悦型妈妈，总会想方设法提前满足孩子，拼命保护幼小的孩子不受任何伤害。所以妈妈心里已经有了成型的清单：从床铃到图书，从蒙氏拼图到全套滚轴装备，从翻斗乐到海洋馆……于是，我们有时会惊讶：我的孩子很乖，几乎没有什么要求。

其实，不是孩子没有要求，而是在孩子知道要求之前，妈妈就已经满足他了。比如，在防止他们跌倒之外，妈妈更加在意如何帮助他们免于承担压力；如果孩子完不成拼图，担心他受挫，妈妈会不停地安慰说“这个太难了，你已经很棒了”；孩子在小朋友中不拔尖，妈妈就会创造“以己之长，攻彼之短”的机会让他获得成就感。

可以说，取悦型妈妈对孩子的保护已经由身体触及心灵。但是，她们几乎没有意识到，自己的这些做法无异于娇惯，只不过它们更加隐蔽，但同样剥夺了孩子承担压力的能力。更严重的是孩子可能也会模仿大人去取悦他人，他们尽可能表现自己可爱、善良、讨人喜欢的一面期望得到称赞。心理学家认为，在把孩子当成感情的安慰者的情况下，孩子的感情会相对匮乏，在“努力让别人高兴”的心理驱动力会较强，会对他人的“不认可”有本能的恐惧，尤其害怕那些有地位、可信赖的人对自己“不悦”。

其实追求赞赏是人类本性的一部分，人们通过获得赞赏而提高地位，并感到自己被认可被接纳。但是如果过分在意，为没有得到认可过于难过、自责，就会产生心理问题了。因为，这会使个人的行为着重于满足别人而不是自己，将别人的肯定或否定当成对整个自我的评价。如果“取悦别人”成为一种倾向性，只要不能取悦别人就惶惶不安，痛苦万分。而又由于试图成为别人希望成为的模式，抑制和模糊自己内心的需要，掩饰自己的愤怒，怕失去认可而过分包容、顺从，结果只能离真实的自己越来越远。

当然，每个人都有被他人接纳的强烈愿望，但当你唯有获得他人的赞许才能使自己感觉良好的时候，你便掉入了顺从赞同的陷阱。我曾经也很有意识地讨好人，以为这样会人缘很好，但事实证明并非如此，很有可能最后还成了别人眼中的傻子。

我想，每个妈妈都不希望自己的孩子没有承担的能力，更不想

孩子成为总想取悦别人的人。所以，取悦型妈妈必须先要控制自己的保护欲，从小培养孩子独立处理问题的能力和自信，并教会孩子如何承受拒绝和挫败。如果孩子有要求时，妈妈应该尝试延迟满足，不要在孩子刚一提出要求时就马上满足。随着孩子日渐长大，我们应该让他体会到自己行为的错误所引发的后果，不妨让孩子从家务劳动中看到责任，让他明白没有什么事情是理所应当地属于他的。

我们不能否认取悦型妈妈对孩子那份迫切的关爱，但同样不可回避，一味地取悦很容易让孩子在这种爱中窒息和迷失。如果真爱孩子，就给孩子一片思想的蓝天，一个成长的机会，让孩子尽情展开梦想的翅膀，学会思考，学会承担，并最终找到真正的自我。

力争优秀型妈妈

工作时，你是不是尽力去把每一件事情都做到尽善尽美，希望出色完成？如果没达到自己期望的结果，你是不是很自责？月底考核，年底评优秀时，你是不是总榜上有名？如果没有，你会为此而懊恼，但并不会消极，然后积极寻找原因，总结经验，继续奋斗？生活中，你是不是总能把一切都打理的有条有理？你是不是对孩子也寄予了无比深厚的期望，希望他像你一样力争上游？如果是，那么你就是一位力争优秀型的妈妈。你乐观积极、力争向上的精神，会成为孩子一个很好的学习榜样，有助于培养孩子的进取意识，把孩子打造得更优秀。

亚宁就是这样一位妈妈，虽然工作有很多年了，但她一直坚持业余时间学习知识、巩固专业，工作干得相当出色，领导安排的任务她几乎每次都率先完成。所以，她不仅深得领导的赞赏，也让同事和朋友们对她刮目相看。

而且这并没有影响她演好妻子母亲的角色，我去过一次她家，收拾得很整洁，让人看了就很舒服，有一种回归的温暖。对已经读三年级的女儿，她的爱是不言而喻的，但同样也要求严格。女儿受她的影响很深，是个很干净的小姑娘，自己的衣服鞋袜、学习用品摆放得整整齐齐。

每当晚饭后，亚宁坐在自己的书桌旁研究明天的工作时，女儿也安静地沉寂在自己的书海里，静静地学习。墙上贴满的各类奖状，证明她的女儿是个非常优秀的孩子。亚宁也说女儿很懂事，她知道什么时间该干什么，学习和娱乐她自己都能握好，在学校是优秀生，回到家也是个懂事的孩子。更重要的是孩子知道学习，知道进取，也和她一样，对自己要求很高。

妈妈就是孩子的一面镜子，有什么样的妈妈就会养育什么样的孩子。妈妈在做好女性的同时还应该是一个身心健康、精神面貌良好的人。这是作为一个妈妈必备的特质，只有这样的女性才能称得上是完美的，才能圆满完成生育并养育孩子的工作。而力争优秀型的妈妈无疑为孩子做了一个良好的标榜，让孩子时时充满斗志，积极进取。但值得注意的是，力争优秀型的妈妈也往往容易误导孩子。因为久争优秀，所以不免会争强好胜，事事要抢在别人前头，一旦失败却又承受不了挫折感，这样人也很容易走入极端。如果把这些思想施于孩子身上，也会让孩子形成争强好胜的性格，而缺乏承受失败的勇气和面对未来的信心。

其实，现实中这样的例子比比皆是，时常有网络新闻或各类媒体报道的某学生不堪承受家长或学校的重压自杀身亡等等之类的新闻不时冲击着我们的耳目，让我们深感痛心，却又不得不回过头来思考：是什么样的压力致使孩子失去了对生活的信心？

通过了解，我们就会看到这些孩子的背后，很多都是妈妈的高压施教。一个力争优秀型的妈妈是很难容忍自己的孩子逊色。她们按照自己的想法，给孩子制定发展计划，比如，要求孩子考试必须拿前三名，或者不能低于以往的成绩，任何事情都要比别人做得好，也就是只能成功不能失败。孩子在妈妈的教育下自然而然地向着最前列看齐，一旦落后，或者没有做好，即使妈妈不责怪，孩子的内心也充满自责。因为在妈妈的教育下，他已经养成争强好胜的习惯，所以当失败的时候，他也就无法接受，如果压力过大而孩子又不能自我缓解，他也就丧失了进取的自信和希望，最终走向末路。

毕竟，人生的道路没有一帆风顺，困难和挫折是每个人都会遇到的。如果没有承受挫败的信心，是无法适应社会的。所以，力争优秀型的妈妈在教育孩子的时候，切记不要把优秀当成孩子成长和发展的唯一目标。优秀只是一个方向，在向这个方向进取的时候，我们更应该注重培养孩子承受失败的勇气和能力。所谓拿得起才能放得下，只有经得住挫败的考验，才能越战越勇。即使失败了，也是一种成长和收获，因为孩子明白了，成功是需要努力和付出的。

做妈妈真的是一门艺术，特别是力争优秀型的妈妈，仅仅依靠自己的独裁和专断是不行的，它应该建立在自己由宽广的胸怀、完美的引导、高尚的人格魅力和巧妙的沟通等方面构成的个人权威之上。把自身的优点发挥出来，形成一个凝聚人心、催人奋进、具有强大吸引力的核心，这样孩子才能站在我们的肩膀上走得更远。

而当妈妈这些优秀的品格，润物细无声般融入孩子的价值观和性格中时，自然会造就一个优秀的孩子。

生活态度矛盾型妈妈

生活本是一个矛盾演变的过程，在这个过程中很多人也不免处于矛盾的纠结中。特别是现在的经济社会中，职业妈妈一般都有经济上的压力，她们一边要承担着繁忙的工作，一边又要照顾孩子。所以对孩子依恋的需要有时能满足，而有的时候则迫于无奈忍痛“割爱”，加之重压下的妈妈，自己情绪也难以稳定，时而不免冷淡烦躁，时而对孩子又呵护有加。这类妈妈对生活态度表现的矛盾也

常令孩子无所适从。

正如一位教育工作者说的："如今的孩子们在成长中承受着许多矛盾的人生观、价值观的教化。"我很赞同这句话。

其实，看看我们身边的妈妈和孩子，这样的问题确实随处可见：许多妈妈一边给孩子讲"粒粒皆辛苦"，一边却随手扔掉不合口味的食品；一边给孩子讲"孔融让梨"，一边却争先恐后地挤车抢座位；一边告诫孩子要好好听老师的话，一边却又背后对老师评头论足……诸如此类的矛盾行为比比皆是。加之现在人们物质生活水平的明显改善，使妈妈们有能力为孩子提供更好的生活条件，她们从情感上是愿意为其奉献一切的。但在另一方面，妈妈却又希望孩子要多把心思放在学习上，大讲艰苦朴素的大道理。还有许多妈妈对孩子的要求，几乎有求必应，可换来的结果是，孩子不尊重父母，不理解父母，甚至走入极端。

还有妈妈总是自以为是地认为孩子还小，他们身上的许多缺点都被看成了一种天真的表现，对孩子的缺点错误听之任之，不加任何管束。而在另一方面，大部分的妈妈都会凭借自己的家长"权威"，去过分干涉孩子的生活，在许多妈妈眼中，孩子永远都只是自己的附属品，她们不愿意或不善于让孩子取得和自己平等的地位，不懂得尊重孩子的权利和人格。

同时，由于应试教育的影响，妈妈们都对孩子的考试成绩特别关心，渴望孩子成才，于是为孩子制定了"宏伟"的发展计划。如果妈妈的这种选择，符合孩子的志趣，那当然是好事。可事实却是

许多妈妈的“发展”计划违背孩子志愿，这种“发展”实际上是“限制”了孩子的发展。坦然地说，生活在这个越来越重视教育的国度里，孩子不知是幸福还是痛苦，反正妈妈们是够矛盾的。

同事赖小雅的儿子五岁了，她比较注重提高孩子的社交能力，于是常常鼓励儿子去找小朋友玩，鼓励儿子参加多种活动。可是没过多久儿子不但跟小朋友学会了打架，还学会了骂人。小雅说从知道儿子会打架骂人开始她基本上就不让孩子出去玩了，还是觉得关在家里让儿子一个人乖乖地玩安心。当儿子仰着小脑袋问：“妈妈你不是说小朋友应该和小朋友一起玩的吗？现在为什么又不让我去了？”一句话问的小雅不知如何应对。

其实孩子只有在与同伴的交往中才能从自我中心的“硬壳”中解脱出来，才能了解自我与他人的区别，了解集体中每个成员应有的权利和应尽的义务，从而培养出尊重自己、尊重他人，理解行为规范，助人为乐的良好品质。所以当孩子与同伴玩耍时，学会打架或骂人，妈妈应该正确引导，而不应全盘否定与同伴交往的益处。

朋友海荣也有这样的矛盾，她一直认为孩子早期教育就是对孩子进行知识传授，以能背多少诗、算多少题、识多少字来判断一个孩子的聪明程度。所以她一直教女儿死

记硬背唐诗宋词，还有英语儿歌，之类的知识，开始她还以孩子能背诵古诗而在别人面前炫耀。可是当她发现女儿对一切知识包括数学公式都用死记硬背方式去记，而不去理解时，她开始着急了，于是又不要孩子死记硬背了，弄得孩子稀里糊涂摸不着头脑。

每个妈妈都盼望着孩子快快长大，早日脱离父母的“怀抱”，成为一个真正的独立的人。可是当孩子真的逐渐独立，开始想摆脱妈妈的控制，甚至期望独处时，矛盾型的妈妈就会有一种茫然若失感。这种失落感和担忧感使她产生一种冲动，想把孩子紧紧抓在手中，于是她们干脆包办一切，什么都要管，什么都自己动手，给孩子穿衣喂饭、系鞋带、整理玩具等等，照顾得无微不至，而这种不放手的管理方法，只会使孩子养成严重的依赖性。

生活态度比较矛盾的妈妈，给孩子提供的必然是一个充满矛盾的家庭教育，而这样的环境很难帮助孩子建立起稳定的安全感。由于妈妈的教育心理时时处于矛盾之中，对孩子的教育容易发生朝令夕改的现象，这会对孩子的身心发展造成不良影响，使他觉得世界变幻莫测，不可捉摸，从而挫伤他理解事物的积极性和判断事物的自信心。而当这些孩子长大成人之后，一旦进入亲密关系，他们还会表现出明显的依恋倾向。问题还不仅如此，更可怕的是我们许多妈妈还未真正认识到这种矛盾家教的严重后果。作为教育双翼中的一翼，家庭教育的作用不可忽视。妈妈矛盾的家教会影响到孩子的

学校教育效果，更会影响孩子的人格成长。

因此，日常生活里，妈妈要刻意避免这种自相矛盾的不稳定的情感和情绪表达，在言语和行为上给予肯定，让孩子知道，不管妈妈怎么忙，他都始终如一地拥有妈妈的爱，从而积极地教育和引导孩子更好地发展。

第八章　妈妈是孩子的榜样，别让他在模仿中学坏

夫妻吵架，让孩子学会了骂人

“当初嫁你真是瞎了眼了!”“你可真是个窝囊废，干啥啥不行，做啥啥不会。”“你简直就是个泼妇!”“你还是人吗”……这些话对于我们每个人来说是不是都似曾熟悉？我想，包括这些话说出时的场景，不管事隔多少年，只要提起，我们的脑海就会展现出这副父母吵架的画面。于是，我们从小知道了“窝囊废”、“泼妇”诸如些类的词语是用来攻击别人的，再难听一点的就是用来骂人的。当有一天，我们也学会使用这些词的时候，我们的父母是不是又如惊弓之鸟般的恐慌，然后厉声制止、责怪：“这孩子怎么不学好，跟谁学会骂人的?”是啊，跟谁学会的呢？还不正是我们一代代父母在孩子面前不加遮掩的骂架言传身教的结果吗？

人和人在一起待得久了难免都会产生一些或大或小的矛盾，何

况朝夕相处的夫妻。所以人们常说，天下没有不吵架的夫妻，他们就如同锅碗瓢盆一样时不时地会磕磕碰碰。的确，现实中我们总能看到太多夫妻的吵吵闹闹，相互谩骂，甚至上升到摔桌子砸椅子互相动手的武力格斗。

然而，夫妻之间能有多大的仇恨呢？很多时候夫妻吵架都是因为一些鸡毛蒜皮的小事引发的。也许是你的一时情绪，也许是你的一时心情，你无法控制自己，所以就爆发了，跟对方吵起来。而吵架的时候由于双方的情绪都容易激烈起来，总会说一些难听的、互相攻击的话，有时甚至恶言相加，语不惊人死不休。试想，如果父母经常吵架，而且不回避孩子，那么，孩子自然就会模仿父母，学会骂人。

有一次，下班回家，走到楼底下正巧碰到住在同一楼层的秦岚和齐小云，她们的孩子和我儿子同上一所幼儿园，接送孩子时总会相遇，渐渐地我们就熟悉起来了。看到我，她们远远地就开始招手，微笑的脸颊映衬着夕阳犹如美丽的太阳花，出于礼貌我也不得不走过去和她们聊了起来，聊着聊着就扯到各自孩子的身上。

秦岚说："最近儿子让我很头疼，不知什么时候竟然学会骂人，无论怎么说他就是改不掉。""是吗，都骂什么了？"一旁的小云急忙问道。秦岚说："倒也没说什么太粗暴的话，就是开口闭口'他妈的'，现在都成他的口头禅

了，这种话小孩子一般是不会说的，也不知他跟谁学的，你们说说，怎么办呢？”

秦岚看着我，貌似能在我这里找到答案。当然，我不能辜负朋友的期望，于是想了想问她：“你想想，你们家里是不是有人说过这样的话呢？”秦岚顿时像找到了答案，她说她老公是位客车司机，脾气不太好，他们三天两头地拌嘴吵架，只要一发火，她老公就一口一个“他妈的”。她说孩子可能就是在他们吵架时学会的。这时一旁的小云大声地说道：“肯定是了，我也在纳闷，我家旦旦这些天只要我一惹他不高兴，他就说‘妈妈是个泼妇’，因为他爸爸跟我吵架时就这么说我的。”

其实，父母就是孩子成长的一面镜子，你们的一言一行都影响着孩子，你在吵架时所用的语言他都会悄悄学去。应当承认，由于种种原因，夫妻间产生矛盾、发生争吵的情况是难以避免的，但是，不管什么原因，都不应该当着孩子的面吵架，也许你看来只是小事一桩，可是对孩子的影响和伤害却是超乎你的想象，绝不限于学会骂人。

首先，父母经常吵架，会使孩子的内心产生忧虑、惊恐和悲伤感。由于情绪强烈冲击，夫妻吵架时往往吵得脸红脖子粗，用高八度的嗓门大喊大叫，常常把孩子吓得不知所措。夫妻俩吵得投入的时候，根本顾不上理会孩子，对孩子的哭喊、恳求也听而不闻。孩

子不由得以为爸妈不要自己了，倍感伤心和无助，更严重的是让孩子认为：“我最亲的人都互相仇视，这个世界还有什么温暖可言?”这样的认识如果根深蒂固很容易导致孩子成年后走上犯罪道路，因为他会认为这个世界没有爱，从而对家庭的前途失去信心。

其次，夫妻经常吵架，还会有损父母在孩子心目中的威信。因为孩子都是很敏感的，父母间的互相指责、互相贬低、甚至谩骂和人身攻击，会使父母在他们心目中的良好形象受到严重的损害。

还有一点很重要，孩子的可塑性很强，父母在家吵架、谩骂，他就会学着父母的样子到外面同别的小朋友吵架，或者骂人。久而久之，就会使孩子养成动不动就和别人吵架、骂人的坏毛病。而据研究证明，父母的婚姻冲突越激烈，孩子越会感到不幸福，这种冲突给孩子造成的影响甚至超过了离婚。所以，夫妻之间出现问题的时候，一定要采取妥善的解决方法，不要动则吵架，应该努力给孩子树立一个好的学习榜样。

所以，在日常生活中，做父母的，要充分认识到在孩子面前吵架的危害性，加强双方的理解和沟通，尽量避免发生矛盾，引发吵架事件。一旦有了矛盾后，双方应当互相克制、忍让，千万不要当着孩子的面吵架。如果一方动起气来先张口吵开的话，另一方也要学会妥协相让，最好的办法是“三十六计，走为上计”。即使真的不可避免地对吵开了，那么吵架后也要勇于承认错误，并且当着孩子面和好。不要让夫妻吵架的不良行为在孩子的心目中留下阴影，还给孩子一个温馨和谐的成长之家。

当着孩子的面，别指责公婆

现代社会中，年轻的父母和公婆之间由于观念和看法的不同，在对待如何教育孩子的问题上，常常产生很大的分歧和矛盾已成不争的事实。因为，现在很多年轻夫妻都是双职父母，照顾孩子的重任往往就落到公婆的肩上。而通常，爷爷奶奶对孩子的溺爱、纵容、娇惯却是年轻父母无法容忍的。这样一来，很多妈妈对公婆的教养方式，和行为习惯不免有不满之处。于是，生活中，我们总能听到、看到许多妈妈对公婆的指责。

当然，公婆的做法或许有不正确的地方，但一定要讲究方式与公婆沟通，而不是指责。一味的指责并不能改变成什么，只会加深与公婆矛盾，使两代人之间的隔阂越来越大，而且还会伤公婆的心。如果当着孩子的面指责公婆，不但让公婆颜面无存，却也往往在孩子的心里埋下不懂得尊重老人，随意指责挑剔，不能明辨是非的不良恶果。

就拿我自己来说，曾经我规定儿子绝对不许再买新的电子游戏。可是他爷爷奶奶来看时，又送了小孙子一台。现在孩子沉迷于此，我肺都快气炸了。

有一次，下班回到家，看到儿子又在津津有味地玩电子游戏，他爷爷奶奶只顾着做自己的事也不管孩子。我当时真的很生气，也没多想冲着老人发起了火：“爸，妈，你们能不能管好孩子不要一天到晚玩电子游戏。早跟你们说了，不要买这些东西给他，你们偏要买。这对他什么好处？你们自己看看，他一天到晚玩这个，还有心思学习吗？”婆婆听到我这话解释说：“我们也是看宝宝喜欢玩这个才买的。”当时没多想，更没注意到婆婆委屈的表情，一边拉扯着儿子，一边气冲冲地说道：“他喜欢什么就给他买什么？你们不觉得这太娇惯他了么？总之，以后没我的允许不许他玩电子游戏。”

那是我第一次冲公婆发火，当时说话的语气很重，之后公婆都不言语了，满脸的无辜和委屈，而儿子则隔着我的胳膊冲着爷爷奶奶做鬼脸。过了几天，公婆因老家有事需要回去处理，那天接儿子回家的路上，儿子显得特别高兴。“宝宝，什么事这么高兴啊？”我不由得问儿子。

“爷爷奶奶走了，我就高兴了啊.”

我急忙问儿子：“为什么会这么想？”

儿子说：“因为爷爷奶奶惹你不高兴了嘛。”我大吃一惊，想起了那天指责公婆时，儿子也在场。当时，气糊涂了，根本没考虑到公婆的感受和孩子的看法。于是赶忙拉过儿子告诉他：“宝宝不能这么说，爷爷奶奶很爱宝宝的，对吧！”儿子狠狠地点了点头。“小朋友犯错能改正就是好孩子，那么爷爷奶奶也改正了就是好爷爷、好奶奶。我们一起爱他们好吗?”儿子又一次狠狠地点点头，表示认同。我很懊悔当着孩子的面，指责公婆。我知道这是很不礼貌、不尊重的行为，庆幸的是，我及时纠正了自己的不当做法对孩子的影响。否则儿子以后也可能会学着我对老人不敬，那么久而久之，他也就不懂得尊重任何人，而且还会学会顶嘴、指责别人。

的确，溺爱孩子的祖父母辈常常满足孙辈的各种渴望，爷爷奶奶认为如果不这样做，就不能赢得孙子的亲近感。这个时候父母要出面打消长辈的顾虑，告诉他们不必用这种方法来“贿赂”孙子和孙女儿们，一些小的礼物如面具、糖果、气球和风筝、乒乓球拍，就能让他们满意。因此，作为孩子最亲近的人，妈妈应该吸取这样的教训，多跟溺爱孩子的长辈沟通，告诉他们你不希望孩子收到的礼物有哪些。你也可以提供一张“爱心礼物清单”，罗列出孩子希望有，又对他们的成长有利的礼物目录，下一次长辈送东西时就可以“有的放矢”。

切记，不要当着孩子的面指责老人，比如，孩子爱玩游戏机，你可以找个带锁的柜子把游戏机锁起来，在你规定的时间让孩子玩，我就是这么做的，这样既不伤害公婆，孩子也欣然接受。

孩子还小，他们对事情的认识多是来自于妈妈的教导，你的一言一行都将定形于孩子的脑海。俗话说，有什么样的妈妈，就有什么样的孩子。当公婆出错时，你可以告诉孩子不对的地方，但最好事先对公婆给予肯定，并对孩子与公婆的相处给予肯定和支持，要教育孩子尊重长辈。更要发展孩子鉴别是非的能力，不是只告诉孩子要怎么样，而是启发孩子独立思考，自己做决定，应当怎么做。必要时帮助他一把，孩子有偏见时，给予纠正，这就够了。这样做的前提是，让孩子感受到你是帮助他，而不是时时处处在挑他的毛病。让他感到，当他无助的时候，会有人守护在他的身边，给予安全感，更能让孩子能够理解你，并在润物细无声中自然而然地接受你的观点，而不是强迫孩子接受。

公婆的做法和说话固然有的时候是正确的，但是难免会有些不合时宜的老思想和固执的思想在其中。所以，当公婆在讲话时，作为晚辈的你首先一定不能插嘴，即使意见不同，也要等公婆说完了，再以委婉的语气来表达自己的看法。如果他们不同意你的说法，则不要当面争执，更不要当着孩子的面争执。其次，在与公婆沟通时要保持冷静，心中不要存有抵触情绪，要客观地听取他们的意见或建议。所谓“旁观者清”，要将自己置身于旁观者的位子来和长辈进行沟通。最后，如果意见始终不能达成一致，也不要与公婆发生争执，即便可能长辈有错误之处，也应谅解。

在中国这个礼仪之邦，尊敬长辈是理所应当的。而作为晚辈的我们，实在没有什么资格谈论作为一个长辈该怎样处理亲子交流的事情。但是我知道，我的公婆、我们的长辈们活了几十年，很多观念都是根深蒂固，强迫他们去改变也不现实。而作为母亲，我的职责还有教育好下一代，自己的言行都是孩子模仿学习的榜样。如果，你想让你的孩子懂得尊重老人，尊重他人，与人友好地相处，那么，就从自己做起吧！

在餐桌前你要树立榜样

不知道你是不是有这样的感触：当家里来客或带孩子出去做客时，往往孩子在餐桌的表现却不尽如人意，令精心装扮的你颜面大失，恨不得找个没人地方狠狠教训孩子一顿。可是，等回到家或待客人离去，你什么都忘了，然后下一次孩子继续表现不如意，你继续汗颜生气。

其实，之所以发生这种现象，根本原因在于妈妈平时对孩子的教育。要知道，培养一个有礼仪的小朋友，家长的教育是必不可少的。有的妈妈认为，只要孩子在外就餐能做到识大体，在家吃饭随便一点也没有所谓。试问，妈妈平日在家不注重孩子的礼仪，孩子外出吃饭会懂得餐桌礼仪吗？他们可能不知不觉地就会抬起腿来吃饭，或者用手去抓自己爱吃的菜。

记得今年春节的时候我去小姨家做客，由于工作忙等原因，平日里我们很少走动，所以这每年一次的春节聚会就显得格外珍贵。小姨一家人对我的到来表现得很热情，

小姨早早地就和儿媳郭艳开始忙活午餐。说起这个郭艳是真的很能干，一边工作，还一边兼职，一年到头都忙个不停，而且为人很随和热情，不拘小节，属于大大咧咧型的。

郭艳五岁的儿子小旭主要是我小姨照看，这小家伙，长得虎头虎脑，调皮好动，从我进他家门，就没消停过。过一会午饭做好了，一桌子丰盛的美味，香气四溢。在一旁正玩篮球的小旭看见饭做好了，扔掉手中的球，径直跑到饭桌跟前，抓起筷子自顾自地先吃起来。正在摆放碗筷的郭艳对着我不好意思地笑了笑说道："这孩子平时惯坏了，吃饭没个吃相，你不要见怪哟!"

我说："怎么会，小孩子嘛，调皮并非就是坏事。小旭，你是不是应该先洗手再来吃饭呢？刚才玩篮球了啊，篮球上有细菌，洗了手再吃饭，肚子就不会长小虫子了。"小旭听了我的话，愣了一下，果然转身跑去卫生间洗手了，再过来时还特意让我闻闻他的手香不香。

郭艳在一旁说道："奇怪，这孩子还听你的话，平时我们说话他是怎么也听不进去，惯得没一点正形。"果不其然，吃了一会儿，小旭就开始胡闹，拿筷子在这个盘子捅捅，在那个盘子翻翻。原本整洁的饭桌被他搅得一团糟，每盘菜都被弄得面目全非。而且郭艳尽拣好的给小旭碗里放，他吃不了就扔出来。看着郭艳和小姨她们好像已经很习惯孩子的这种行为，我也不便多说什么。饭后小坐了一会儿就起身告辞了。

由此，我想到了一个关于猫鼬和灰鼠的童话故事。洋葱肉汤是猫鼬最喜欢的食物，于是灰鼠就在一次宴请中为猫鼬准备了一大锅洋葱肉汤。猫鼬为朋友的体贴倍感激动，很快喝了三碗肉汤。灰鼠看到朋友这么爱喝，为了让朋友喝个痛快，便不断给猫鼬碗里盛肉汤，盛情之下猫鼬不忍拒绝，最后将整锅肉汤都喝完了。然而，从此之后，猫鼬再也不去灰鼠那里了，因为它对洋葱肉汤已经恐惧到了极点。

即使是再美味的食物，一次食用过量都足以葬送孩子对它的好胃口。很多成年人拒绝食物时常常说："哦，这个我真的无法入口，小时候被妈妈灌怕了!"那么，作为妈妈，在餐桌上照顾孩子饮食方面真应该打起十二分的精神，否则不但会坏掉孩子的胃口，进而破坏掉他的健康，还会不利于孩子餐桌礼仪的培养。因为即使你教得再好，他在无法下咽时，把饭食扔到桌子上或桌子底下都是不文明、不礼貌的行为，这将有损孩子的修养和妈妈的苦心教导。

人的修养是很重要的，而且修养必须经过在日常生活中的练习。从小培养孩子注重餐桌礼仪，关乎孩子的修养的提升。在美国，孩子一般 2 岁开始学习用餐礼仪，4 岁时就学到用餐的所有礼仪。对于餐桌教育，美国一位老师说："文明礼貌对个人事业的成功极有帮助。大的商业交易或爱情往往是从餐桌上开始的。"而英国家庭则素有"把餐桌当成课堂"的传统。从孩子上餐桌的第一天起，家长就开始对其进行“进餐教育”，目的是帮助孩子养成良好的进餐礼仪，培养孩子的气质和修养。

而在我国南方，也素有餐桌礼仪的众多传统。比如起筷有序，就是吃饭的时候要等长辈说“起筷”后，大家也一起说“起筷了”，然后才能动筷；有飞象过河，即筷子只能夹同一碟面向自己的一边的菜，不可乱夹一气；盛饭留荫，就是盛饭至少要添一添，寓意添丁添财添福添寿；留荫就是饭装到碗外，代表会惹是非。吃鱼也很有讲究，不能先吃头或翻鱼身，可以先吃鱼腩或尾或背。还有吃饭时不能摇腿晃肩，不能出声响，更不能用筷子敲打碗边。这些诸多的可以与不可以真是一种良好的传统。试想，如果我们能从小教育孩子学会这些餐桌礼仪，孩子何愁缺乏修养呢？

不是所有的妈妈都是教育家，但至少每一位妈妈要掌握一种适合自己孩子的教育方法。而最有效的方法，就是以身作则，为孩子树立一个良好的学习榜样。因为孩子的模仿力是相当强的，妈妈的言行举止都将在孩子的脑海和心里烙下一个印记，在必要的时候他会仿照妈妈的样子说话做事。如果妈妈每次吃饭前洗手，孩子自然也会洗；如果妈妈吃饭不出声，孩子吃饭的声音也就不会大；如果妈妈在餐桌上彬彬有礼，小口吃菜，不抢不占，孩子自然也不会。

当然，这只是餐桌上要注意的一部分细节。妈妈还需要从很多地方去规范孩子用餐时的行为举止。比如，和家人一起吃饭时，让孩子饭前帮你摆放碗筷、端菜端饭，然后等长辈入座后才能开饭。告诉孩子，入座时应让长辈或者客人先入席，待其入座以后，自己再坐，而且要轻坐，尽量不要让椅子或者凳子发出与地面摩擦的声音。用餐时要讲究卫生，如果觉得要打喷嚏了，头应该转向后方，用餐巾捂着。夹菜的时候一次不宜挟得太多，把自己碗、碟里的吃完，再去取菜。更不要用筷子在菜里搅动，寻找自己想要吃的部分等等。

我们每天的生活都不开餐桌，而餐桌也是家人宾朋相聚的必定之地。可以说，餐桌是展示一个文明与修养的绝好地方。作为妈妈，或许曾为没时间教育孩子而苦恼过，那么何不把“餐桌”当成一个教育孩子的契机，从自己做起为孩子树立榜样，让孩子学会文明、礼貌、卫生。这样的孩子无论走到哪里，都是一个人见人爱的“小绅士”。

上班再苦也不能在孩子面前抱怨

上班族妈妈即要应对公司工作，又要兼顾家务琐事，还要肩负起教育孩子的重任，因此时常会忙得焦头烂额。人的能力和精力都是有限的，如果长时间负担超出自己体力和能力范围的事务，难免会引发烦躁情绪。说来也是，当身心俱疲之时却仍有堆积如山的事务等着她去处理，任谁都会感到烦躁不堪，倘若有人面对这种情况依然能够笑靥如花，那她肯定有些不正常。

尽管如此，但我们最好还是不要在孩子面前大发脾气，抱怨不

休，或显露出自己暴躁的一面。一般情况下，坏事往往会比好事给人留下的印象更为深刻，尤其是成长中的孩子，他们的特性是只会记住刺激性强烈或自己印象颇深的东西。即使你只在孩子面前发过一次脾气或牢骚，在孩子印象中你也是一位情绪烦躁、充满抱怨的母亲，而那种亲切、温柔的形象将荡然无存。

特别是年龄尚小的孩子，他们在思考问题时主要以自我为中心，无法考虑到周边环境因素。他们并不能了解妈妈在外面工作的辛苦，妈妈的抱怨并不是因为不爱自己才发的，更不会想到妈妈也是需要休息和“再充电”的。他们只会认为妈妈发脾气、抱怨是讨厌自己的表现，甚至还会悲观地认为自己毫无用处可言，由此而产生消极颓废的情绪。

说到这里，我不由得想起前不久一位来向我咨询的妈妈，她三十岁左右，是一个八岁孩子的母亲，给我的第一感觉是她整个人很疲惫。她告诉我说，她和孩子之间的沟通最近出了问题。我倒了杯水递给她，让她说清楚事情的原委。

“我工作很忙，特别今年以来公司开发新项目，我们常常加班加点，就这样还是很难赶上领导要求的进度，压力很大。和女儿之间的接触也越来越少，常常我早上起床时，女儿已经去学校了，晚上回家她已经睡了。就是周末我也要家里加班，真的很烦，所以对孩子没有多少耐心。我也

知道这样对孩子不公平，可她要过来烦我，我就忍不住对她发脾气。”

“能说说你是怎样发脾气的吗?”

“有一次，我下班回家正在沙发上休息。女儿拿过作业本过来让我看她做的对不对，我大概看了一下就让她继续做作业去。可过了一会儿，女儿又跑过来让我看她获得老师表扬的绘画作品。当时我真的想静静休息一下，被女儿这一搅和，火气一下子就上来了，冲着女儿大喊‘你这孩子怎么一点不懂事，妈妈一天工作忙得都快累死了，回来休息一下你还要打扰。你怎么就不能体谅体谅妈妈的难处?’当时，孩子满眼含泪，低着头走开了。”她说其实她不止一次地向女儿发火抱怨，现在女儿见了她如躲瘟神一般，有时她心情好的时候想亲近孩子，可女儿却向陌生人一样看着她，眼神里的幽怨和委屈令她不寒而战。

其实，很多上班族妈妈都有过类似的经历和感触。因为工作难免会有压力，对于同时又要兼顾家庭的上班族妈妈来说，压力之类是可想而知的。而一些上班族妈妈的性格比较极端，对事物的看法也比较偏激，往往会在孩子面前无所避讳地发表过激的言论。心理专家认为，家长过激的言语和情绪会让孩子的心理也往偏激的方向转化，会对孩子的性格塑造和心理发育产生不良影响。

只要反过来想想，父母是孩子的最大靠山，妈妈是孩子最亲近

的人，你对生活的态度直接影响孩子的生活安全感和成长信心。妈妈经常在孩子面前抱怨生活，或者经常表露颓废的情绪，会使孩子过早接触到社会或生活方面的压力，会让孩子心理产生不安全感，对生活怀疑或颓废的生活态度可能会因此伴随孩子的成长，会让孩子身心过早受到不该承受的压力。因而，特别需要提醒上班族妈妈们，无论你暂时遇到多大的困难和挫折，为了孩子的健康发育，请一定不要在孩子面前抱怨生活和工作或表露颓废的情绪。

倘若工作真的非常苦非常累，妈妈可以将自身状态如实地讲给孩子听，告诉他自己为什么会不高兴，告诉他自己也需要休息，并尝试取得孩子的谅解。如此一来孩子便会知道，妈妈发脾气、抱怨并不是因为讨厌自己，同时也会令他学会怎样去理解、体谅妈妈。

但需要注意，无论处于何种情况下均不能使孩子对妈妈的工作产生反感。出于本能，孩子们都不希望妈妈离开自己，因此他们会认为妈妈之所以不能和自己在一起，之所以会发脾气、抱怨，都是因为妈妈需要去工作。所以，妈妈在上下班时，一定要始终保持微笑，令孩子感到上班对于妈妈而言是一件非常高兴的事情，换句话说，就是要让孩子认同你的“上班族妈妈”形象。如果有可能，也可以将孩子带到公司，让他充分了解妈妈的工作性质，告诉他妈妈的劳动对于社会及家庭而言，其意义何等重要，使孩子自内心之中对妈妈的行为产生出敬佩之情。

孩子的性格往往在潜移默化之中受父母的影响，如果想让自己的孩子更加优秀，作为妈妈，首先就应先学会控制自己的情绪，以身作则，让孩子在充满微笑和幸福的环境中健康地成长。孩子成长的一点一滴都将是一份喜悦，那么，再苦再累，于上班族妈妈来说都是值得的。

教育孩子尊重你的隐私

经常有妈妈责怪孩子乱翻自己的东西，进父母的卧室不知道敲门，或者看妈妈换内衣而不知回避。但是你想过没有，你自己是否也常常翻动孩子的东西？是否也常在进入孩子卧室时忘记了敲门？是否当孩子换衣服或洗澡时你也随意进入？妈妈总是责怪孩子不愿意听大人讲话，可你是否自省过，你认真倾听过孩子说话吗？

曾经有一位中学生告诉我，他们班几乎每人手里都有一本带锁的日记本，目的是为了防范父母翻看日记。孩子向最亲的父母锁住自己，这一颇为残酷的现象令人深思。孩子之所以给日记上锁，是因为父母不能尊重他们的隐私，而父母则自有一番道理，因为他们实在不了解应当怎样教育自己的孩子。这其中的问题就出在如何互相了解上。父母与孩子虽然有着与生俱来的亲情，但毕竟相差几十岁，彼此之间有天然的“代沟”，靠真诚赢得孩子的信任，是跟孩子做朋友唯一的途径。

后来，我告诉那位中学生，让他在日记本第一页写上：“偷看别人的日记是不道德的行为。”然后把这一页打开，放在桌上。这样一来，爸爸妈妈以后就不会再看了。作为母亲，我很了解做家长的心情。他们一天忙到晚，哪里有工夫去看孩子的东西。只是因为孩子一味地藏着、躲着、锁着，才使他们产生了好奇心，甚至犯了疑心，以为孩子有什么事在瞒着大人，于是，就采取了许多“侦破”手段，却不自觉地触犯了孩子的“隐私权”。在家长看来，这都是些小事。“连孩子的生命都是我给的，何况一本日记、一封信?”可对孩子来说，家长的这些行为，都是对他们的不信任、不尊重，伤害了他们的自尊心。

说到这里，我们还有什么理由去指责孩子？每个人都有隐私，我们也希望孩子尊重自己的隐私，而懂得尊重别人的隐私是一种起码的道德修养。那么对于少有时间照顾孩子的上班族妈妈们来说该怎么做呢？我想，首先就是你得学会尊重孩子的隐私，只有尊重孩子的妈妈才能教出尊重自己和他人的孩子。

《创世记》里记载，神在伊甸园外，尽管他明确知道亚当在哪里，但在进园之前，一定会先喊：“你在哪里啊?”这个典故精辟地阐明了禁止惊扰别人的道理。尊重他人隐私是犹太教相当重视的个人价值。先哲教导我们：“绝不要突然闯进朋友家。”由于把不要惊扰他人看得这么重要，我们甚至在回自己家时还要敲门呢！

孩子很小的时候妈妈大多不放心孩子单独睡觉，这也是正解的做法。你不妨让卧室成为一个圣地，孩子没有敲门且得到答应，就不允许进入。他们应该学会把玩具摆在自己的房间，他们应该学会当你在打电话时不要打扰。假使你开始相信保护自己隐私是值得的，

并相信教会子女尊重他人应该使你投入时间和精力的话，那么他们也会学会这一点的。

教会孩子尊重你的隐私，不单单是尊重你自己，对孩子也是一种保护。一个不懂得尊重别人隐私的人，往往会把别人置于难堪的境地，从而处处给自己树敌，对孩子以后的人际交往和自身发展都是十分不利的。

懂得尊重他人的隐私体现了一个人的修养和内涵，也是一个人成长成熟的标志。因此，妈妈应该教育孩子从尊重家长的隐私做起，培养尊重别人隐私、保护自己隐私的意识，这对于孩子的一生来说，是极其有益的。

敢于向孩子承认错误

作为上班族妈妈，你一边工作一边照顾家庭，确实令人敬佩，但是没有完美的人，每个人总有犯错的时候，而这一点正是家教中最为致命的薄弱点。或许很多上班族妈妈都有这样的体验，孩子做错事了，在我们教育他的时候，一些倔强的孩子常喜欢顶嘴，顶嘴的内容不外乎“谁谁也是这样做”之类，而最厉害的顶嘴“武器”是孩子举出某年某月某日作为家长的你也犯过类似错误的例子，话一抖出来，立刻使你陷入尴尬、被动的局面。

此时，有些妈妈可以坦承缺点，教育转向“批评与自我批评”，不但可以使自己在孩子心中威信不受影响，同时还给孩子树立了“知错能改，善莫大焉”的良好榜样。而有些妈妈则会恼羞成怒，甚至是“该出手时就出手”了。这样做不仅使教育适得其反，而且容易激起孩子的逆反心理，那可就“大事不妙”了。一些表面上“顺”的孩子嘴上虽然不说，心里也许顶撞得更厉害。

生活中，有不少家长总认为自己是一家之主，需要保持自己的形象与威信，他们认为向孩子认错、道歉会失面子、失权威，因此不愿意在孩子面前承认自己的缺点和错误。其实，这种担忧完全是多余的，毕竟一个人在生活中不可能不犯错误，不可能没有缺点。如果我们对自己的缺点或者错误讳莫如深，刻意地将自己打扮成完美的化身，我们的光辉形象必将对孩子的未来产生严重的误导。妈妈在孩子面前隐瞒错误会让孩子产生误解，认为妈妈都可以隐瞒错误，自己也可以这么做，这对孩子的成长和一生的发展都将产生负面影响。

有一位孩子已经上中学的妈妈曾告诉我，之前儿子和她关系一直很好。可是在一次儿子考试没及格她一怒之下打了儿子一巴掌之后，母子关系日渐变淡。从那以后，儿子开始有意回避与她交谈，被逼急了就编瞎话来骗她。她非常郁闷：孩子怎么一点都不理解当父母的呢？

后来，一次帮儿子整理文具时，她无意中看到儿子的一篇作文，其中有句话：妈妈不能理解我，我打算从此关闭心灵的窗。这句话让她彻底震惊了，她开始反思自己，并主动向儿子承认了错误。当儿子再次拿试卷给她看时，她不再关注成绩，而是和儿子一起分析其中的错误。现在母子亲昵得胜过以前，一片亲情融融。

总之，妈妈希望孩子怎么做，首先你自己就得那么做。如果你因为误解而责骂了孩子，事后弄明白真相觉得后悔，但又放不下面子来向孩子道歉并心存幻想：孩子还小，事情也已过去好几天了，可能他早就不记得了。那么，在这里可要奉劝你，最好不要把孩子当傻瓜。他也许一辈子都记得父母曾经怎样错怪了他，而且是那样蛮不讲理。我想你一定不愿意留给孩子这样的记忆吧？而且，尤其是在错误很明显的时候，你的掩饰、搪塞或者置之不理，都会让孩子觉得你很虚伪，不够大度，也会降低孩子对你的信任度。

更为严重的，家长如果从不向孩子承认自己的过错、失误，孩子就会产生“父母永远正确但实则老是出错”的观念。久而久之，孩子也会将家长正确的教诲置之脑后。而如果家长在对孩子做错事后，能坦诚、郑重地向孩子认错、道歉，孩子就会懂得承认错误并不是一件可耻的事，同时提高他分辨是非的能力，尝到原谅别人的甜味。

因此，妈妈的潜意识里一定要抛开“向孩子道歉是丢脸的事”的想法。在孩子面前，你并不需要做个十全十美的人，事实上也不可能有十全十美的人。犯了错误勇于承认并立即道歉，是一个人有良好教养的体现。而且你千万不要低估孩子的智商，是非对错，孩子心里是很清楚的。如果你勇于承认过失，孩子只会更加信任和尊重你，而不是看轻你，反而是那些有了错还拼命掩饰的妈妈令孩子觉得反感。

其实孩子的心非常宽容，妈妈错怪了他，只要说一句“对不起”，只要有一颗尊重孩子的心，甚至都不需要过多的解释。以平等的态度向孩子道歉，这是爱孩子的一种表现，相信孩子也一定能体会得到。

所以，上班族妈妈要实施身教首先得管好自己，改掉一些毛病；一时改不了，也得善于掩饰，尽可能不在孩子面前犯错。当然，妈妈在家庭教育中出现过失、错误也是在所难免的。我们理当采取明智之举，勇于向孩子承认错误，定会让孩子笑逐颜开。而且妈妈的这种行为会为孩子树立榜样，当孩子有错误时也会主动承认错误，主动道歉。妈妈勇于向孩子认错，是一种无形的人格力量，能影响孩子一生一世。

工作中你精明能干，面对孩子你光明磊落，这才是一位优秀的妈妈。如果觉察到自己错了，那么就请及时向孩子说声“对不起”，简单的三个字可以换来你意想不到的收获。

说话算话，对孩子一诺千金

“妈妈，我把作业做完了！你说我做完作业就带我去公园坐碰碰车的，我们什么时候去呀！”孩子高兴地跑到你跟前问道。你一脸无所谓地说道：“下周末再去吧，妈妈好不容易洗完了衣服，让妈妈歇息一天吧，明天还要上班呢！”

于是，在你看似商量实则肯定的语气下，孩子失望地走开了。等到了下个周末你早把这事抛到脑后了，孩子再次失望。

其实，在现实中，一些妈妈为了调动孩子的学习积极性，或为了求得孩子的一时听话，按自己意愿去做，常常给孩子许下这样那样的承诺，比如，“考了第一名，奖励你一台电脑”，“评上了三好学生，暑假领你去爬长城”等等，然而，往往到头来却又不兑现。但是你有没有想过，你一而再，再而三地失信于孩子，他还会不会再把你说的话当回事呢？而你又是否想过，你言而无信的行为会给孩子造成什么影响？

说话算话是一种诚信，在倡导诚信育人的今天，我们常常将曾子杀猪的故事挂在嘴边津津乐道，尤其是面对孩子的时候。你的言而无信是有悖于中国人的传统美德，这对孩子诚实品质的养成是十分不利的。妈妈作为孩子第一个也是最亲近的老师，你的一言一行都对孩子有着很大的影响。如果妈妈说话不算数，孩子也会跟着学，久而久之，你的孩子就会变成一个不诚实的孩子。

说得严重些，对孩子说话不算数，实际是对孩子说谎话。试想，一个被孩子认为是说谎的人，在孩子心目中的威信能有多高呢？另外，这种做法终究也是不能调动孩子的积极性的。或许这种做法能暂时哄得孩子高兴，但是，一旦孩子发现你没有兑现许诺时，那么孩子被你空许诺所调动起来的积极性就会丧失殆尽。

英国作家萨克雷曾经说过这样一句话："播种行为，可以收获习惯；播种习惯，可以收获性格；播种性格，可以收获命运。"孩子的父母便是在孩子诚信人生中播种的人。诚信不仅是一个人的立身之本，一个不讲信用的人，难以在社会上立足。所以人生在世，信用为重，不仅对外人如此，对自已家的人也应该如此。诚信体现了一个人的良好品德，也是一个人的人格魅力所在。

但是值得注意的是，对孩子许诺一定要把握个度。就是不要轻许难以实现或者太大太远的愿望。

想起了一部电视《富爸爸和穷爸爸》，剧中的富爸爸为帮助儿子克服粗心大意的毛病，许诺儿子："如果你能考出一个好成绩，我就奖你一辆宝马车。"

考试时儿子特别认真细心，果然考了个好成绩。富爸爸为鼓励儿子而兑现了自己先前许过的诺言。但是这样一来，他的儿子从此只为奖励而学习，并且做任何事都要讲条件，使富爸爸更加恐慌起来。

当然，这位富爸爸可以毫无疑问地被称为“当代曾子”，说话算话，对孩子一诺千金。然而，在我看来，这位爸爸的奖励对孩子来说太重了，这样的奖励对教育孩子往往产生严重的负面影响。

“君子一言，驷马难追”的豪情当然美不可言，“一诺千金”的诚意固然可敬，但是妈妈一定要注意：千万别在为自己实现诺言而沾沾自喜的同时使孩子前进的步伐放慢。要知道，给孩子买宝马的奖励不一定有价值，而带孩子徒步爬山的奖励不一定没有价值，关键要看奖励给孩子能带来多大的正面作用。给孩子的许诺应该是切合实际的，给孩子的奖励也应该是点滴的、渐进的，就像高高低低长在树上的苹果。只有孩子跳到一定的高度才会得到相应的苹果，慢慢地、渐渐地，总有一天他会采到最高、最大、最美的那颗成功之果。

因此，在家庭生活中，上班族妈妈要慎重地对待许诺。一般情况下，不要轻易对孩子许诺，不要用空许愿、开空头支票的办法来调动孩子的积极性，求得问题的暂时解决。如果因特殊原因或自己的一时冲动，对孩子许下了愿，那么就一定要兑现。对于一时不能兑现的，要向孩子解释清楚不能兑现的原因，取得孩子的理解与信任，并约定兑现的时间。妈妈如果遵守诺言，那么自己的孩子才能学会守信。

同时要提醒孩子对诺言的责任，许诺前要三思，并且及时提醒

孩子兑现诺言。同时也不可因为被许诺的人似乎也不在意，就对自己的诺言放任自流。如果多次这样的话，孩子就会认为不守信也不会有什么不良后果，就会轻视诺言。

一个人的人品是通过他的言行体现出来的。说话算话的人，让人觉得靠得住，信得过，说话不当回事，说了就忘了，不去兑现的人，就让人不敢信任，不放心。人活在世上，必然要同周围的人打交道，而人与人之间的关系与友情，是需要信用来维系的。古往今来，人们痛恨尔虞我诈、轻诺寡信的行为，崇尚言必信，行必果，一言既出驷马难追，说话算话的君子作风。只有恪守信用的人，才有可能交到知心的朋友。

其实，妈妈教给孩子诚信，实际上也就是在教孩子如何做人。孩子是单纯的，也是易受其他因素影响的，特别是朝夕相处的家长。所以，孩子是否诚信，与父母的教育有直接的关系。如果你希望孩子日后能够诚实守信，那么，你就要以身作则，说话算话，对孩子一诺千金。

第九章　用鼓励代替惩罚

教育孩子请多伸“拇指”

每一个上班的妈妈都会有同事，在平常的工作当中，也总有同事因工作出色而得到上级的奖励。每到这时候，我们都会给同事鼓掌、伸出大拇指以示礼仪。由此一来，同事也会由衷地感到高兴，并在以后的工作中帮助我们，与我们更好地合作，只因，我们懂得尊重同事的劳动成果。在我们教育孩子的过程中，在面对孩子一点一滴的成长时，我相信，每个妈妈都会不时地伸出拇指，这是对孩子成长的一种肯定，也是一种鼓励。孩子得到妈妈的肯定和鼓励之后，会更加自信，更加努力地探索未来，更重要的是使我们和孩子之间的亲子关系，变得更加亲近和温暖。

可见，对他人多伸拇指，不但能够提升自己在他人心中的地位，也有利于彼此建立良好的人际交往。那么，作为妈妈，我们是不是从小要教育孩子多伸“拇指”，让孩子从小就养成尊重别人的习惯呢？回答是肯定的，因为学会尊重别人，才能赢得别人的尊重。这会让你的孩子受益匪浅。

上班的妈妈在单位里会学到许多为人处世的道理，在同事成功的时候对他伸出一次“拇指”，那时候无声胜有声，一个动作就可以让人对你另眼相待，也会让自己在单位的人事里，混得如鱼得水。而如果想让孩子以后走得更稳，飞得更高，那我们就必须从小培养孩子养成尊重别人的习惯，让孩子在小时候就有一种优越于同龄人的心理素质，那么，教育孩子多伸“拇指”就是一个很简便的捷径。

苏佳是一家企划公司的组长，进入公司之前，她就已经结婚了，为了工作，她和丈夫选择晚几年生育。然而，身为女人都会有母性，都想有自己的宝宝，特别是看到同事每天下班后都有孩子陪着，苏佳最终没有忍住压在自己心底的冲动，于是，四年前她和丈夫有了一个孩子。

苏佳是个工作狂，她的职业让她的大脑要像天线一样灵敏，要时刻保持在工作状态。为能在工作的同时照顾好孩子，苏佳想了一个两全其美的办法：那就是提高孩子的自主性。至于怎样做，苏佳还不是很清楚，她只是开始尝试从小事情做起，对孩子的每一次进步都给予肯定，然后教孩子懂得其中的道理。

因为企划公司的淘汰率是全行业内最高的，要想在公司里长盛不衰，就一定要搞好人事关系，每次公司召开员工嘉奖会议的时候，苏佳总会用最热烈的掌声给同事一种肯定，并对着同事伸出大拇指。当苏佳再次参加员工嘉奖会议的时候，她突然想："如果多教育孩子伸'拇指'，会有什么效果？"于是苏佳从此以后每次孩子做完事情就会伸出拇指夸孩子一番，孩子受到肯定以后，总会主动地为妈妈做一些事情。如果，最近，每当苏佳下班回到家时，孩子就会拿一双拖鞋让她换上，然后对她说："妈妈，您上班辛苦了，洗洗脚吧。"现在孩子变得越来越懂事。后来，在班级里民主选班长的时候，苏佳的孩子全票通过。连老师也说，苏佳的孩子是他见过的最懂事、最赢得同学肯定的孩子。

孩子的表现，无不让苏佳的同事和邻居羡慕不已，纷纷问她是怎么教育孩子的。这个时候，苏佳总会说："其实也没什么，我只是教会他对别人多伸一下拇指。"

其实，人都是爱慕虚荣的动物，都希望让别人看到自己的优点，而不想让别人对着自己的缺点，说三道四。特别是成长中的孩子，他弱小的心灵是非常渴望我们成人的肯定。回想，孩子成长的片段，我们的脑海中总有这样的场景："妈妈，我把作业做完了！""妈妈，你知道吗？今天老师夸我是个好孩子呢！""妈妈，今天我自己洗衣服了！"……遗憾的是，很多时候，我们总是吝啬自己的"拇指"，不愿意轻易伸出，就像不愿意对陌生人轻易点头一样。我们总是习惯地对孩子的这些话一笑置之，不曾想，这样的一笑置之，正是我

们对孩子内心深处希望得到肯定的冷漠，同时也忽略了孩子渴望成长的微妙心理。

而这还不是最严重的，通常，很多妈妈还喜欢拿自己的孩子和别人家的孩子相比，因为每一个妈妈都希望自己的孩子比别的小孩优秀。但是我们只注重了结果，却根本没有想到，自己教育孩子的过程的过失和不当。其实，孩子希望得到的仅仅是妈妈的肯定，再多也只是几句鼓励他的话语。因此，当孩子满怀喜悦地告诉妈妈他完成的某些事时，我们只需要对孩子伸出赞扬的拇指，就能赢得孩子对我们的感动。对孩子多伸拇指，会让他获得小小的满足，不仅能从侧面激发孩子的潜力，还会让孩子养成一生中不可或缺的习惯——从小学会肯定和尊重别人。这是每个孩子，走向成功之路的第一步。

不可否认，与专职妈妈相比，上班妈妈难免很少有精力和时间去观察孩子细微的生活，因为我们不可能像专职妈妈一样把注意力一直放在孩子的身上。所以，我们就需要从更加微不足道的小动作里，教给孩子一些更深的道理。比如多伸"拇指"，不管孩子做对了还是做错了，我们都要适时给予他一种肯定。很辛苦地做完一件事后，没有人想要得到的是惩罚，我们都希望让别人看到自己的亮点，孩子也不例外。

如果要想让孩子更加优秀出色，我们需要做的，仅仅是对孩子多伸一下拇指；如果我们教育孩子多伸一下"拇指"，那么他会友者四方，因为"举手之劳"往往会赢得一生的尊重。这样，孩子以后

的人生路途也更加平坦。

改善，而不是完美

俗话说："金无赤金，人无完人。"世界上没有完美的人，每个人都有自己的优点与缺点，上班的妈妈亦没有神通广大的本领让孩子一下子变得完美，在成长过程中孩子会养成很多小毛病，怎么让孩子纠正自己的问题进而趋于完美一直是上班妈妈萦绕于心的苦病。

我们一直在想办法让自己的孩子改掉他所有的坏习惯，但是收效甚微，其实换个角度，我们谁敢保证自己就是一个完美的妈妈？没有人。所以我们不可能一下子让孩子变得完美，而我们可以让自己的孩子更加的追求完美，我们只需要帮助孩子改善他一些不良的习惯就能让他们趋于完美。

孩子在小的时候，根本就没有那种认为自己有缺点的意识，认识不到他们性格中有缺陷的一面，在他们的内心深处总是感觉他们要做的事情是理所当然的，根本不会花费时间去想做一件事的后果，这是我们这些上班的妈妈没有的东西，也是孩子天真可爱的地方。

比如孩子已经五岁了还喜欢把手指放进嘴里吮吸，这时候我们就要让他学学不乱把东西放进嘴里的小伙伴，让他自己认识到自己的错误；或者孩子在家里总喜欢站在电视机前面抱着电视看，我们就要告诉孩子那样会落下严重的眼疾，会对他以后的生活造成多大的困扰。当孩子已经有坏毛病的苗头时，上班的妈妈要做的不是拿着“灭火器”去灭火，更不是对着孩子大发脾气，而是应该想办法帮助孩子控制好火候。

刘婧的孩子小辉非常懂事，从不在外面惹是生非，妈妈忙的时候也不会央求妈妈陪他玩耍，基本上所有的人都喜欢这个安静的小男孩，可小辉有一个最大的缺点那就是见了生人不爱说话。刘婧是在政府机关工作，和孩子在一起的时间很少，怕自己不常在孩子身边时他再养成一些不良习惯，所以刘婧就对小辉管得比较严，每当自己和老公去上班的时候，刘婧就把小辉送到他姥姥家，下了班再去接他。

因为刘婧在机关工作，所以会有很多上门求事的老乡或者同事，这些人一进家门总会对小辉称赞一番，小辉只是看他们一眼笑笑然后接着干他自己的事情，如果是熟人的话就会一笑置之，如果是第一次来难免就会感觉尴尬。在机关工作的人第一就是要学会和陌生人主动产生一些交际，作为机关里边工作的佼佼者，刘婧更希望自己的孩子能青出于蓝而胜于蓝，可是小辉的表现让刘婧心变得有点凉。有时候会对孩子发些脾气让他改正，刚开始的时候小辉还会多说几句话，没过几天就会又像以前一样在生人面前沉默不语。刘婧以为孩子不爱说话是心理问题就领着小辉去看心理医生，希望心理医生可以治好孩子的这个毛病。

当刘婧对心理医生说完小辉的问题后，心理医生告诉刘婧："孩子在心理上没有病，很多上班妈妈的工作忙没有时间照顾孩子，当你们发现自己孩子的缺点时不是打就是骂最后反而适得其反，要知道每个人都有缺点，做妈妈的不能因为孩子的一些缺点就放弃培养孩子那一方面的能力，小辉的情况还是好的，只是不爱说话，幸亏你发现得早也没有对孩子有过分的要求，要不然孩子以后还真的有可能会患上自闭症。"

心理医生的话让刘静暗自庆幸，仔细想想感觉自己给孩子的空间确实很小，于是刘婧以后就放宽了对小辉的约束，让他多有时间去外面和小朋友玩耍，还帮小辉报名参加了一个培养小孩子说话能力的夏令营，慢慢地刘婧发现小辉的笑脸变得多了，每次回家还会告诉刘婧一些他和小伙伴们有趣的事情，并且话也慢慢地多了起来，在生人面前也不再那么腼腆了。

有一次刘婧和小辉去街上散步，小辉指着前面也在散步的身影说："妈妈，你快看，那不是张阿姨吗。"还没有等刘婧反应过来，小辉就已经跑到人家旁边主动和人家搭讪起来，刘婧看着自己的孩子奶声奶气地和大人交流，自己也会心地笑了，心想：自己的苦心总算没有白费啊！自从小辉变得爱说话以来，所有人都对他更加宠爱。

孩子的成长离不开妈妈的监护，孩子的能力离不开妈妈的培养，上班族妈妈不能因为孩子某一方面的能力有一些缺点就放弃培养孩子那一方面的能力。看看刘婧，当她发现自己孩子不爱说话的缺点时，她不是对孩子发脾气，不是打也不是骂，而是想办法帮助孩子努力改掉这个不好的习惯，甚至还领着孩子去看心理医生，最后帮助孩子克服了不爱说话的缺点，让孩子从小就有了和陌生人交谈的能力。

每一个妈妈都希望自己有一个完美的孩子，可是我们不能完全统一地支配生活与工作，所以我们就有可能严格地要求自己的孩子达到我们预想中的完美，不想让孩子有任何不良的习惯，可是世界上出现了“完美”这个词语，但是还没有出现过完美的人。如果上班的妈妈真为孩子的不良习惯努力地帮他改善过，那不完美也是一种完美。

着眼于优点而不是缺点

经常有妈妈问我：我的孩子有这样那样的缺点怎么办？甚至，有的妈妈不打绊子地说出孩子的一堆缺点，仿佛她面对的是一个“问题孩子”。每当遇到这样的问题，我通常会画一张图给她看：一个圆，当中画上一根弯曲的线条，有点像太极图。比较大的一边，画上加号，比较小的一边则画上减号。加号代表优点、优势；减号

代表缺点或弱势。这时，就会发现一个很有趣的规律——你的注意力在哪里，哪里就有成长！

也就是说，如果你的注意力一直关注着孩子优秀的部分，这个部分就会因为得到滋养而放大，同时，那被画上减号的部分就会自动缩小。但这绝不是说孩子的缺点不需要纠正，而是你注意力的焦点一定要放对地方。

每个人都有优点和缺点，这也是我们常挂嘴边的话。但现实中，我们却常常听到这样的声音："我儿子学习很动脑筋，思路灵活，但是太好动了，写字总是出格……""我家孩子倒是挺乖巧，但是有些不合群……"孩子听到这里，心也凉了。其实，你只需要把"但是"改为"而且"就可以了，比如说："儿子学习很动脑筋，思想灵活，而且只要他继续用功，写字端端正正，下学期一定进步更大!"把"但是"改为"而且"，给孩子带来的感受完全不同，他仿佛一下子被注入了力量。这样的表达才是真正的激励，也是孩子成长的动力。

因为，人只有知道自己的优点在哪里，才会有足够的动力前进。妈妈完全接纳孩子，才能给孩子营造健康的成长环境；而孩子必须对自己感觉良好，有足够的自信，才拥有成长的真正动力。更何况，到底什么是孩子的缺点呢？有时候，很多在妈妈眼里所谓的"缺点"，根本就是孩子成长过程中的正常表现，甚至就是孩子的天性。

如果妈妈能着眼于孩子的优点加以培养，而不是抓着孩子的缺点不放，孩子就会充分发挥他的长处趋于完美。只有因材施教，才能让孩子的人生升值。

王娟是IT行业里的佼佼者，拥有良好的口碑并且弹得一手好钢琴。唯一让她感觉遗憾的就是孩子小琪没有一点音乐细胞，不喜欢钢琴，而是总喜欢拿着一支笔在家里的墙上乱涂乱画，把家里的墙壁弄得是乱七八糟。王娟是一个喜欢干净的人，每见孩子在墙上乱涂乱画就会吵他。但是小琪根本不听，有时还赌气不吃饭，以此来和妈妈抗争。

因为工作忙，王娟准备把小琪送到了离家里最近的一个钢琴兴趣班学习。但是小琪表示不想学钢琴，只想画画，而王娟就当没听见，坚持把小琪送去学钢琴了。谁知道没过几天，老师亲自把孩子送了回来，“你们的孩子不适合学习钢琴，我们发现他更适合学画画。每次学钢琴的时候，其他的孩子都在认真练习，只有你家的孩子是坐在凳子上拿着笔在钢琴上画画。我们认为您应该把他送到学习画画的地方，孩子的兴趣最重要，不要把孩子逼得主动放弃他的天赋。”

王娟听了辅导班老师的话以后，认真地思考了一番。最后，她给他买了一些专门的画画工具，并把他送到了绘画班接受专业的学习。以后的日子，小琪再也没有在墙上涂抹过，而是经常抱着画板练习新学的画画技巧，并且和王娟的关系也不像以那么僵，也变得听话了，甚至还主动教起妈妈画画。从此以后，王娟的家里总是被欢声笑语充

斥着，而绘画班的老师经常对王娟夸小琪是个很有绘画天赋的孩子。没过多长时间，小琪的老师给他报名参加了一次市里的少儿绘画比赛，最后小琪获得了一等奖。

听王娟说，前不久小琪送给她一幅画，内容是：一轮太阳照耀着一片绿地，在绿地上坐着三个人：爸爸，妈妈和一个小孩，一家人在阳光下幸福地依偎着，还有一个笑脸的特写，那是小琪。画的最底部是小琪的署名和一行字：献给我最喜爱的妈妈。

生活中，总有很多妈妈逼着自己的孩子去学钢琴、跳舞、唱歌、画画，而根本就没想过孩子对什么有兴趣，讨厌做什么，孩子的优势在哪里？每个妈妈都希望把孩子培养成为全才，即使孩子不喜欢也会一股脑地塞给他。殊不知，多才多艺只是相对而言，没有人会在三百六十行里行行都能做状元。当然，妈妈做这些事情的初衷是好的，只是忽略了孩子内心的想法和孩子的优点。正所谓“补短”，不如“取长”，这些做法很容易弥盖住孩子对未知事物的探索心，即使他原本是个天才，最后也可能会归于平庸。

缺点是每个人与生俱来的东西，没有人敢说自己是完美的。世界上有很多成功的人士，我们一直认为他们很完美，其实他们只是充分发扬了他们的长处，用长处弥补了自己的不足。于是，他们在我们眼中就变得完美。所以，妈妈想要让自己的孩子在人生这条路上一帆风顺，就要着眼于孩子的优点，而不是紧盯着孩子的缺点无限制地扩大。

其实，作为上班妈妈，也许你不能全天候地陪伴在孩子身边，但只要你稍微注意一下孩子的行为动作，就能发现孩子的优点和心里的需求。要知道，每个人与生俱来的不只是缺点，还有等待着发掘的优点，着眼于孩子的优点培养，就能让孩子从小明白怎么扬长避短，也能够让孩子的潜力得以挖掘。也许，下一个成功者就将在你的手中诞生。

将不良行为转向积极的方面

成长中的孩子身上总会有或多或少的不良行为，例如：孩子调皮、喜欢上网、喜欢看电视、喜欢看闲杂书、贪玩等等，很多因为工作而很少有时间教育孩子的上班妈妈为此苦恼。我也经常听到许多妈妈对如何培养孩子良好的行为习惯，矫正不良的行为习惯而大伤脑筋。

俗话说“水至清则无鱼，人至察则无徒”，其实，上班妈妈也不应该要求自己的孩子凡事都做得十全十美，对孩子的不良行为应该以一颗平常心来看待。但保持平常心的同时，不能对孩子的不良行为视而不见听而不闻，应该想尽一切办法帮助孩子矫正不良行为，并且尽可能将孩子的不良行为向积极方面转化。这样就可能使孩子把缺点与不足转化为优点与长处，起到化腐朽为神奇的作用。

当然，对于孩子的不良行为应该具体问题具体分析。妈妈可以帮助孩子分析孩子身上有哪些不良行为、形成这些不良行为的原因是什么、这些不良行为会带来什么样的不良后果、应该如何克服或转化这些不良行为。

作为上班族妈妈，不管你有多忙，都不应该忽视对孩子的教育。教育就是培养孩子良好的习惯，有良好的习惯，孩子才会拥有良好的人生。而只有正确认识了孩子的不良行为，才能帮助孩子有针对性地去改正这些不良行为。这样"对症下药、量体裁衣"不但节省了时间、提高了效率，也能使孩子心服口服地配合妈妈去改正这些行为。

好友婷的儿子小刚就是一个调皮的孩子，经常做一些调皮的事情，婷由于整天要上班，平时对小刚的这种行为也没太重视。有一次，她下班回来，在楼下看见小刚正拿着手里的一个烂苹果砸邻居李叔叔的车。当时婷什么也没说，把孩子先带回了家。回家后，她并没有急着责骂孩子，而是采用友善的方式和小刚对这件事情进行了讨论。婷以退为进，她首先对小刚的行为表示理解："儿子，我也知道用烂苹果砸叔叔的车可能是一件让你很开心的事情，它也是一次冒险经历。但是，咱们猜测一下叔叔看到车子被砸会是什么感受呢？"

小刚露出了一丝愧意，婷趁热打铁接着问小刚："你认

为叔叔会怎么想呢？如果有人拿苹果砸你的车，你会有什么感受呢？”小刚沉默了一会儿说不知道。婷接着说：“儿子呀，不是妈妈给你找麻烦。当然，每个人都有可能犯错误，但是，假如，我们能从自己的错误中学到知识，并且采取亡羊补牢的方式去弥补自己的错误，那么，我们是不是又成长了一步呢？妈妈知道你不但是制造麻烦的高手，你更是解决麻烦的高手。想想看，如果是别人砸你的车，他们怎么做才会让你感觉好些呢？”

小刚说：“我希望他给我道歉，也希望他们给把我车子擦干净。”这时，婷就坡下驴接着说：“这个主意不错，儿子。那你愿意为那位叔叔这么做吗？”小刚显得有些不情愿。婷也看出来了，急忙接着说：“宝贝，我知道这样做你会感到别扭，但是妈妈相信做完这些事，你会感觉很舒服。你选择是妈妈跟你一块儿去找叔叔去，还是你自己去呢？”小刚想了想，最后决定自己去。小刚去后，那个叔叔不但没有责怪他，相反还表扬了小刚知错能改的行为，直称小刚是个好孩子。小刚有种空前的满足感，他从自己的不良行为转为受人称赞的行为感到了一种前所未有的成就感。

不管如何，我认为婷的做法确实值得我们借鉴。对于孩子的不良行为，我们要有个正确的认识，不要一发现孩子的不良行为就恐慌，手无举措。其实，孩子的不良行为确实有可能向好的方向转化。

比如说孩子贪玩，妈妈就要明白，玩是孩子的天性。要想方设法让孩子玩出兴趣、玩出水平，说不定哪天孩子还能申请个国家专利，搞出许多小发明、小创作呢。如果孩子爱上网，就要引导孩子，不要天天沉迷于游戏不能自拔。妈妈可以给孩子介绍些即好玩又可以学到不少东西的网站，或者能学到知识的游戏，从而让孩子在娱乐中学到有用东西。倘若孩子喜欢看闲杂书，妈妈不妨从书店找些既具有故事性又具有教育性的书籍给孩子买回家，让孩子慢慢接触。也可以自己先读一遍，然后给孩子讲解一些他们感兴趣的话题。吸引孩子的注意力，让孩子在无形中爱上这些书籍。

在孩子的成长过程中，妈妈担负着不可或缺的教育重任，缺点再多的孩子也有他的优点，这就需要妈妈去发现、寻找。要知道，在我们眼里孩子的所谓的不良行为，在心理学上是一种人生中特定年龄阶段必不可少的一种生理行为和心理现象。而孩子的这些行为和时代或环境的联系不大。所以一旦发现孩子有这样或那样的缺陷，妈妈不必大惊小怪，要采取一种折中而不是极端的方法去处理。先不着急下结论，观察一段时间，然后等待时机对孩子采取疏导引导的形式，让孩子在不知不觉中把不良行为向好的方面转化。

总之，教育孩子把不良行为转向积极一面的方法有很多，就好像教育孩子有法而无定法一样。聪明的上班族妈妈可以根据自己孩子的不良行为采取不同的转化方法，相信你一定能够把孩子培养得更加优秀，更加人见人爱。

表明你对孩子的期望

“哇，宝贝，这么聪明啊竟然考了满分，要继续努力啊，好好学习，将来考上大学我的宝贝就有出息了。”多么熟悉的一句话，当这句话从我这个上班妈妈的嘴里蹦出来的时候，我孩子还在央求我给他买玩具当作奖励，还在搂着我的脖子撒娇。那个时候，我想起了我小时候考满分时，妈妈兴奋的神情和现在的情景好像。原来我们做母亲的无时无刻不在表达着我们对孩子的期望。

每天送孩子去上学的时候，我们总不忘叮嘱孩子：不要和小朋友打架，吃饭前要洗手，上课要好好听讲，在学校里要听老师的话，放学了要早点回家，过马路的时候注意行驶的车辆。虽然这些话很啰嗦，但妈妈每天总要不厌其烦地重复，以至于很多时候孩子都能接住你的话语，然后对你说：“知道了，妈妈，每天都是这几句话，我都会背了。”虽然他们脸上带有不耐烦的情绪，但是在离开前还是会亲一下妈妈的脸庞，这是孩子自己的感谢方式，有时候那么简单的几句话就可以缩短我们这些上班妈妈和孩子之间的距离。

孩子是妈妈的希望，我们努力工作，是为了给孩子创造更好的生活条件和学习环境。所以，工作占用了妈妈很多的时间，而和孩子待在一块的时间就会减少许多，但是只要妈妈让孩子理解自己的难处以后，我想我们的孩子不会对我们加以抱怨。或许孩子还会在

放学回家以后，帮我们干些家务，做些力所能及的事情，不时地给我们一个小小的惊喜。那个时候，妈妈会深深地感觉到孩子就是自己的小棉袄，是自己贴心的小朋友。

可见，适当地表明我们对孩子的一些期望，会让亲子之间感情升温，也会让孩子理解妈妈的辛苦。

“小美，妈妈希望你今天能够背会这首唐诗，告诉妈妈你可以吗？如果你会背了，我就给你买个洋娃娃玩，怎么样?”周末的时候，朋友荣妍对她四岁的女儿说道。小美惊喜地看着妈妈，不服气地说道：“妈妈又小瞧我，我不要洋娃娃，我要一个小琴，等着啊，我现在就去背。”然后，小美拿着爸爸不久前给她买的《唐诗三百首》跑进了她的卧室。那首唐诗是八行，本来荣妍以为她会花一个小时的时间才能完全记住，可是不到半个小时，小美就屁颠屁颠地跑到她面前得意地说：“妈妈，我会背了，你答应我的哦，要买个小琴。”之后，小美果真背完了那首唐诗。

后来荣妍告诉我，说她当时很惊讶，小美的表现完全出乎她的预料，虽然背诵的过程不怎么顺利，但是她知道孩子已经尽力了。

所以说，只要妈妈善于对孩子表明一些期望，孩子们做的也往往会超出我们的预料。

作为上班妈妈，总是有自己的工作要做，工作与生活很少有接轨的时候。那么，我们更需要对孩子表明自己的期望，只要你真的去爱孩子，了解孩子，表达一点都不难。虽然，上班族妈妈和孩子的相处的时间较专职妈妈少得多，但距离并不能成为我们与孩子之间交流的阻碍，而且交流的方式有很多种。比如，你工作确实很忙，忙的很少有时间可以和孩子当面交流。那么，你不妨在忙的时候挤出那么几分钟的时间，给孩子留张便条，把要交代他的，或者要他完成的事情写在上面，离开家的时候贴在孩子的床头。最后别忘了写一句话：宝贝，妈妈爱你。而且，很有可能妈妈不在身边的时候，孩子或许会做得更好，因为他终于有了梦寐以求的自由空间。

其实大多时候，一个上班妈妈与孩子之间的矛盾都是因为缺少交流所致，我们没有把应给的自由给他，让他产生了抵抗情绪。期望就是一个还没有具体内容的标题，我们对孩子表明期望就是给了孩子一支笔，让他自己谱写他要写的内容。

然而，也有很多上班的妈妈，她们也会表达自己对孩子的期望，但为什么会适得其反呢？其实，每个人都像是一根弹簧，如果你给它适当的压力，它会努力向上反弹；如果你给的力过了或者没有给多大力，弹簧会不动或者崩断。妈妈和孩子之间就似这条弹簧，因此，在妈妈想要对孩子表达期望之前，一定要注意孩子的情绪变化，尽量用婉转的语气表达自己的期望，这样孩子才容易接受，并欣然执行。所谓初生牛犊不怕虎，再温顺的人也会有脾气，何况孩子的情绪更不稳定。

最好的办法就是，先努力与孩子成为朋友，然后再在旁边鞭策孩子的一言一行，在适当的时机给他表明一些期望，相信每个孩子都会发展得比我们想象中要好得多。

当然，在孩子还小的时候，他们基本上都会按照妈妈的话去做，因为他们本身没有什么追求，妈妈说的话就成了他们追求的指南针。所以在这个时期，妈妈需要不断地对孩子表明自己对他的期望，给孩子一个目标前去追寻，或者给他一个梦想的框架，让他自己绘画出一份蓝图，即使在孩子长大以后没有按我们规划好的路走，但我们让他勇敢地跨出了人生中的第一步。

孩子是上天赠与我们的天使，是我们的心头肉。孩子需要妈妈的爱的表达，也需要妈妈陪伴着他一起成长。这也是每一个做妈妈的义不容辞的职责和义务。而对孩子表明一些期望即是一种爱，也是一种鞭策，随着一个个期许的实现，不但可以化解妈妈与孩子之间的矛盾，而且可以让孩子勇往直前，体验实现目标的成就感。

让孩子体验错误行为的自然后果

我们知道，孩子都会犯错。而孩子犯错之后，很多妈妈教育的通用方法就是“惩罚”，即省时又省力。可是，反过来问一下自己，难道我们真就喜欢对着自己的孩子发脾气、“惩罚”孩子吗？我想不是的，很多时候，只是因为我们实在想不出来还有什么高“招”能

够管住孩子。

然而，不知妈妈是否想过，“惩罚”带给孩子的除了自卑、自怜，让孩子表面对我们很畏惧以外，是根本没有实质性的收获的。因为在责骂和“惩罚”之下，孩子的内心不会对自己的错误行为进行反省。也有些妈妈对孩子的错误在轻描淡写的责骂之后，自作主张帮孩子改过就没了下文。这样做同样不会引起孩子对自己过错的反思，也更谈不上改过。

其实，要让孩子意识到自己的错误，并从心里真正反思，然后用行动去改正，最好的办法就是让孩子体验一下错误行为的自然后果。孩子在承受后果的同时，会引起孩子自我悔改的心理，有助于让孩子自觉地想办法去弥补自己的过错。

妍珊是我大学同学，毕业之后直接去了上海的一家外贸公司工作，没过多长时间她就变成了一个幸福的妻子和慈爱的母亲，每个星期我们都会联系一次，基本每次通话，她都会提起她儿子小杰。

有一次，妍珊和我又聊到孩子的话题，“你说现在的孩子怎么一点不懂事，让他干什么他偏不干，真是不能理解我们这些做家长的苦心，骂他还不是为了他好啊。”我知道妍珊的脾气暴躁，根据以前她给我讲孩子的事情，我估计她这次又骂了小杰一顿。“那你告诉我，小杰又做了什么事啊，让你这么不开心。”于是妍珊说起了事情的原委。

原来周末那天，妍珊带着小杰去商场买些日常用品，因为经常会购到伪劣物品，所以妍姗就对商品的名字和生产日期看得仔细了点。谁知道等妍姗抬起头，想要拉着孩子去别的区域时，突然发现小杰不见了。于是妍姗急忙在货架之间找寻，嘴里不断喊着小杰的名字，问了很多人都没有结果，一直过了半个小时也没有找到。最后不得不求助保安，使用商场里的广播寻人。还好，妍姗在商场门口总算找到了小杰。当时连急带气，见了孩子的面什么也没说，就往孩子的屁股上乱打一通，一边打还一边责骂“让你乱跑，让你乱跑……”回来后，孩子就开始和她冷战了。

听完之后，我对妍珊说：“其实，这次是怪你，不论怎么样你都不应该打他。孩子总会闲不住的，你一个人在那里挑选商品，让孩子干什么？他们现在正是好玩的年龄，当然你有你的理由，关键是即使你打了他，他就会对自己的行为有所反思吗？或许他只会对你产生一种抗拒心理，要不然你们现在也不会有冷战啊。说实话，妍姗，你的脾气是该改改了，想要更好地教育孩子，就要让孩子去体验由于自己的错误行为所导致的后果，让他意识到后果的严重性，他才会反思，才会吸取教训，不再犯同样的错误。”

电话那端的妍珊沉默了一会儿后，问我：“让孩子去体验由于自己的错误行为所导致的后果？怎么体验？”我想了想，“可以先让孩子意识到自己错了。比如下次你出门准备

去商场的时候，小杰会要和你一起去，你就告诉他不行，因为他不听话，到处跑，万一丢了怎么办，还是把他留在家比较安全。孩子是很聪明的，他会很快意识到这次你出门不带他，是因为上次他在商场里乱跑所造成的后果。这样，他就会明白，因为自己上次的错误，他这次只能待在家里。为了能出去，他会主动跟你道歉，让他认识到自己的错误，体验一下错误的自然后果，会比我们狠狠地打他一顿来的效果好很多，你说呢?”妍姗听完就说：“好，不愧是大作家，我现在就试试，等会儿啊，让我看看效果怎么样。”

过了大约半个小时，妍姗打来电话：“哇噻，你说的还真准啊，我刚才按你说的做了，小杰真的主动道歉了，他说以后再也不在商场里乱跑害我担心了，你怎么能把孩子的心理摸得这么准哪?”我尴尬地笑了笑：“其实不是我摸得准，是我最近刚好看了一本书，和你说的情况基本上一模一样，呵呵。”交流了一番后，妍姗愉快地挂了电话，并保证以后会让孩子自己去体验错误的自然后果，她还说这么科学的教育方法自然要多加利用。

让孩子体验自已行为错误所导致的结果，远比我们对着孩子生气，劈头盖脸的批评，或者惩罚孩子更具教育效果；也能让孩子以后不会再在同一个地方跌倒；让孩子体验错误行为的自然后果会让他自觉弥补过失，改正错误。

其实，在孩子犯错之后，妈妈的冲动行为，很容易使孩子的性格变得极为极端，从而产生对抗心理，并从心里拒绝承认错误。

如果妈妈能先给孩子冷静的时间，让他充分意识到自己错了，错在何处，然后晓之以理，动之以情，对孩子提出明确的要求，或者对孩子实施一些间接性的惩罚，让他体验到错误行为的自然后果，让他意识到自己所犯错误的危害之处。那么，这样不仅能让孩子明白自己的错误，同时也懂得以后不可再犯同样的错误。这会比我们直接惩罚孩子，一味的批评要好得多，这样的效果，妈妈为何不乐而为之呢？

告诉孩子怎样弥补自己的失误

姜丽是我在工作培训班时认识的一位妈妈，她和我同龄，初次见面我们彼此似乎一下子就找到了共同语言。为期十天的培训我们天天粘在一起，话题自然少不了孩子。

姜丽说她正读幼儿园的儿子刘星，无论老师眼里还是亲戚朋友眼里都是“好孩子”的典型。她说她很重视孩子的教育，无论多忙都不曾懈怠。有一次，快下班的时候，姜丽接到老师的电话，说刘星在幼儿园里和同学打架，老师让他道歉，而刘星不但死活不道歉，还说他没有错，所以老师准备把刘星送回家。姜丽一听，立即向领导请了假，

提前回到家里。等老师走了以后，她并没有像别的妈妈一样对着孩子发脾气，而是摸着刘星的头温柔地问："宝贝，老师说的都是真的吗？能告诉妈妈为什么和小朋友打架吗？"

刘星擦着眼泪说："妈妈，我没有错，是他先抢我的铅笔的。"姜丽笑了笑说："那你告诉我，和别人打架是对的吗？"刘星低下了头："打架不对，可是他要不抢我的铅笔，我就不会和他打架。"姜丽说她当时其实很理解孩子，但不能纵容孩子，她告诉儿子："不管什么时候发生什么事，和别人打架是不对的。就算他抢你的东西，你可以告诉老师啊，这样老师就只会怪他而不会责骂你了，说不定还会表扬你呢，是吗？"听了妈妈的话，刘星低下了头并承认了自己的错误。姜丽帮儿子擦掉刘星脸上的泪珠，继而告诉儿子："一个优秀的孩子不是只会承认错误，更要善于改错。告诉妈妈，回到学校了你应该怎么做呢？"刘星不好意思地搂住妈妈的脖子，告诉妈妈，回到学校他会向那个小朋友道歉，再对老师说声对不起的。

姜丽一脸的幸福地告诉我："事实上，我儿子也是这么做的，而且后来还和那个打架的小朋友成了好朋友呢。"

就我个人而言，我是非常赞成姜丽教育孩子的方法的。古语云："人非圣贤，孰能无过！过而能改，善莫大焉。"有错不可怕，有了错，但没有发现自己的错误，或者知错而不改才可怕。能够认识到

自己的错误，并加以改正往往会让自己获得很大的益处。想想我们自己，很多时候也会无意地犯一些失误，“对不起，我不是故意的。”“没关系。”这样的对话也似乎一直伴随着我们的生活，虽然很简单，但也能表现出我们的素养，并且能再次赢得尊重。

在成长的过程中，孩子难免会发生这样那样的错误，而一般情况下，妈妈都选择了给孩子“擦屁股”，但从没有想过从根本上解决问题。自然而然地，孩子就会认为自己犯了错有人帮他弥补，他当然也不会主动地去寻找自己错在哪里，更没有想过做些什么去弥补。有时，当我们教训他的时候，孩子往往还振振有词地说不是他的错。这时很多妈妈都会恐慌：为什么我的孩子不能认识到自己的错误呢？

其实，妈妈应该想到，这是因为孩子在小的时候思想很单一的缘故，基本上犯了错误以后是不会主动承认，也不会想办法去改正的，这也是孩子与我们成年人的不同之处。

这个时候，妈妈的教育方式将对孩子认识到自己的错误起着关键作用。是采用强硬的手段逼孩子认识到错误，还是采用循序渐进的方法让孩子自己主动认错？这就需要做妈妈的你掌握好教育孩子的方法和尺度。

我的看法是，在孩子犯了错误后教导和启发孩子主动地停止和改正自己的错误，引导孩子对错误行为进行补救。在这一引导过程中，让孩子了解到什么是可以做的，什么是不可以做的，从而建立起内心的约束。然后帮助孩子一起寻找弥补的方法，这样孩子才能真正地长大，对他未来的生活也会有很大的帮助。

而在采取补救方法的同时，你要费些时间向孩子解释什么是允许他们做的，而不说什么是禁止他们做的。因为许多孩子都有一种逆反心理，你越是禁止的东西，孩子越是想试试。同时，要让孩子知道你不赞成的不是孩子本身，而是他所做的不良行为。因此，不要笼统地责怪孩子，可以把批评限制在孩子的一定行为上，要避免孩子一不守规矩就指责孩子“坏”，更不能使用诅咒或威胁的口吻。这样只会把问题搞复杂，孩子会与你产生对立情绪。也可以让孩子自己提出弥补的办法，这将促使孩子对自己的行为进行更多的思考，增强他们的责任感。假若孩子提出的办法不恰当，妈妈再提出一些补救的办法来引导他。

说到底，要求孩子对自己的错误行为进行补救的最终目的，是教给孩子发展自己内在的约束力。一般说来，孩子学东西快，忘得也快。要有效地运用补救的办法改变一个孩子不守规矩的行为，要在不同的情况下耐心地、再三地强化正确的行为模式。特别是对那些学得较慢的孩子，或情绪上易受到干扰的孩子，更需要较长时间的帮助。

所以，不论你工作有多忙，不论你对没时间陪伴孩子有多大的愧疚，都要不以此为借口娇惯孩子或者过分责怪孩子。在孩子出现失误时，教会孩子如何弥补自己的失误才是教育的重中之重。这样做不但可以培养孩子的自主性、提高孩子的素养，还可以让孩子从此以后离开我们的襁褓，长出一双可以翱翔蓝天的翅膀，孩子才能飞得更高、更远。

第十章　问题孩子出自问题妈妈

好胜心强的孩子缺乏安全感

生活中，细心的妈妈们也许会遇到过这样一个镜头：当守着自己的宝宝去抱别人家的孩子时，宝宝会突然翻脸，大哭大闹，甚至攻击妈妈或者被抱的宝宝。对此细节妈妈们可以不必太在意，这是正常的反应，但你也绝不能不引起重视。因为这牵扯到孩子的一个正常发展的心理问题。研究表明，年龄较小的孩子大多数都有或强或弱的好胜心，尤其是在获得父母的宠爱方面。他有占据妈妈的本能，似乎妈妈成为她的一件玩具或者物品，大有誓死捍卫之心。其实好胜心是每个孩子或多或少都有的，之所以会出现这样的一个心理，细究起来正是由于缺乏安全感而导致的。孩子自呱呱落地那一刻，对自己来讲就是孤独的，无助的，他急切需要妈妈的抚爱和保护。

心理学家马斯洛把人的需要分成了几个阶段，其中有一个阶段就是针对宝宝的温饱阶段而讲的，它包括生理需要和安全需要。

对于孩子的生理需要，妈妈们都会十分重视的，以致重视到科学喂养，科学吃穿，可是对孩子的安全感就不够重视，甚至忽略。安全感是孩子在娘胎里的时候就已经被子宫里那极其温柔、温暖、安静、安稳的环境所营造了。所以当妈妈不抱他的时候，他要闹，因为他感觉到不安全了；当他一生下来就被妈妈奶瓶喂养的时候，他会感觉到不舒服，这就第一次失去了与母体亲密接触而获得安全感的机会；当妈妈由于工作又被迫送给乡村的爷爷奶奶，使孩子再次失去与父母亲密接触的体验安全感的重要机会；当他一两岁就被要求自己睡的时候，肯定又被残酷剥夺了孩子与父母接触的机会……一次次让孩子失去获得安全感的机会，他以后怎能安全起来啊？随着年龄的增长，这种用越来越强烈的不安全感堆积起来的好胜心，是很容易就发展成为嫉妒心。而嫉妒心理，是一种很复杂的心理，也是一种不健康的心理。这种心理表现的背后，往往隐藏着焦虑、恐惧、敌意、猜疑等心理成分，而这些成分大都是因为妈妈忽视安全感的营造而一手导致的结果。

如果放任孩子这种趋向于嫉妒心的好胜心的发展，就会严重阻碍孩子的进步。这种心理的孩子外在表现上，经常容易和别的孩子发生冲突、他们不能看到别的孩子有超出自己的地方，也不能容忍自己的父母夸奖别的孩子，他们很容易对别的孩子产生攻击、对立，甚至报复的心理。这样势必引起别的孩子的反感和疏远，他自然而然就会孤独，甚至孤僻。毁坏了自己，也毁了别人。

作为上班族妈妈，这就不仅要关注孩子的饮食起居，更要关注

孩子的心理，多和他沟通，多给他获得安全感的机会。

安全感是人类最基本的需求，可以说人奋斗终生到最后都是为了获得那个有安全感的安逸之家。只有安全了，人才有体验快乐幸福的可能。人在儿童时期如果没有这种安全感的体验，那么他的不安全感受会伴随他一辈子，一辈子摆脱不了不安全的心理阴影。记得有一位有名的企业家，当听到节目中有人提到了农村儿童上不起学，碰巧这位企业家小时候家里穷得上不起学，因而触景生情地哭起来，可见儿童时期的心理感受是会影响终生的。

孩子下生后，脱离了安全的子宫，换了一个与子宫完全不一样的环境，这对孩子来讲是一个陌生的，带有极大不安全因素的环境，所以下生那一刹那他才哇哇大哭。他急切需要妈妈的保护，安慰和爱抚。所以这时候妈妈要寸步不离守护在她身旁，看着他，抚摸他，给她心灵的安宁。

现在很多家庭都是双职家庭，妈妈们都要工作赚钱养家，所以很多妈妈就把自己的孩子送回老家的爷爷奶奶带看。殊不知，这又是一次残酷剥夺孩子获得安全感的机会。等孩子多少大一点又接回到自已身边，为了锻炼他独立的能力，又让他单独睡。他再次失去获得安全感的机会。人在 3 岁之前建立的安全感是难以忘记的，看起来是锻炼小孩的独立性，其实是划清了大人与小孩之间的安全感界限，使小孩彻底进入安全感真空状态。这对 3 岁的儿童来说是致命伤，这种伤痛会深深地埋在他的幼小的身体里。

当孩子渐渐长大，上了小学，进了初中，有很多妈妈发现自己

的孩子学习动力不足，学习成绩不好，于是四处给他张罗补习功课，谁知越帮越差。而这问题的根源其实就是缺乏安全感和幸福感导致的。一个没有充分体会过安全感的孩子，是快乐不起来的。一个整天闷闷不乐的孩子，怎能有热情去学习？学不好是在所难免的，持续下去，就不仅仅在学习方面学不好，包括以后恋爱，婚姻啊等等生活都会发生一系列有关的问题。现在的父母都忙于奔波，父母都在外打拼，可此时孩子最需要父母的呵护了，哪怕是睡觉前给他一个吻，一个爱抚，他心里都会得到安宁。所以妈妈们不论有多忙，都要抽出时间来去陪陪孩子，多给他点安全感。

人都是有血有肉的人，都是有感情寄托的，不论大人和孩子，都渴望关注，渴望爱护。特别是作为孩子，谁不希望被最亲近的人去摸一摸，抱一抱？不要再让孩子从小就失去了那么多体验安全感的机会。我们的手不仅是来干活劳动的，更重要的是一双给孩子传递安全感的大手，我们但愿这双抚摸的手贯穿到直至他成人为止。

孩子被迫去“偷”妈妈的爱

世界上有一种小偷，不偷东西，不偷钱财，竟然专偷起自己妈妈的爱来。试想哪个小偷如果家财万贯还能去偷吗？以此推理，如果不缺妈妈的爱，这些专偷妈妈爱的孩子又怎能去偷？可怜这些整天生活在没有母爱关怀的环境里成长的孩子们，他们的稚嫩的心灵

是在遭受一种怎样的摧残。

这些专偷妈妈爱的孩子们无非生活在这么两个情况的家庭，一种情况是工作狂妈妈太忙，无法给他母爱太多，另一种情况就是离婚家庭，直接就无法获得母爱。不论哪种情况都是对母爱的严重缺失。这种母爱得不到需求，只好通过偷来获得他本该得到的母爱。

其实这种偷，分析起来也是一种本能。著名的动物行为学家康拉德·劳伦茨就曾在小鹅身上做过实验。小鹅被孵出后，天生有一种跟随第一眼看到的动物走的本能。它第一眼看到的是母鹅就跟着母鹅走，当然它看见别的动物也跟着别的动物走。

我们称上述现象为小鹅的“母亲印刻”。这种“印刻”只在一定的时期发生，这一段时期，我们称之为认母的“关键期”。所以孩子也一样，也有这样的认母时期，依恋时期，这个时候如果妈妈们不在自己孩子的身边，孩子也只能偷偷跟着别人的爱走了。当错过了这个时期，妈妈再来爱也晚了。

这个时候孩子需要的母爱，胜于食物。美国心理学家哈洛做过这样一个实验。给一个幼猴做了两个人造母亲，其中一个有奶水，另一个没有奶水。有奶水的母亲是用冰冷的铁架搭建的，而没奶水的母亲身上包着厚厚的绒毛。大家肯定认为小猴子会喜爱有奶水的母亲。但哈洛的实验推翻了人们想法，小猴子只是在饥饿难当的时候，才不得已地跳到有奶水的铁母亲身上，急速吃完便立即返回没有奶水、却有厚厚的温暖绒毛的母亲身上，一直依偎着它，像依偎着真正的母亲一样恋恋不舍。别以为你给孩子金钱，满足了他一切

的物质需求就给了他爱，看看这只实验中的猴子你就能知道答案了。

我有一个同事，她和她老公都上班，自己的公婆又年老体迈，所以她把孩子寄养在孩子她姑妈那里。这孩子当时走的时候也就三岁左右，母子哭的也是生离死别的样子。一年后，我这位同事就回去看孩子，谁知孩子一看她妈妈回来了竟一下跑到她姑妈怀里不下来，她妈妈去抱她，她哭着不依，紧紧拽着她姑妈的衣服，似乎怕妈妈把她姑妈抢跑了似的，弄得她好不尴尬，当时眼泪就哗哗地流了下来。再偷偷看看那孩子，又紧紧盯着妈妈，生怕妈妈走了似的。

是啊，对孩子来讲她心里是多么渴望母爱的，看她依偎在她姑妈怀里不下来就知道了，但这母爱她得不到需求，也就只有依恋和她生活的姑妈了，期望从姑妈这偷一点母亲的爱。她姑妈还有一个孩子，据她姑妈讲，当她抱她孩子的时候，她就不愿意而哭闹，甚至开始敌视她的孩子，可见母爱的缺乏对她的打击有多么深刻。

我那同事当时回来后精神几乎恍惚了，痛苦得不行，自己来带孩子吧，迫于生活压力又不行。她说她满脑子就是女儿那痛苦的眼神，连工作都无心了。后来我给她支了几招，才得以缓和母女关系，她才好受了一点。

我说你要多给女儿打电话，让她知道远方有个人一直

在牵挂着她，这个人就是她妈妈。要多和孩子讲妈妈不是不爱你，只是现在有工作脱不开身，还得赚钱，要不哪来的钱给你买好吃的买玩具啊。更要跟她讲现在姑妈对你也很好，陪你吃，陪你喝，陪你上幼儿园，要听姑妈的话。让她在心灵安宁的同时，想起还有一个你在和她说这些。

其次要经常邮寄照片给女儿。让孩子真切地感受到母爱还是存在的，即便是一张照片，对她也是一种安慰，这也比着从她姑妈身上去偷妈妈的爱要强，这样可加强她的母爱记忆。当然过一段时间也让她给你邮寄照片，让她在照片上写一点想妈妈的话，哪怕一个符号，从心理上进一步强化这种母爱记忆。

最后下次再去看的时候，要履行给孩子买好吃的食品、好玩的玩具的承诺，最好让孩子把妈妈的礼物带到幼儿园里去，让孩子炫耀一下妈妈的好，增加她的自尊心。

其实，儿童时期正是依恋母亲最浓厚的时期，可以说正确的母爱在孩子以后良好的性格的形成起到重要的作用。而母爱是其他任何女人都不能给予，也不可能取代的。母爱的缺失轻则给孩子带来孤僻冷漠，重则也严重扭曲着孩子的心灵。

一个从小就缺乏母爱的男孩会深深陷入痛苦的寻求母爱之中，这就是所谓的“俄狄浦斯母爱情结”。因为缺乏母爱，所以他就格外渴望母爱，寻求母爱，如果这种寻求迟迟未果，天长日久就会习惯

性地在心理上留下不可磨灭的印记，最终导致他在一生都有寻找母爱，去把母爱偷来的变态行为。他就会自觉不自觉地去找那些比他大的女人来谈恋爱。在这些他心里感觉类似母亲的女人中寻求他小时候缺失的那种母爱情感。从而使得他在对所有的女人面前都有一种撒娇、害怕、自卑的感觉。

我们心里一定要有这样的一个概念：好妈妈不是天生的，更不是盲目的。因此，不要等到孩子被迫去偷妈妈的爱的时候再去补救，不论你再忙，不论你身处何方，我相信你那淳朴的母爱总会施予到你那童真的孩子身上，让孩子生长在一个没有痛苦被母爱包围的乐园之中！

工作狂妈妈容易养出叛逆儿

所谓工作狂妈妈，顾名思义就是指那些对工作狂热，一心扑在工作上的妈妈。她们不是不顾家，不顾孩子，更多的是无奈。当孩子还在熟睡的时候，她们走了，当孩子睡熟的时候，她们才回来。

我们理解工作狂妈妈，可谁能理解孩子啊。当他第一眼醒来的时候，妈妈不在。当他最后一眼睡去的时候，妈妈还没回来。一天两天还行，长此以往，这叫孩子情何以堪？当他最需要爱抚的时候，她摸不着你那温暖的双手，当他最需要的安慰的时候，她听不到你那感性的声音。他当然就有一种失落感，被抛弃感。自此他开始感

到孤独，开始发泄。当有一天你惊讶他与你顶嘴，惊讶他疯玩而忘了学习，惊讶他出去而忘了回家，去说他的时候，他又会突然大怒、狂啸不止，令你愤怒难当而扬起你那双好久不用的大手。

那么，工作狂妈妈们请放下你那沉重的大手，让我告诉你吧，你没看到孩子已经叛逆了吗？你此时打他再疼又有何用呢？他是用叛逆来引起你对他的注意啊！可见你对他的关注缺少到何种程度。

在这个物欲横流什么都讲究钱的时代，作为一个妈妈，你可能迫于生活压力会变成一个工作狂。在工作期间无暇照顾自己的孩子，没有时间陪他玩耍，没有时间去参加孩子的家长会，没有时间陪着自己的孩子去医院看病，甚至没有那一分钟的时间去亲吻孩子的脸颊……这一切的一切无异于你游离于这个家千里之外，使孩子犹如过上了没有妈妈的单亲孩子。请停下你匆忙的脚步，看看你这颗匆忙之树结下了多少触目惊心的苦果。俗话说严父慈母，对孩子来讲父亲是高大的，威严的，工作狂妈妈不在身边，不给他温柔的呵护，所以他会刚柔失衡，身上凝聚着过多的阳刚之气，就会脾气暴躁、烦闷、自以为是，天不怕地不怕，摔东西、拆东西，打人、骂人，顶撞父亲，这时父亲就会训斥，矛盾一触即发。从而他会厌烦这个家，甚至仇恨这个家，因为他缺少太的多的理解和关注，离家出走啊，早恋啊等等苦果迟早会出现。

面对这样的窘境，我们的工作狂妈妈千万不能由于一时赌气而撒手不管，放任自流。孩子的叛逆不论怎样如洪水袭击着我们，我们总能找到如大禹治水的办法。

第一，孩子是你工作的首要客户。

工作狂妈妈口口声声说忙，可以说为了工作抛家弃子，把工作当作了人生的第一要务，既然这样，为什么就不能把你的孩子当作你的重要工作客户看待呢？这个客户得罪了，还有何脸面去面对别的客户？再忙你也得抽出一顿饭的时间去和他聊聊天，听听他所讲的无论快乐还是烦恼的事情；再忙你也得抽出一点时间陪他下下棋，玩玩游戏，让他体味玩的乐趣；再忙你也得抽出洗把脸的时间睡前睡后亲吻一下他稚嫩的脸庞，让他体味母爱给予的那种心灵的安宁。孩子就是你每天所要接待的重要客户，你把这个客户接待好了，相信你工作上的客户接待起来的时候更能得心应手。

第二，爱就要亲口对他说出来。

工作狂妈妈也口口声声说爱孩子，说离开家去上班的时候总留给孩子几百元的生活费，要什么给他买什么，物质上没有不满足的。是啊物质上都满足了，可你知道孩子怎能是狗儿猫儿等动物吃饱了穿暖了就行的？他是人，一个有血有肉有情感的人啊。你心里对他的爱大家不怀疑，可你这种爱不向他表达出来，不亲自向他说出来，他怎能感受得到？当他得了奖状的时候，你有没有亲自表扬他一下，或者给他一个吻呢？当他做了一件好事的时候，哪怕是一件很小的事，你有没有亲自鼓励他一下，或者给他一个体贴的抚摸呢？当他有什么高兴的事向你说的时候，你有没有跟着高兴起来，或者给他一只手的对碰呢？物质上的满足孩子固然高兴，但他更多要的是一种真诚的被肯定，被鼓励的精神需求。爱他就要亲自说出来，让他真真正正地感受到你热烈的与你的孩子有共鸣之感的爱。

第三，同他分享你的快乐和苦恼，最重要的是给她传输你的工作压力。

既然孩子能把他的苦恼和快乐与你分享，你也完全可以把你的苦恼和快乐与他分享，做到倾诉的互动，他才会真正地感受到你的尊重，他才真正把你当朋友。可以和他谈工作带来的快乐，更可以谈工作给你带来的压力，谈生活的沉重，获得他的理解和同情，当然也许他还不会理解，但至少要让他知道妈妈的苦衷，知道生存的压力，其实也就提前让他做好适应社会的准备。也许有的妈妈说现在把压力直接传递给孩子，会压垮孩子，其实不然，当孩子真正接受生活和社会压力的时候就晚了，要一点点地给他灌输我们的生存之道，我们的工作要义，让他一起感受我们的生活。

工作狂妈妈一心扑在工作上，说到底还不是为了这个家更好地生活。她们容易养出叛逆儿，但我相信只要工作狂妈妈寻到了这把爱的钥匙，就一样能打开叛逆儿心灵的大门。

后妈带给孩子的焦虑

提到后妈，我们往往把她与“坏女人”联系到一起。研究发现，在我们的内心深处，都有一个后妈的阴影，也叫后妈情结。后妈不是亲妈，孩子对其有先天的排斥性，即便后妈没有恶行，孩子也会很随便地就给你列举出几大罪行来，所以后妈的恶行在孩子的心目中都有着极其隐蔽和难以磨灭的痕迹。

一般说来，孩子在很小的时候就能感觉到母爱的温暖，所以在他们心目中母爱是最伟大，最无私的。于是，孩子就把所有美好的品质，都定位在了自己生母身上。在最为脆弱、受伤的时候，他们总能首先想到生母。这种独一无二，具有排他性的生母之爱，是其他任何一个女人的爱所无法替代的。正是因为生母被孩子套上了完美的光环，所以他们就先天地本能地对后妈有一种排斥性。孩子在自我保护本能的前提下，对任何人都不会相信，何况来一个他不熟悉的后妈来行使他以前亲妈的职责，这更让他焦虑和不安。他们总有事无事地拿后妈和亲妈做比较，比她们的优点，比她们的缺点，时刻就想到了亲妈的种种呵护和爱抚，后妈稍微管制一下，就立即遭到他本能的反抗。久而久之，这种对抗，后妈如果不及时处理和解决，而是采取以暴制暴的方式的话，对抗就会更加恶化和严重，后妈自然而然地也就在他们的心目中渐渐形成后妈是恶魔的角色。

后妈不是一个容易当的角色，她要周旋于丈夫，孩子之间，面临太多的无奈和委屈。说到底后妈与继子之间的冷漠就是因为缺少血缘亲情而导致的自然分离。当然弥合这种分离也不是没有办法。

第一，后妈先要学会做一个欣赏孩子的人。

父母离异，伤害最深的还是孩子，他只能被动地接受这无奈的一切，所以当后妈的就该静下心来，慢慢等待他对这个新家的习惯和认可，以心感心，慢慢融化他那颗忧虑、紧张的心。当然有的后

妈会感到委屈说："我对他已经很好了啊，他为什么还对我这样?"或许你做了确实很多对他很好的事情，但你要知道一味地去迎合，去讨好，反而会适得其反。最好的做法应该是抱着对他欣赏的态度，去发现他的优点，挖掘他的潜力，培养他的兴趣和爱好，帮他铸起生活的信心，帮他燃起生活的希望，这样两颗陌生的心灵才会亲近才会交融。时来日久，自然就会打消对你的敌意。

第二，后妈要降低自己的高度与孩子同长。

重组家庭之后，孩子不可能忘掉亲妈，即便能忘掉，也得有个时间。亲妈在他心中的位置是抹不掉的，所以后妈们一定把这个空间位置给他留出来，尊重他爱的空间和自由，并鼓励他爱自己的母亲，和他一起回忆生母的点点滴滴，不能一开始就行使他亲妈的职责，逼着他叫妈妈，不能以长辈的高姿态凌驾于他之上，而是要俯下身来，以同龄人和朋友的态度看待他，征询他的意见，聆听他的想法，相信精诚所至，金石为开的。但后妈们再怎么降低高度，也不能降低原则，不能一味迁就。任何关系都是有原则的，他做得不对的时候，该说还是要说的，如果光为了讨好孩子而放弃原则，最后不仅收不回他的心，反而会惯出他诸多坏脾气和毛病。

第三，后妈不要吝啬自己的笑，要和孩子快乐沟通。

这个世上若缺少了沟通，肯定会寸步难行，沟通是解决一切问题的前提和良药。孩子来到新家后，他会感到陌生，孤独。这时后妈们要常给他微笑，要让他感觉到你对他没有敌意，但这种热情也不能过度，从心理学角度来讲，去施予一个人过分的热情和主动，

就意味着对方也必须去施予你过分的热情和主动，对刚来到新家的孩子来讲，显然他不愿这么做。心急吃不了热豆腐，要力求做到自然相处。还要多和他聊天，多和他沟通，让他明白你虽然和他爸爸在一起，但不会同他争抢爸爸的爱，不要让他感觉到“在她（继母）来之前，爸爸的爱都是我一个人的，而现在我只有一半了”。让他明白你不会逼他做不喜欢的事，让他明白，你亲妈虽然不在这，但我一样喜欢你爱你……沟通的目的就是让他及时明白你的感受和想法，让他清晰明白地领悟和体会你对他的爱。

组建一个家庭是容易的，但要让爱把这个家维系起来这个就不那么容易。每个家的成员过去都有自己的生活习惯，都有为人处世的独特理解和感受，要想彼此融入确实是一个漫长的过程，相信优秀的后妈们，面对继子能够用心面对，真诚沟通，消除后妈带给他的疑虑和紧张，让他快乐地融入其中。

单亲妈妈，让孩子得到完整的爱

近些年来，随着我国离婚率的逐年上升，单亲妈妈也随之增多。她们不仅担负着经济和精神的双重压力，更重要的是她们要担负起对孩子教书育人的重任。所以，离婚的她们心头就会有一种莫名的焦虑感，压的她们喘不过气来。离婚总是给孩子造成一定的伤害，这虽然不是我们愿意看到的，但我们也不是为了给孩子造成伤害才

离婚的。如果离婚实在难以避免，就彻底地离，这反而也是为将孩子解脱出这种压抑的环境。

其实，只要细看单亲妈妈家庭，也是有很多优势的。首先不会因为教育上的分歧而大动干戈。经过调查，事实上因为教育意见分歧而导致家庭子女教育失败的事例很多。其次，可以激发孩子的合作和独立精神。俗话说穷人家的孩子早当家，同样单亲家庭的孩子也早当家。单亲妈妈一个人干的活实在是太多，这就得需要孩子帮着做一些力所能及的事情。孩子和妈妈合作做这些事情的时候，自然而然地就体会到合作的精神。同时也更体会到妈妈的艰辛并理解，过早地去独立承担一些东西。

虽然单亲家庭有潜在的优势，但单亲妈妈还是面临着诸多双亲家庭所没有的问题，需要付出她们双倍的努力和艰辛，需要承担更多的责任，不过只要充分认识到自己的能力和不足，多多学习，摆好心态，做到教子有方，一样能给孩子一个充满爱意而完整的家。

第一，婚离了，家的快乐不能离。离婚了，你失去了丈夫，孩子也失去了父亲。你就成了他唯一的依靠，所以你必须坚强，精神上不能再倒下，不能再给他幼小的心灵蒙上一层阴影。自己不要整天沉浸在过去的阴影中，不要用消极的心态去看待这种事情，也不要埋怨上帝不公，不要埋怨男人无情，更不应该把孩子当作抱负自己男人的出气筒。

单亲母亲应该用积极的心态去看待这件事。不论是出于何种原因，自己成为了单亲母亲，自己就要勇敢去面对。并且要用自己的行动向孩子表明，作为单亲母亲的你不是更加软弱，而是更加坚强和自立。只要你摆正心态，拿出积极的态度去面对生活，就能尽快走出离婚的阴影，为孩子营造一个愉悦的心理范围，让他快乐地成长。

第二，与孩子一起面对现实。孩子也是家庭的一名成员，虽然这名成员还小，但他懂事后，也没必要向他隐瞒自己的婚姻问题，给他解释什么是单亲家庭，也和他讲单亲家庭也是组合家庭的一种，也可以过完整的生活。和他讲两个人合得来就可以结婚，合不来也可以离婚，任何人都有选择的权利，选择自己生活的权利。“虽然我和你爸爸不在一起生活了，但是我们还都是爱你的，这一点永远都不会改变。你的爸爸经常给我打电话问你长高了、长胖了吗。”总之，在孩子脑海中不能断了他对父亲的记忆。

第三，婚离了，父爱不能离。孩子需要母爱，同样生活中更不能缺了父爱。

俗话说父爱如山，像山一样伟岸，一样雄伟一样挺拔，所以孩子很多优秀的品质，比如聪明果敢等都是来自父亲的男性性别教育。多让孩子同他的父亲交往，也大大减少对母亲的过度依赖性。总之要让父爱在孩子的心中传递下去，不能破坏父亲在孩子心中的美好形象，更不能把自己对丈夫的仇恨传递给孩子，让他也心中充满仇恨，这对孩子心灵的摧残是残酷的。

父亲在孩子心中总是高大的，这是建立他自信和自尊的源泉，这个形象一旦倒塌，对他的打击是毁灭性的，所以妈妈们要定期地

安排孩子和父亲见面，多从父亲这里接受阳刚之气。即便父亲没有时间或者不能见面，也要让孩子多接触一下孩子的叔叔或者舅舅等父亲以外的男人，不能断了父亲传递给孩子的父爱。

第四，对孩子的关注要适度。既然要营造与双亲家庭一样的环境，给他一个完整的家，那么对他也应该像双亲家庭的孩子一样，严格要求，不要觉着他是单亲家庭的孩子，就过多地给予爱护，要给孩子树立一个积极进取的形象，以激励孩子的进步，不要对他有负罪感，不要用溺爱来作为一种弥补，不要因为孩子“可怜”就放松对孩子的管教，需知他将来上学、工作会需要更多的独立，会碰到更多的困难，小时打好基础，培养坚强的、良好的性格，对他将来有很大的好处。

一个家庭的破裂总有各种各样的原因，再去追究谁是谁非已毫无用处，受害最大的还是我们的孩子，所以不要让孩子在承受单亲家庭压力的同时再承担成人的发泄而带来的伤害。总之，只要我们单亲妈妈用心爱孩子，去教育孩子，孩子同样会得到一个完整的家、一份完整的爱。

少让男孩接触电视上的暴力节目

我想每位妈妈都明白，电视上的暴力节目对孩子是有影响的，特别是对男孩的影响更是显而易见。仅由近几年未成年男孩犯罪比

率逐年上升，就说明了这个问题。诚然，他们的犯罪由各种各样的原因造成，但电视暴力节目对他的影响和侵害是脱不了干系的。研究发现，184 名平均每天观看暴力内容电视节目一小时的男童，其中 25 人有非常严重的攻击倾向，这一比例比不看暴力节目的男童高出三倍。电视暴力镜头会导致儿童攻击性心理和行为的发生，这已是一个公认的事实，这不得不引起我们上班族妈妈的警惕和重视。

很多上班族妈妈，因为工作原因一回到家就把孩子放在电视旁边，只要他不闹，安心地看电视就觉着完事大吉了，从而自己腾出时间干别的。殊不知，这一时期的孩子是没有什么分辨力的，他们会不知不觉会看到一些暴力节目。心理学家曾对孩子做过相似的实验，让不同组的孩子观看不同的电视节目，看完后对孩子的行为进行观察，最后获得结论。他们发现观看过暴力节目的孩子，在看完节目后，都有或多或少的类暴力事件发生，他们要么去争抢玩具、要么去互相打斗，他们多少会表现出一些攻击性行为。此外，他们用暴力行为解决问题的次数，和他们观看暴力节目的次数和时间多少有一定的联系。可见，妈妈更应该注意控制不让或少让男孩子观看暴力节目。

孩子毕竟是孩子，他们年龄小，对事物的认知功能和批判选择能力还相当弱，而且儿童的模仿能力特强。倘若妈妈不小心，让孩子耳濡目染了一些电视暴力节目，他们观看后，可能会觉得这些暴力画面很好玩。并且孩子不能意识到这些暴力行为是对还是错，也意识不到这些暴力行为会带来什么样的后果。他们往往会认为电视中的暴力行为是一种很好的行为，是一种解决问题的办法。甚至会以为施暴人的行为是一种很勇敢的行为，他们对这些行为会容易上瘾。在儿童群体中，观看暴力节目较多的小孩往往会以和其他小孩子打架闹事为荣。

作为上班族妈妈，平时一定要注意对孩子进行思想品德的培养。要帮助孩子抵制电视暴力节目和社会暴力行为的不良影响，要帮助孩子辨别善恶和是非的能力。要让孩子明白暴力并非解决问题唯一和最好的办法，相反暴力行为是一种愚蠢和无能的表现。要让孩子学会使用更有教养的方法去解决日常生活中遇到的矛盾和摩擦。

同时，妈妈对待自己的儿子也应该尽力避免使用一些怒骂吼叫甚至殴打的方法去教育，这种方法不会让男孩子臣服，只会让他们受到影响，使他们采取同样的方法去对待他人。因为，这些暴力行为已经对孩子的内心产生了影响。

我们现在的消费观念、价值观念、道德观念和人际关系都多少会受到些来自电视的影响。男孩子看电视多了，会接触到许多他们年龄阶段不该接触到的东西，这些东西他们不加选择地兼收并蓄。或许这些现象被夸张或歪曲，甚至与现实不符，但孩子对于现实和虚构之间却不能进行完全区别。他们会把先进入他们脑海的东西当成真理，加上部分电视节目对暴力的美化，他们会以为自己的判断和执行方法是对的，电视节目削弱了父母学校对孩子的影响。

研究表明：男孩子看暴力节目太多会给孩子带来以下不良影响：第一在暴力情景面前孩子可能会变得无动于衷，因为他们对暴力已经有了免疫力。第二，他们会逐渐认为暴力是解决问题的一种途径。第三，他们会在日常生活中反复模仿他们看到的暴力行为。第四，他们会认可电视中施暴或受暴某个角色，以该角色为偶像。因此，男孩儿的侵略性或好斗性会在观看暴力节目后立即在其行为上表现出来，或者若干年后才能表现，这都是受到电视暴力节目影响的恶果。那么上班族妈妈应该如何引导男孩子观看含有暴力画面的节目呢？

如果孩子执意要看类似的节目，应该做到以下几点：一，父母陪同观看，并限制观看电视的时间，自己知道的很暴力的节目，不能让孩子接触。二，给孩子讲解，电视中的暴力场面都是使用的特殊的道具，在现实生活中使用暴力会给别人带来伤害甚至死亡，是一种犯法的行为。三，在观看暴力节目时，妈妈应该表现出自己的厌恶和不赞同，并且要强调暴力行为不是解决问题的最好办法这一观念。四，经常和孩子朋友的父母保持联系，使得孩子观看电视的节目和时间长短保持一致，这样能缓解孩子的压力。

尽力让孩子远离暴力节目，取而代之的是让孩子多看些对他们身心健康成长有利的节目。这是妈妈义不容辞的职责，在限制孩子看电视的模式、想方设法给孩子解释他所看的节目、帮助孩子思考如何解释电视中的暴力场面、帮孩子分析暴力场面制作的过程中，妈妈也要对节目有些自己简单的评论。让孩子通过自己的联想去理解这些暴力行为的不利和不道德之处。

现在，我们国家也已开始筹划对电视电影实施分级管理，这是

一个对孩子健康成长不错的举措。即便我们无法选择和改变电视上的暴力节目，但我相信，只要上班族妈妈及时对看电视的孩子合理干预，合理引导，帮他树立起正确的电视观，那么，他一定会成为一个健康、快乐、理性的好孩子。

给残疾的孩子一颗平常心

托尔斯泰说：“幸福的家庭都是一样的，不幸的家庭却各有各的不幸。”对上班族妈妈来说，最大的不幸莫过于家中有了一个残疾孩子。这时上班族妈妈应该怎么办呢？

我认为上班族妈妈应该端正自己的心态，要用一颗平常的心对待孩子。要把孩子的残疾当成孩子自然的身体特征，他虽然身体出现了缺陷，但孩子的心灵和正常孩子要一样的完整。我们尽最大努力不让孩子的心灵在以后的生活中也变得残疾，这才是最重要的。

作为残疾孩子的妈妈，一定要调整好自己的心态。我们内心虽然有伤口，但这种伤口迟早会随着岁月的流逝而自愈。孩子的心灵是脆弱的，若我们对他不给予正确的教育，不给予信心和耐心，那么孩子心灵上的伤疤可能终身不能痊愈。我们的作为时时刻刻会影响到孩子，要培养孩子开朗、活泼、乐观、坚强的性格，要让自己的残疾孩子养成良好的生活习惯。面对复杂的变化多端的社会，我们要给孩子铸造一颗不变的心灵，要让孩子具备“咬定青山不放松，

立根原在破岩中。千磨万击还坚劲，任尔东西南北风”的精神。

上班族妈妈在教育残疾孩子时应该教育孩子，对于人生的苦难应该直接面对，而不应该去躲避；在苦难面前应该选择勇敢，而不选择懦弱。

要教育孩子，苦难是人生最好的老师，逆境往往出人才，好多伟人都有残疾。美国唯一连任四届的总统罗斯福从小小儿麻痹症，终身坐在轮椅上；爱迪生一只耳朵聋、海伦凯勒双目失明；贝多芬双耳失聪；史蒂芬·霍金更是常年坐在轮椅上；左丘在失明的时候写了《国语》，在我们当今残奥会上也有好多令我们佩服的英雄。星光大道走出的杨光双目失明；中国达人秀走出的刘伟也都是现在青少年学习的榜样，他们身残志坚，有自己的奋斗目标和方向，并且坚持不懈，最终都取得了成功。

对于残疾孩子，妈妈更应对孩子倾注全部的爱心，要有许三多“不抛弃、不放弃”的精神。在孩子的生活或者学习当中，倘若孩子有什么弱点或是不足之处，妈妈要尽自己最大努力去帮助孩子。首先用一颗平常心对孩子倾注我们全身心的爱；然后鼓励孩子去克服困难、克服弱点、扬长补短；然后多发现孩子的闪光点，培养孩子的兴趣和一技之长，让孩子不会觉得寂寞，让孩子找到自己人生的意义和方向。这样孩子才能从自己的内心深处走出来，从黑暗走向光明，从失落走向振作，从灰心沮丧走向充满希望。

同时，妈妈应让孩子主动地去融入到社会的大潮中去。作为妈妈对待残疾的孩子不应该把孩子关在家中与世隔绝，我们在用爱心

关注孩子时也要让孩子有一颗自强自立的雄心，让孩子明白在社会上他不但有生存的权利，而且还有被人尊重和融入社会的权利。我们要想方设法给孩子创造融入社会的条件，让孩子自己主动积极地去融入社会，在社会的大浪中，让孩子自己去实践、去追求、去成长、去成才。残疾孩子也是祖国的未来，他们也能用自己方式为国家和社会做出自己的贡献，或精神或物质。

有这样一个关于上班族妈妈教育自己残疾女儿的故事：一位妈妈和女儿一起坐公交车去办事儿，女儿因身体不好，感觉有些累，就对妈妈要求坐下来。妈妈就鼓励孩子跟旁边的哥哥说让哥哥让座给她，可是女儿遭到了拒绝。妈妈就跟女儿说没座位没关系，坚持一下就到了，那位哥哥也很累的。她这样是为了让女儿明白，在日常生活中自己的要求，有些能够实现，有些不能实现，要用一颗平常的心去看待这一切。后来，还是有好心人主动给女儿让了座。她教育女儿不管遇到什么困难都要勇敢去面对。

后来有一次，妈妈和女儿去购物，在排队时，有个妇女用奇异的眼光看女儿。妈妈见了那种眼神很不喜欢，但她想不应该太在乎别人对孩子的看法，怎么看是别人的自由，自己无权干涉。就把重点转移到了女儿身上，于是她就对女儿说：“宝贝儿，阿姨看你呢，是不是阿姨想要跟你说话，你去跟阿姨打个招呼吧。”女儿就真的走了过去，和那个女的打了个招呼，说了声阿姨好。那女士感觉非常羞愧，满脸通红，就对这位上班族妈妈说："你女儿真棒！"妈妈为自己的行为感到骄傲，她也让女儿明白，要想获得别人的尊重，自己首先要尊重别人。

经过了许多事情后，这位妈妈逐渐地从过去的阴影中走了过来。她经常和女儿牵手去公园玩耍，她们经常碰到打招呼的人和帮助她女儿的人。她就利用不同的机会给女儿以不同的教育。她要求女儿长大后要回报社会，回报那些善良的人，要女儿学会帮助别人，回报社会。不管自己做的好事再微小，那也是对别人的回报。后来，妈妈主动地给女儿办理了残疾证，刚开始她不想承认这个事实，想躲避这个现实，后来妈妈和女儿一起成长，也明白了要勇敢面对现实。

作为妈妈，我们必须教育残疾孩子明白上帝是公平的，他为你关闭一扇门，他总会给你打开一扇窗的。其实，我们每个人都是被上帝咬掉一口的苹果，因此，我们要用平静的心态去看待自己遭遇的一切，这才是人生最重要的一种境界。

第十一章 孩子的身体是一辈子的健康根基

孩子的饮食要合理

谁都希望自己的孩子健健康康地成长，可是没有一个良好的营养状况作为保证怕是这希望也要落空。要想达到一个良好的营养状况，作为我们家长首先得需要了解到底哪些因素阻碍了孩子的健康成长。

1. 孩子身高和体重要合理增长

孩子身高和体重生长失衡，肯定是由于营养失衡引起的。营养中的蛋白质、碳水化合物和脂肪是孩子生长所需要的三大营养，如果缺少这些营养的供给，必定会减缓两者的生长，同样过分吸收，也必定会加速两者的生长，这都是不行的。此外矿物质，维生素等对孩子的成长也是有影响的，还有充足的睡眠和适量的运动同样会很好地促进其生长。

2. 孩子每个阶段的成长都要摄入充足的营养

孩子从胎儿时期开始，就需要补充充足的营养。在哪一阶段耽误了营养的供给都是不行的，因为孩子生长发育是一个不可逆转的过程，任何阶段的营养不良在后期都无法弥补。因此我们妈妈必须重视每一阶段的营养，以保证儿童达到良好的营养状况。

3. 孩子饮食要多样化

我们要让孩子做到不挑食，不暴食，粗粮细粮都要吃。膳食品种多样化是平衡膳食的主要内容，至少从大类上应该吃主食、动物性食品、蔬菜水果、奶，各类食物中尽量做到品种多样化。

4. 肉类要吃，蔬菜水果更要吃

肉类有很高的优质蛋白和丰富的脂肪，是处于生长发育阶段的孩子所必不可少的营养来源，这不是说光吃肉就可以了，蔬菜和水果含有丰富的维生素、矿物质和膳食纤维，更是孩子成长不可缺少的营养素来源。

5. 孩子口味，妈妈要正确引导

孩子吃的食物一般都是熟悉的，也就是父母经常吃的或者经常做的食物，这样就大大影响着对孩子口味和食物的选择。所以做妈妈的要正面地诱导，这样孩子才可能做到对健康食品的喜爱和自觉选择。

我们了解了以上制约孩子健康成长的因素后，就可以针对性地合理安排孩子的饮食。孩子正处于体、脑发育时期，所以充足、合理的营养对他们显得尤为重要。中国营养学会于1988年对我国的

《每日膳食中营养素的供给量标准》（又称 RDA）进行了第六次修订，一直沿用至今。该标准规定，处于成长期的孩子每天要适量地喝点牛奶，吃点豆制品。

牛奶是最好的补钙营养液，它营养丰富，每 100 毫升鲜牛奶中含有蛋白质 3.5 克，脂肪 3.4 克，碳水化合物 4.7 克，还含有人体需要的其他营养素。100 毫升牛奶中钙元素的含量约为 120 毫克，钙的吸收率约 40%，与各种钙制剂的吸收率相似。现在市售的鲜牛奶中一般都强化了维生素 A、D，维生素 D 可促进肠道对钙的吸收，并促进钙在骨骼中的沉积，有利于孩子骨骼的发育。

豆制品营养价值更高，其主要原料大豆中蛋白质含量约 30～40%，比各种瘦肉、牛奶、鱼类都多。有人将豆制品比喻为“植物肉”，一点不夸张，其蛋白质的质与量均可与动物蛋白相媲美。豆制品中含有组成蛋白质的氨基酸二十余种，儿童生长发育所需的九种必需氨基酸大豆中都有。大豆中富含赖氨酸，可补充谷类食物中赖氨酸的缺乏，而大豆中含量少的蛋氨酸可得到谷类食物的补充。大豆中的脂肪含量约为 15～20%，油脂中不饱和脂肪酸的含量可高达 85%，大豆中卵磷脂的含量不亚于蛋黄，大豆中还含有丰富的矿物质和膳食纤维，每 100 克大豆含钙 169 毫克，磷 400 毫克，铁 8.3 毫克。这些都是孩子神经系统发育、骨骼牙齿发育及全身体格发育所需的营养物质。以大豆为原料制成的豆制品，其营养价值就不言而喻了。

问渠哪得清如许，为有源头活水来。要想让孩子健康地成长，

就必须有一个合理而又健康的饮食计划，饮食和营养是孩子生活环境的组成部分，是孩子生长发育的重要物质基础。健康需要合理的营养。

随着生活水平的提高，不少孩子片面追求摄入高脂肪、高蛋白的食物，加上运动量不足，导致肥胖症发生率逐年升高。当妈的都知道，一日三餐一定要吃的营养全面才能更健康，尤其是正在长身体的孩子，更要合理搭配饮食。可是，如何为孩子合理安排三餐呢？

早餐可包括牛奶、鸡蛋、面包、粥、蔬菜、水果。早餐能量应占全天总能量的30％。由于早晨起床后，人的大脑皮层仍处在抑制状态，很多孩子食欲较差，进食量少，因此早餐要进食体积小、质量高、热量高、耐饥且又易于消化吸收的食物，如鸡蛋、牛奶、面包、蛋糕、果酱、馒头、豆浆、面条荷包蛋、火腿等。

午餐是孩子一日中主餐。上午体内的热量和各种营养素消耗很大，午餐应该吃饱吃好，可吃些肉类、鸡蛋等含能量较高的食品，它为午后学习活动做好准备。因此午餐应摄入充足的热量和各种营养素。有粮食、有肉、有菜、有豆制品。午餐饭菜要丰盛，午餐各种营养素含量一般占全天供给量的35％～45％。可推荐午餐菜品：糖醋带鱼＋炒素菜＋海米菜叶汤；猪肝肉片＋西芹虾仁＋莲子百合银耳羹；土豆牛肉片＋菜花香菇＋豌豆汤。晚餐应以谷类食物和蔬菜为主，口味清淡易于消化，有利于抗疲劳和养神醒脑。可推荐晚餐菜品：清炖排骨藕汤＋豆豉炒豆腐＋拌海蜇丝；肉末豆腐＋青椒土豆丝＋皮蛋拌豆腐；洋葱爆猪肉＋番茄炒鸡蛋＋拌豇豆。加餐：

现在的中小学学生大多因功课较多睡得较晚，从晚餐至睡觉，大约有 4～5 个小时。晚餐所吃的食物已基本消化掉，需要加以补充。

另外，有些学生学习很累，大脑处于紧张兴奋状态，以至于影响睡眠，故最好喝一杯牛奶，吃些面包、鸡蛋，既补充了营养，又可起到安神作用。午餐和晚餐，一般安排一荤一素一份豆制品加水果即可。荤素菜根据品种每天变化，以一周为一个循环，这样一方面可以保证孩子吃到时令的蔬菜、水果，一方面还能满足他的新鲜口感，比如鱼虾，每天买不同的品种，按照不同的做法烹调。

“长风破浪会有时，直挂云帆济沧海”！科学健康合理的饮食教育是孩子健康快乐成长的重要保证。相信合理饮食，定能促进孩子健康的成长！

健康检查不是选修而是必修

大家都知道，孩子是我们希望的寄托，我们终其辛苦一生，还不都是为了给他们创造一个良好的生存环境，让他们快快乐乐、健健康康成长。随着社会的发展和社会竞争的加剧，人们的生育观念逐渐发生了变化。过去“人多是好事，人多力量大”的观点在绝大多数人的脑海中逐渐地退去，取而代之的是“少生优生，优生优育”的观念。人们不再疯狂去追求孩子的数量，而开始抓起孩子的“质量”来。看看近几年，孩子的身体健康和心理健康问题日益凸显，

如肥胖、近视、营养不良、贫血、心理卫生等都是非常常见的疾病了，所以说你要抓好孩子的质量，体检就势在必行，这对我们上班族妈妈来讲，不能因为上班忙，就不去关注，你不仅要关注，还必须作为一门课程来认真学习和研究。

人得病不分什么时候，不是因为你是老人有可能得病就该体检了，也不是因为你是小孩子，不可能得病而不该去体检。孩子的健康若没有一个科学的管理，必定也会失控。无论是哪个年龄段的人想要免除重大疾病的困扰，定期做体检是最好的选择。

孩子在成人之前一般分三个年龄阶段，不同的年龄阶段体检侧重也不大相同。刚出生的孩子，上班族妈妈会带其进行一些超声波检查，看孩子的内脏是否有暂时性的、生理性的或潜伏性的异常出现。对于儿童的超声波检查，通常包括脑部超声波检查、心脏超声波检查、腹部超声波检查和肾脏超声波检查。脑部超声波检查是为了看看孩子脑部是否有先天性的肿瘤、囊肿、颅内出血或者脑缺氧现象。对孩子进行心脏超声波检查是为了观察孩子是否有先天性心脏病，这些先天性的疾病包括心房或心室的中隔是否有缺损、瓣膜闭锁是否不全或异常、大动脉是否狭窄等。对孩子腹部进行检查是为了查看孩子肝胆是否存在异常、肾上腺是否出血、子宫或卵巢是否正常、乙状直肠是否膨胀、大小肠是否阻塞、腹部是否有肿瘤等。对孩子进行肾脏超声波检查是为了观察孩子肾脏是否发育完全、肾脏是否移位、肾脏是否存在囊肿和肾脏是否积水等。进行完这些检查后，看孩子是否具有相应的疾病，如果孩子不慎患病，我们一定要请医生给孩子及时治疗，还孩子一个健康的身体。

通常孩子在2～8岁的时候，这一阶段孩子身体最虚弱，营养补充最关键，所以这一阶段的检查就要侧重营养是否均衡，以免影响生长发育，比如对微量元素的检查。微量元素，顾名思义微量元素在人体体重中占了很微小的比率。虽然它微小，但作用非常巨大。微量元素与人体代谢的调控有密切关系，是人体重要生物化学反应基础酶的组成成分或激活剂，缺乏微量元素就会带来许多不利影响，比如缺铁，可造成缺铁性贫血，免疫力、抵抗力下降。缺碘就会引起甲状腺肿大，严重的可引起痴呆。缺锌就会引起性发育迟缓，食欲不振，味觉丧失等等，因此，我们必须重视孩子的微量元素缺乏问题。

这一时期也是孩子打疫苗频繁的时期，要注意这方面的体检，看看哪些疫苗需要补种，比如孩子体内乙型肝炎表面抗体水平是否下降，如果下降便需补种。

孩子弱视若不体检很难发现，同样错过了这一时期的治疗也将造成终生遗憾。所以这一方面的体检不能漏掉。

脊椎弯曲在这时期也很容易发生，常由孩子一些不注意的站姿或坐姿引起，若此时忽视，将来身体发育完全，骨骼都定型了，再去矫正就很难了。

大家都知道肥胖对于人的危害，它是引起高血压、冠心病、2型糖尿病、胆囊炎及某些癌症的重要诱因并且是这些病共同的病理基础。孩子肥胖对于每一个妈妈来讲是不愿看到的，所以这一时期要

注意肥胖方面的评估检查，从而来调整孩子的饮食，杜绝肥胖的病症。等孩子肥胖了，超过了这个最佳年龄段再去减肥就不那么容易了。所以说远离肥胖要从小做起，越早越好。

现在社会日益复杂，心理问题不仅严重侵袭着成人们，也滋扰着很多童真的孩子。比如孩子的自闭症，孤僻症等。此时通过心理体检，与心理医生咨询，发现心理问题所在，及早与孩子沟通，交流，还孩子一个健康的心理。

等孩子大一点了，在 8～16 岁这个年龄阶段，是孩子发育成熟的关键时期，这一时期发育比较快，除了需要对孩子进行血常规、肝功、胆红素检查、内科、外科、眼科、口腔科检查外还要对孩子进行微量元素检查、血脂检查和相关基因检查等。对孩子进行血脂检查是为了测定孩子的血脂是否正常、看看孩子的低密度脂蛋白是否升高。如果孩子的血脂中的低密度脂蛋白升高，那么就要注意孩子的颈动脉是否会向硬化方面转化。还要检查孩子的其他方面的身体发育情况，比如偏食，是否缺钙、是否近视、是否有龋齿等。这一时期的孩子口味喜好基本定了，就很容易偏食，大家知道偏食是肯定不行的，容易造成营养不良或者贫血。这一时期也是孩子学习阶段，坐姿难免会出问题，眼睛很容易近视，及早体检，及早发现和纠正。

这一段时期的心理健康也不能忽视，不论生理还是心理都是悄然发生变化的重要时期，孩子们把握不好，就很容易出问题，所以妈妈们要多抽时间陪他们聊聊天，了解他们的所思所想，多和心理

医生联系咨询，发现问题及时疏导和排解，帮他们树立正确的人生观、价值观等。

孩子是我们的未来，我们的希望，要让他们好，我们做妈妈就要时刻关注他们的发展，关注他们的健康，给他们一个科学合理的健康体检。

保持孩子快乐的心情

心理学家马丁·塞利格曼发现，当家长总是过分地责备孩子时，孩子们会感到特别内疚，特别惭愧，情绪上就会非常冷漠。其实何止孩子，我们大人受到别人攻击时，情绪也会失落，情绪一失落，什么也干不好。

情绪是一种体验，一种对客观事物态度的体验。这个体验的过程是其他心理过程替代不了的。情绪好了，人的精神就愉快，反之它会使人的心理活动失衡，从而对其以后的行为活动产生很大的影响。让孩子快快乐乐地成长，才能还孩子未来一片蓝天。这是每一个上班族妈妈要做到的，让孩子每天保持一个快乐的心情，也是上班族妈妈们完全能做到的。

但怎样让孩子保持快乐的心情，并不是一件容易的事，不过，妈妈们只要多思考，多动脑，孩子快乐的心情还是可以培养出来的。

俗话说有其父必有其子，有个快乐的妈妈当然也会有快乐的儿

子。所以说你要想培养一个快乐的儿子，你首先要学会做一个快乐的妈妈。即便做不到，起码在孩子面前也要快乐起来，不要让孩子轻易看到你的烦恼。快乐可以传染，烦恼也同样会蔓延给你孩子幼小的心灵，从而使他变得消沉，萎缩，大大摧残着他的心理健康。

日本著名企业家松下幸之助有句名言："企业管理，过去是沟通，现在是沟通，未来还是沟通。"换句话说，对孩子的教育过去是沟通，现在是沟通，未来还是沟通。妈妈们真正想要做好孩子快乐的工作，就是与之沟通，并且还要快乐地沟通。不论你脾气暴躁还是文静，苛责还是宽容，你内心都必须充满鼓励，充满爱，充满对孩子的情感和信任，让孩子从心里感到安全和可靠。快乐沟通就是改变孩子好心情的前提。

我有一个朋友叫瑞霞，是新城物流公司的主管，平时工作压力很大，她丈夫车祸又去世了，她与她儿子小新相依为命。最近她发现他儿子很少有快乐的时候。有一天，她就问她儿子："小新，你怎么看起来这么不快乐啊?"

小新怪怪地看着她，看得她心里发毛，一会儿这小新竟哭了："妈，你的样子我害怕。"她一惊，我样子怎么了?她急急忙忙到洗手间看到自己的样子时才悔悟了过来。是啊，她的脸她什么时候笑过呢？在公司是一副不苟言笑的面孔，属下都怕她。没想到回到家还是板着脸，儿子又怎能快乐起来了呢?

那一次她搂着小新哭了起来，说妈妈永远不再这样了。

通过这个故事就可看出，妈妈的心情好坏对孩子的影响有多大了。那天她找到我向我哭诉说她可以变得快乐起来，可孩子还是不那么快乐。我说这事不能急，得慢慢和他沟通，找到他快乐的根源，给他快乐的药方。

孩子有些快乐是本能的，更多的快乐还得妈妈去引导，去挖掘。比如说大喊大叫，高兴了跳跃了等等这些你就不能去制止，因为这是他的本能啊，一种发自内心的反应。如果你去制止，就会发生碰撞，这本身就违反常理。当然你是主管，有能力也有方法让他静下来，乖下来，但孩子的一些热情和活力，也随着你教子有方的层层出台而渐渐消失殆尽，这是最悲哀的事情。孩子不是大人，既然是孩子，就得还给他无拘无束，无忧无虑的童年，让他体味到尽情的快乐吧！

再就是孩子现在就像那飞翔的鸟儿，整天待在鸟窝里是不行的，他需要接触大自然，呼吸新鲜空气，要尽量让他融入社会的大家庭中，让他尽早地接触社会，让它拿出自己不玩的玩具，去送给需要的小朋友，或者去给受援助的人等等，让他多做一些献爱心的公益活动，深切感受献爱心的快乐。

还有就是现在生活节奏日益加快，妈妈们或许都很忙，但不论怎样，妈妈们还是要抽出时间陪孩子去户外做一些健康的娱乐体育活动，比如一起出去跑步，一起打球，一起骑车，这些运动不仅锻

炼了孩子健康的体魄，重要的是让孩子在这些活动中，去体味运动带来的快乐。

孩子还有一个特点就是喜欢被人夸，这也是孩子获得快乐的重要源泉之一。说到被人夸，大人都喜欢，何况孩子。孩子获得快乐的重要源泉就是得到大人的肯定和表扬。它是孩子智力发展的动力，它让孩子对事物产生兴趣，而成功和快乐又让他产生自信，这对孩子一生的成功与否可以说关系重大，所以不要吝啬你的表扬和鼓励。从心理学角度说，这种发自内心的称赞，哪怕仅仅是竖起大拇指这样的一个简单的动作，都会起到意想不到的巨大作用。

当然以上这些对孩子快乐的沟通和挖掘，只是窥豹一斑，还需要妈妈们用心去观察孩子，欣赏孩子，多给他一点快乐，与他快乐成长。

上班族妈妈怎样解决孩子的厌食问题

在日常生活中，上班族妈妈大都会碰到孩子厌食的问题。每当看到别人家的孩子吃饭津津有味而自家孩子吃饭拖拖拉拉时，上班族妈妈心里就恼火，有的还对孩子连喊带打。吃饭问题就成了孩子和父母闹别扭的家常小菜。其实对于孩子的厌食问题，上班族妈妈大可不必上火，只要找出孩子厌食的原因，量体裁衣，对症下药，这个问题就不难解决。让我们来一起分析分析孩子厌食的原因有哪

些吧。

通常状况下，孩子厌食分为神经性厌食和病理性厌食。而我们平时所见的孩子的厌食大多数是神经性厌食症。神经性厌食症的形成有许多原因，有的是因为孩子的不良饮食习惯、孩子的消耗太少；有的是因为孩子长期的进餐时间紊乱、孩子长期在进食时受到惊吓、进餐时没有进餐氛围；有的是因为孩子吃的饭单一等。病理性厌食症主要是由于患有消化道系统的疾病或其他慢性病形成的。此外孩子如果得了咽喉部的炎症时也容易引起厌食。所以针对孩子的厌食，上班族妈妈一定要注意观察、思考，然后得出结论，根据孩子不同的厌食原因采取多样的解决办法。

如果孩子的厌食是由于不良饮食习惯造成的，上班族妈妈就要注意矫正孩子的饮食习惯。尽量在吃饭前不要让孩子去吃零食，例如：巧克力、蛋糕、其他零食等。这些零食不但能填充孩子的胃满足孩子的饥饿感，使孩子在吃饭的时候没有胃口，而且能使孩子的饮食习惯发生改变，使得孩子在饭前吃零食、在就餐时没有食欲、稍晚会儿又开始饥饿吃零食，长此以往就使孩子形成本末颠倒的恶性循环，从而成为影响孩子的正常饮食的厌食症。所以如果孩子的厌食是由于饮食习惯造成的，妈妈就要从孩子的饮食习惯着手。倘若孩子老待在家里看电视、看书、玩电脑游戏，而不出去活动，也能引起孩子的厌食。因为孩子活动不多，就造成孩子不能及时消耗已经吃过的食物，这样在下次吃饭的时候没有饥饿感。如果孩子的厌食是由于孩子缺乏运动造成的，就要多带孩子出去，让孩子多多活动，消耗尽可能多的能量，这样孩子在进餐时饥饿感就非常强烈，吃起饭来才能津津有味。

上班族妈妈因为事业原因，往往不能按时做饭，这样孩子在饥饿感强烈的时候不能及时进餐，孩子就以饼干面包或其他食物充饥。当孩子吃了东西以后，饥饿感不强烈了，又开始进餐，孩子还能吃得下吗？所以，上班族妈妈一定要让孩子定时定餐去吃饭，让孩子的饮食具有规律性。在这方面，上班族妈妈要给孩子做一个好的榜样，因为孩子年龄较小，对许多事情孩子不明白怎么回事，只有去模仿父母。如果上班族妈妈吃饭颠三倒四的，不管时间没有规律，长此以往孩子也会去模仿，在不知不觉中孩子的饮食规律也就遭到了破坏。

此外，上班族妈妈在发现孩子吃饭时，不小心把饭菜弄到了衣服上，就开始指责孩子。或者对孩子吃饭过慢，上班族妈妈也严加责怪；或者在孩子吃饭时又过度放纵孩子，让孩子边吃饭边看电视或看书，不小心撒掉饭菜时，就吵骂，这样孩子在吃饭期间经常受到惊吓，导致孩子吃饭时精神过度紧张，吃起饭来就难免拖拉，久而久之就也有可能引起孩子厌食。

上班族妈妈由于时间关系，有时没有空陪孩子一块吃饭，只能把饭做好了，让他一个人吃。孩子不在吃饭的氛围中，缺乏父母的关注或引导下，就找不到吃饭的感觉。长期这样，孩子就会注意力分散，抑制自己身体内消化液的分泌，同时影响孩子的消化功能。而且，很多上班族妈妈给孩子的一日三餐，大多天天一样，虽然这

些食物都是很有营养的食物，但正如古人所言“海参鱼翅是美味，吃久了也要腻味”，别说孩子，让我们天天去吃大鱼大肉我们可能也吃不消。所以，针对这种情况，上班族妈妈还应该想法变化饭菜的花样，让孩子的饮食结构具有合理性。孩子不喜欢吃肉或蔬菜，可以把肉或蔬菜变成水饺；孩子不喜欢吃蛋黄可以给孩子煎鸡蛋，让蛋清和蛋黄不能区分。这样让孩子感到新鲜感的同时，也增强了食欲。

对于孩子不同的厌食症，上班族妈妈应该注意观察和反思，找出孩子厌食的真正原因，然后根据这些原因采取不同的措施。这样，上班族妈妈就会给孩子找出一种科学合理的办法来处理孩子的厌食问题。

体育是“童子功”，错过难弥补

一位著名的小学教育专家曾经对孩子的德智体发展进行过这样的描述：“德育不好出危险品，智育不好出次品，体育不好出废品”，相信上班族妈妈都能体会。如果孩子的体育锻炼不从小抓起，一旦错过将终生难以弥补。

在过去的观念里，我们一直重视孩子的智商也就是IQ的发展，后来随着时代的发展人们开始逐渐关心起孩子的情商也就是EQ来，可是人们却忽略了孩子的体商也就是BQ的发展。在我们的教育理念中，我们要培养“德智体美劳”综合发展的人才，这就使得学校或家长往往只重视孩子的学习成绩发展。尤其是中小学，虽然在课程表上设有体育课，但体育课往往很少，有的学校的体育甚至形同虚设，因为学校既没有体育老师也没有体育场地。他们在课程表上开设体育课只是为了应付上级检查。而很多上班族妈妈因为时间关系也很少陪孩子出去锻炼，为了节省时间或省心，她们就把孩子束缚在电视机或电脑前，培养了许多“电视儿童”或“电脑儿童”，孩子的时间和精力都被放在了电视节目或电脑游戏上，而孩子的身体却没有得到应有的锻炼，使得孩子的体质没有随着年龄的增长得到相应的发展。

研究表明，体育锻炼对孩子的身心发展非常有利。体育锻炼可以提高孩子的体商，可以拯救孩子的体质危机。对于男孩儿来说体育运动显得尤为重要，因为运动是男孩的天性，男孩子和体育运动之间存在着不可分割的关系。男孩子体内的雄性激素要求男孩子需要更多的体育运动，随着男孩年龄的增长，他们的雄性激素要求他们具有更高水平的运动能力。运动和男孩的雄性激素之间存在着互相促进互相制约的作用。如果男孩参加的体育运动较多，可以促进男孩的雄性激素的分泌，也能增加雄性激素的作用。它们相互作用共同塑造男孩，体育运动有助于一个男孩在成年后成为一名真正的男子汉。缺乏体育锻炼的男孩身上缺乏真正的男性气质。

在男孩子的大脑里水分的含量比女孩要多，这也是为男孩参加体育锻炼做准备的。男孩大脑内的水分可以缓解因为体育锻炼而带

来的冲击力，减缓体育锻炼对男孩子带来的伤害。人类的进化过程也要求男孩应该多多参加体育锻炼，这也是人类长期进化优胜劣汰的结果，男孩也具有更适应体育锻炼的身体结构。过了青春期以后，男孩的肌肉占身体的比重比女孩子要多得多，适量的体育锻炼可以使男孩的肌肉体积增大，也能增加肌肉的收缩的力量，使得男孩更有力量，更有耐力，也提高了男孩的反应灵敏度和速度，同时也增加了男孩的柔韧性，并因此青春期后的男孩子会比女孩更加高大和健壮。体育锻炼还能增加男孩的身高，适量的体育锻炼可以使得男孩的身高潜能得到发挥。

体育锻炼除了能增加孩子的体质外，还能增强孩子的心理健康水平。研究发现男孩的情感比女孩的更加脆弱，男孩患心理疾病的概率比女孩的要大。通过体育锻炼可以缓解男孩的消极情绪，使男孩的消极情绪向积极方面发展，从而减少男孩心理疾病发生的概率。体育锻炼还能使得男孩的所有优势潜能得到实现，它能够促进男孩的空间想象力的发展，它让男孩在锻炼中经受体力和意志的考验，让男孩子在锻炼中能够体会到人生中的痛苦、挫折和失败感，能让男孩子体会到汗水和泪水的滋味。男孩子在心情不好的时候，一般都会去做些体育运动，在运动中释放自己心中的不快与痛苦，在经过一系列的体育锻炼后，男孩心中的不悦会得到缓解和释放。在做完体育锻炼后，男孩的攻击性本能得以释放和升华，男孩子过剩的精力和不满得以发泄，这样对男孩子在课堂上就能专心听课，遵守纪律。

然而，在应试教育下，孩子的运动天性往往容易被忽视，孩子的体育锻炼往往被冷落，尤其是在中小学阶段，体育锻炼所占的时间和作用越来越小。由于在升学考试中体育所占的比重较小，父母和老师都忙于关心孩子的分数，体育却总是被父母和老师忽略，虽然现在的生活条件越来越好，孩子的生活越来越安逸，可是孩子的体育锻炼却越来越少了，这是一件多么可怕的事情啊！

所以作为上班族妈妈，一定要注意对孩子进行体育锻炼的培养，我们要想尽一切办法让孩子养成良好的体育运动习惯，让兴趣和习惯成为推动孩子体育锻炼的推力。可以通过和孩子一起观看体育比赛、教授孩子几种球类运动和让孩子养成良好的运动习惯等途径着手去对孩子的体育进行引导和教育。

让我们对孩子从小就进行体育锻炼方面的引导和教育吧。毕竟体育锻炼是一种“童子功”，我们要让孩子从小养成热爱体育锻炼的习惯，让孩子在体育锻炼中做到德智体美综合发展。

教会你的孩子如何避免交通意外

近年来，随着中国汽车产销量连年上升，我国的道路交通事故率也不断攀升，据统计每年有超过近两万名 14 岁以下的儿童死于道路交通事故，儿童因交通事故的死亡率是欧洲的 2.5 倍、美国的 2.6 倍。其实细分析这些儿童交通事故，大半数是因儿童自身的不当行

为引起的。中午和下午放学时段是孩子交通意外高发期，儿童突然出现在机动车道上，或从车前、车后突然窜出。这不得不引起我们上班族妈妈的重视。我们上班族妈妈忙于工作，本身不能时刻陪在孩子身边，如果交通安全方面的教育又不加以正确引导的话，后果我们无法想象。

妈妈们都十分珍重孩子，会在孩子身上倾注太多的心血，可对孩子交通安全意识的培养总是忽视和淡漠，导致儿童受伤的交通事故仍然在我们身边不断地发生。想要避免这些悲剧的发生，这就要求我们上班族妈妈不仅要在平时的时候养成遵守交通规则的好习惯，平时也要更加关注针对儿童的安全。大多交通事故并不是不可以加以防范的，常常因为妈妈们忙于工作，没有教会孩子行走安全，而让意外发生。妈妈们要多一些耐心加一些小心，为孩子营造一个安全的环境。

孩子在道路交通环境中是弱势群体，他们活泼好动，乱跑乱玩，好奇心强，但对外物的认知能力和应变能力还很不足，不知道怎么样进行自我保护，遇到紧急情况都慌了，因而要培养他们的危险意识，时时防范意外。妈妈们要充分认识到交通安全的重要性，自己要全面了解各种交通信号灯和交通安全常识，当然这样做最终是为了让孩子全面了解这些知识，从小就培养他们的安全意识。上班妈妈因为工作的关系，很少会在孩子放学的时候亲自接送，而孩子在回家的路上就得自己穿过很多马路，这就要时常告诫他们不要在街道上乱走乱跑，不要在马路上踢球玩球、溜旱冰，还有嬉笑打闹等等。

现在很多马路旁都有停车，停摩托车、停拖拉机，要告诫他们不要在上面乱摸乱动，以免车子开动，造成伤害。也不要在汽车、拖拉机下面玩耍，更不能睡觉。一旦碰上马虎司机，在开车前，没注意检查车底下是否有孩子躲在下面，后果可想而知。

学校离家远，一般孩子都要乘坐公交车或者其他车辆去上学，这就要时常告诉他，不论做什么车辆，都应该坐稳，不可以在车厢理来回跑动，坐在座位上后，要抓住座位边的扶手，以免车子紧急刹车时造成撞伤，更不要把手、头等伸出窗外。

如果上学的路上有铁道口，更得和孩子交代明白，一定要看清信号灯，确认好了通过信号才可通行。若有火车来，要远离火车，大约 5 米靠外，不要靠得太近。因为火车行驶快了有很大的风力产生，离得近了很有可能被风刮进轨道里，造成伤亡。

孩子若骑自行车上学，要嘱咐他一定不要骑车带人。骑车要靠右侧行驶，不要在机动车道上行驶。不要两人并肩右侧行驶，不要在马路上你追我赶，更不要双手离开车把抖耍威风。若碰上下雨或者下雪天，路上泥泞打滑就最好别骑自行车了，以免滑倒发生意外。告诉他要经常检查自行车的车铃、车闸、反射器是否有故障。若有，应及时修理或更新。否则，一旦车辆急刹车或者急转弯时，易发生车祸。

为了更好地保证孩子的生命安全，建议妈妈们注意一下孩子的穿着打扮。例如给孩子戴上黄色或红色的帽子，红色的上衣或裤子，

背上红色的书包等。其目的是提醒司机的注意，这样可减少意外事故的发生。

上班族妈妈们都很忙，很少陪孩子，但只要有空，要随时随地对孩子进行安全教育，比如和孩子上下楼，要右行，抽几天时间送孩子上几天学，对其进行实地指导，这样比着光讲理论来的效果要好得多。还有让孩子多参加一些有关交通安全的夏令营，或者多看一些交通安全后果警示宣传栏，多讲一些生动真实的案例，通过惨烈的场景、悲痛的画面，让孩子吸取教训，更真实地感受到交通事故恶劣后果，增强孩子的印象感。要从孩子的兴趣出发，将交通安全教育渗透里面去。比如学唱儿歌《过马路》，听讲故事《小花猫上街》，看一些常识交通图片等有关交通安全的歌曲、故事、常识等，或者利用汽车玩具和他做一些有关交通的游戏，力争做到活学活用。

孩子的成长需要我们的呵护，孩子安全健康更是上班族妈妈们的美好心愿，教会孩子怎么避免交通意外是教孩子在成长路上行走的第一步！只要妈妈们帮助孩子树立起交通安全意识，明确交通规则，掌握交通安全措施，孩子的交通安全就有保障。

第十二章　养成好习惯，是孩子一生享用不尽的财富

家务事是人生的基础课程

一位小学二年级老师在课堂上要求班里的同学把大瓶子里的水倒到碗里，但是没有一个人自愿来倒水。老师问道：“大家知道怎么倒水吗？以前做过没有？”结果是没有人做过！

仔细想想，出现的这样的情况一点也不新鲜。我敢打赌，有些孩子在上托儿所时已经学过该怎么倒水，但后来在家里就缺乏练习了，因为他们不再有机会做这件事，都是家长帮他们把水倒好的。我遇到过许多妈妈抱怨子女太娇弱，懒散、太忙或者太笨，无法帮她干活。可是当我们透过这种表象就会发现，导致这个问题的并不是孩子，而是家长。很多妈妈因为忙于工作，她们认为，与其花宝贵的休息时间教孩子熟练做家务事，还不如自己动手做来得快。

特别是现代家庭独生子居多，家长对孩子往往极为娇宠，舍不

得让他们分担任何家务，甚至做了孩子分内的事情，这样在不知不觉中就养成了孩子坐享其成的习惯。我们常听到一些妈妈说：“宝贝，你只要把书念好就行了，其他的事都不用你管。”家长不重视让孩子做家务，怕会影响学习。其实，这种过多的爱心与善意，会对孩子造成诸多不利的影响。因为，你的娇宠，可能会让孩子产生逃避责任，依赖父母的思想，从而影响了孩子的独立性、责任感及克服困难的能力，这对孩子今后的成长都会造成严重的影响。

最近，单位同事小雷就为她十三岁的女儿林林深感头疼。小雷的女儿从小体质弱，加上又是家中的独女，一家人对林林是呵护有加，除了学习以外所有事情，小雷和老公都为女儿一手包办好。小雷说女儿长这么大连拖把都没摸过，更不要说洗衣、做饭、整理自己的日常用品了，这些家务小事她从不让女儿接触，就是连女儿书包里的铅笔都是她和老公帮忙削好。现在林林长大了，同龄的孩子多少还会做一点家务事，可林林什么都不会干。小雷说有一次周末，她出去买菜，临走前她在电磁炉上烧了一壶水，嘱咐林林等水开了关掉电磁炉。等她回来一进屋就闻到一股焦味，原来电磁炉上的水壶已被熬干了。她气得质问女儿水开了怎么不关掉电磁炉，林林委屈地说她不知水开是什么样。

而最让她郁闷的是不久前发生的事：原来上星期小雷

出差，老公又要上班，于是放假在家的林林只能一个人待家里。这一个星期里林林没有洗澡也没有洗头发，小雷回来就闻到女儿身上有股酸味，问明原因后小雷惊讶得半天没合上嘴。因为以前林林洗澡、洗头发都是她手把手地“服务”。林林说其实妈妈走的这些天她也想自己动手洗的，可因为从来没有做过，所以不敢尝试。

现在小雷很后悔自己以前“一手包办”式的教育，使女儿都十三岁了，自立能力和三岁的孩子无异。痛定思痛之后，小雷决定以后要放手让女儿学习做一些力所能及的家务，她已经认识到家务是人生的基础课。

当然，也并不是所有的妈妈都不愿让孩子做家务，除了爱孩子的心理之外，主要还在于对让孩子做家务的问题上缺乏执行力。有的妈妈希望孩子能单凭直觉就能牢记并遵从真正的家务要求，有的妈妈只是耳提面命地提醒孩子做家务，并不管孩子做还是不做。比如，往往是以一种有板有眼的宣言“从现在起”开始，并以“清楚了吗”之类的话语结束。面对这种家务姿态，孩子总会煞有介事地点头表示同意，而妈妈也三令五申，天真地期待往后不需要央求或提醒，孩子就会整理好自己的书包和房间，并好好刷牙。

然而，这些分内工作孩子并没有完成，原因何在呢？我想其中一个原因在于，你我的孩子都拥有揣摩家长心态的侦察能力。他们知道我们何时是认真而有心贯彻到底的，何时又只不过是随口说说

而已。

总有不少妈妈常常低估孩子的能力，过度爱护子女，但这样做却剥夺了孩子从生活中学习的机会与乐趣，以致他们缺乏独立自主的生活磨炼机会。事实上，引导孩子从事家务，不在于孩子干活轻重多少，而在于孩子的参与过程。孩子所干的事情，在成人眼里虽是些微不足道的简单家务劳动，如整理报纸、参与家庭购物、擦擦桌子等等，但对孩子来说却意义重大。孩子在做家务的过程中，不仅可掌握一些简单的家务技能，养成良好的劳动习惯，而且有利于责任心和义务感的培养。反观西方人的孩子，他们在家务中与孩子同做同乐，以此逐渐培养了孩子的家庭观念，使孩子理解劳动的意义，并获益匪浅。因此，上班族妈妈一定要重视利用家务劳动对孩子进行教育，从而培养其热爱劳动的习惯。

劳动可以培养一个人的责任感，要让孩子有责任感，就先得给他责任让他去承担。而家务事就是最好的训练材料，它有趣又富有生活化。有利于培养孩子做事有始有终、独立、负责的态度，而且通过做家务，还可以使他们手脚灵活，而且更具逻辑、组织能力。我们知道，一个人要在社会上生存，除了学习以外，还要有良好的适应能力和为人处世、待人接物、互助合作的生活态度。孩子从小做一些家务事，他们解决问题的能力将会得到不断的磨炼、训练、提高。即使孩子不情愿做，也能从中训练他们面对现实，克服困难的心理。

因此，妈妈应适当地交给孩子一些工作，让孩子经受磨难，你

会发觉孩子其实也是很能干的。在家庭教育中，不妨以赞美来增加他的信心，以鼓励代替责骂，慢慢将孩子的能力开发出来。孩子一旦学会了独立思考与解决问题的能力，他的学习将更有效率。所以，上班族妈妈们千万别小看了做家务，它蕴藏的学问可大了。

孩子是值得我们投入比疼爱和关怀更多的东西。总有一天我们会和孩子分开，他们需要学会该如何照料自己，受到日后回馈社会的教育。从这方面来看，干些家务活并非完全是孩子的“课”外活动，而是他人生的基础课程。教育孩子养成注重劳动的良好习惯，孩子将终生受益。

引导孩子做一个懂礼貌的乖宝宝

近些年来，关于孩子“礼貌教育”的话题越来越受社会各界关注，但很多上班族妈妈似乎还是觉得“礼貌教育”是个难题。往往由于教育方式不得当，从而在教育孩子培养好习惯这条路上形成不利因素，使教育适得其反，也有可能给孩子造成伤害。

想起前两天我去幼儿园接孩子时看到的一幕。那天下班有点晚，等我赶到幼儿园时，大部分小朋友都被接回家了。走进儿子的教室，我看到老师正陪儿子和另一个小朋友玩游戏，儿子看到我高兴地奔过来，我连忙向老师道谢，

儿子也笑呵呵地看着老师说谢谢。另一个小朋友的妈妈也赶来了，这时老师拿出一份礼物给她的孩子，说是孩子今天生日，幼儿园规定每个小朋友的生日都有一份礼物赠送。

孩子开心地接过老师送给他的生日礼物，正要打开，可他妈妈急忙制止他："你这个孩子怎么这么不懂事，你得到了礼物要对阿姨说什么啊?"语气很严厉，孩子开心的笑容一下消失了，非常不开心地说了："谢谢!"委屈地拉着妈妈的手离开了。

在我看来，这位妈妈完全可以不这么粗暴地教育孩子懂礼貌。如果她自己对老师说："谢谢你送孩子这么漂亮的礼物，真的很感谢你!"孩子有可能会跟着说"谢谢"。就算没有说，妈妈也可以过后用温和的态度解决问题。引导可以跟孩子说："宝贝，幼儿园阿姨想得真周到，她惦记着你的生日，送了这么漂亮的礼物给你。我们是不是应该打电话对她表示感谢呢？她接到你的电话，一定会很开心的。"当然，这种方法比起粗暴的责骂要复杂一些，但却更有成效。

我们在生活中还常常会见到这样的情景，比如，到幼儿园接送孩子的时候，妈妈会对孩子说："快跟老师说早上好"、"快跟老师说再见"，朋友给孩子送份礼物，妈妈似乎千篇一律地要求孩子："快给叔叔阿姨说谢谢"……可是自己却从来没有说过。

我们必须得明白，礼貌是人与人之间沟通的基础，微笑是沟通时最好的表情。所以我们一定要在日常生活中引导孩子养成讲礼貌

的习惯，这样的孩子才是人见人爱的乖宝贝。而懂礼貌的孩子更容易被大家所接受，更易融入社会。同时培养一个懂礼貌且彬彬有礼的孩子，也是我们对孩子进行家庭教育的前提与基础。其实，家长一旦掌握了其中的奥秘，“礼貌教育”就会变成一件轻松容易的事。

所以，上班族妈妈要想培养孩子讲礼貌的习惯，就先要从自己做起。孩子的礼貌并不是与生俱来的，而是完全由家长在后天培养的。孩子礼貌程度的高低，就是衡量家长教育成功与否的标准。

一般三岁的孩子模仿性活动非常空出，一般情况下，爸爸妈妈就是他们最直接的模仿对象。千万不可低估孩子的模仿性，如果身为父母，即使是面对生活中的点滴小事也要做到讲礼貌，让孩子从无意到有意，从自发到自觉去学习，久而久之，就会养成习惯。

讲礼貌既是一个人生活的起点，也是一个人的品质特征，这是社会培养出来的本领。孩子们随着懂礼貌的家长亦步亦趋，导向他们模仿而懂得礼貌。如果家长遇人遇事先表现得有礼貌，那么无疑是给孩子树立了一个很好的榜样。

其次，要宽容地对待孩子的打断。生活中总会遇到这样的场景：当孩子打断大人讲话的时候，妈妈会说：“不许插嘴！打断别人说话是不礼貌的！”但是妈妈是否想过，你打断孩子的话就是礼貌的吗？妈妈用这种强制的方式要求孩子懂礼貌，收效甚微。如果你对他说：“我先把我的事情说完，然后再听你讲，好吗？”这样效果可能会好些。

还有的妈妈为不让孩子打断自己和客人谈话，会把孩子打发到他自己房间去，不让孩子在中间添乱，或者让孩子自己去一边玩要，

不予理会。殊不知，为了这片刻的安宁，妈妈已经在不经意中剥夺了孩子参与社会交际的权利。而这一不经意的举动，也伤害了孩子幼小的自尊心。

再者，就是将教条变为真实的生活场景。很多妈妈总是千叮万嘱教会孩子使用礼貌用语，但是，只用说教的形式很难让孩子记忆深刻。就算记住了，在真正需要说出口的时候，他们往往又沉默了。所以，条件允许的情况下，妈妈可以适当设置真实的生活场景，引导孩子自己说出来。这样，既能引起孩子的兴趣又能给他们一种真实的生活体验。

最后一点，就是切记不要用武断的方式评价孩子。大人用武断的方式评价孩子是危险的，因为孩子对自己的评价是依据成人对自己的评价来评价的。所以，妈妈要注意自己的一言一行。身教重于言教，对孩子进行文明礼貌教育，最重要的是自己要做个文明礼貌的人，用自己的文明行为和语言为孩子做出示范，让孩子在耳濡目染、潜移默化中学会文明的生活方式和习惯。

孩子都是可爱的，我们想要我们的宝宝变得有礼貌，先要尊重我们的孩子，让他知道，我们的行为是因为我们热爱、尊重和珍惜他们。这样，孩子才会感觉到自己是个有价值的人，并愿意接受我们的教育。

但是，好习惯的养成，是需要经历漫长过程的。所以身为妈妈，应该以足够的耐心来引导自己的宝宝。只要我们和孩子和一起努力，不久之后，我们的宝宝就会成为人见人爱的“礼貌标兵”。

让孩子了解父母赚钱的辛苦，有钱不要乱花

我想每个妈妈一定都有过这样的经历：在送孩子到幼儿园或学校门口时，孩子嘟囔着，甚至是哭哭啼啼地要零花钱，如果你给得少，他可能还会举出“某某同学妈妈每天会给她好多钱!”，你则气得冲着孩子喊到：“叫你好好吃饭，你不好好吃饭，光会到学校乱花钱吃零食。”事实是，即使孩子在家吃了饭，他也要向你要零花钱的。而在放学时，孩子会再次伸手向你要钱，要买学校门前的小吃摊上所卖的油炸豆腐串等零食，不买就哭闹。

每逢上下学时间，各小学和幼儿园门口，映入我们眼帘的不乏是一些家长与自己所接送的孩子之间因零花钱而讨价还价，场景甚是壮观。而除了学校门之外，还有游乐场、儿童玩具店、大商场等等，在这些地方，我们同样可以看到家长与孩子的身影。那么，为人父母的是否想过，当你毫不犹豫地给孩子零花钱或为他花钱时，你的行为会给孩子造成什么影响呢？

在目前社会中，孩子拿父母的钱乱花、花钱大手大脚已成为一个不容忽视的现象。通常，出现这种情况的原因，是父母没能及时给孩子以正确的引导，没有教给孩子怎样花钱，把钱都花在哪里合适，从而导致孩子未能树立起正确的金钱观。有很多父母，他们自己的钱没有数，如果不巧让孩子拿了又没能及时发觉，当然也就无

法及时纠正孩子的不良行为，给了孩子侥幸的机会，从而形成了不良习惯。另一方面是父母发现孩子花钱大手大脚，但可能由于制止太严，限制太紧，没有注意引导孩子，从思想上让他知道乱花钱的害处，而只是从行为上给予约束，这样反而容易引起孩子的乱花钱的逆反心理。当然，我们也不难发现现在的孩子多有攀比心理，当看到别人有时自己就眼馋、嘴馋，然后哭着喊着要父母满足自己。如果家长没能正确地加以引导，就会让孩子沉迷其中。

我认识一对夫妻，他们双双下岗后自己开了店面做起生意来，那时候他们的儿子小斌还只有三岁，两个人一边做生意一边带着孩子，也确实很辛苦。随着生意渐渐好起来，他们一天到晚几乎没有休息时间，忙得晕头转向，哪里还有心思教育孩子。有时正忙的时候，小斌要是围在身边哭闹，他们就赶忙从抽屉里拿出一点零钱让小斌去买东西，以此把孩打发开好安心忙活生意。小斌上幼儿园的时候，他们也是用这种办法安抚，上学的时候给零花钱，放学的时候也给零花钱。渐渐地小斌养成了乱花钱的毛病，想要买东西就围着妈妈要，而妈妈也不假思索就爽快地给他了。

小斌慢慢地长大了，后来已经不需要他们给自己就直接到父母放钱的抽屉里拿钱，需要多少拿多少，而他们的父母根本无心教导他。后来，小斌上了初中，口袋的零花

钱从原来的几块也涨到了几十块甚至上百块，结果遭到一些坏同学的敲诈和欺负。最后小斌也沦为这些同学中的一员，因为父母也开始注意控制小斌的零花钱了，所以给的钱已远远不能满足他。随之而来的就是小斌不得已辍学了，直到这个时候，他父母才开始醒悟，便不再给他一分钱让他好好待在家里反省。

然而，为时已晚，小斌于一个子夜偷偷溜出了家门。不久以后，夫妻两个再次见到小斌时，是在劳教所里。原因是小斌在大街上抢劫一位女士脖子上的金项链。

这是一个惨痛的教训，但是我们不能一味的谴责埋怨孩子，小斌的遭遇与其父母从小不正当的教育有直接关系。可以说，正是父母这种错误的“金钱教育”方式导致了小斌的今天。可见，对孩子对金钱的认识、对孩子价值观的灌输，父母应该从孩子小时做起，而不要以“忙”为借口，否则将会影响孩子的一生。

专家指出，孩子三岁左右，就开始有了金钱的概念。而父母处理金钱和物质的态度，对孩子的价值观影响甚深。比如，在你的孩子要你购买一件昂贵的玩具给他时，你会做什么样的反应呢？是告诉他太贵不值得买，还是直接就送给他？又或者在帮孩子整理他新年的压岁钱时，你又会怎么做呢？是教他存起来，还是全部让他支配？其实，这里都涉及了一个教孩子理财的问题。

或者，我们不要把字眼定成理财那么严肃，只是交流一下该怎

样向孩子传授用钱的心得，让孩子了解钱是来之不易的。

我认为，要想让孩子养成良好的理财观或者改正大手大脚花钱的不良习惯，最主要的是从思想意识上给孩子以好的引导，而父母的作用至关重要。父母应该以身作则，以行动引导子女，从小熏陶孩子，让他们知道挣钱的不易、父母的辛苦，要把孩子当成家庭中的正式成员来对待，让他知道家里的财务支出，让他知道，钱不能乱花，要花到适当的地方。

条件允许的父母，可以把孩子带到自己工作的地方，让孩子看到你工作时的忙碌，并告诉孩子，钱是要通过劳动所得的，即使一天忙到晚，换来的只是微薄的薪水。有了这样的体验之后，孩子自然理解父母挣钱的辛苦，在花钱的时候，他们就会控制自己的欲望。

还有一种很有效的办法，就是孩子如果需要买一件东西时教孩子用积攒的零花钱去买。当孩子一块一块攒起的零花钱可能因买一件东西就要全部花光时，孩子就会不舍得花了。

我们不反对父母给孩子零花钱，但是你有没有想过，当你从钱包里掏出一张张钞票的时候，在孩子的眼中你那个皮夹就像一个魔术包，里面总有掏不尽的纸片，可以换取自己心爱的玩具或零食。因此，父母可以适当地给孩子小部分的零花钱，但是，必须要经常地问及孩子用这些钱买了什么，对于花的适当的钱，要给予肯定，否则应予以指出。

想起一位台湾教育家曾在讨论如何建立孩子的金钱观时用了这样一个比喻：给他鱼，不如先教他如何钓鱼。确实如此。给孩子再

多的钱，不如从小培养孩子正确的金钱观、理财观。这样孩子长大后，无论是事业还是个人生活方面，都能更合理地运用资源。而且，还可以培养孩子的计划性，让孩子学会有目的地做事，并且发展能够满足自己需求的能力。

感恩，从身边的小事做起

要出门时，年老的爷爷蹲在地上给孙子换鞋子，而孙子却心安理得，连一声“谢谢”也没有；在幼儿园里，孩子玩耍不小弄脏了衣服，老师毫无怨言地帮孩子换上干净的衣服，孩子却认为理所当然，没有任何表示；生日到了，妈妈为孩子准备了精美的蛋糕，老师和小朋友准备了生日礼物，当生日快乐的歌声响起时，孩子高兴地接受着这一切，而没有想到要感谢妈妈的养育，感谢老师和同学的那一份情谊……

这样的例子比比皆是，不难看出，有些孩子对家长、老师的爱，熟视无睹，一种“感受爱的缺失”在幼儿身上成为常见行为。我们看得多了，也习惯了，习惯为孩子把每件事做得又快又好，那么孩子就没有机会插手帮忙。久而久之，孩子便习惯了接受，他所有的需要都被家长无条件地满足了，理所当然地认为什么事情都应该先满足他，别人的给予都是应该的。如此一来，孩子心里感恩的种子等不到萌芽便悄无声息地泯灭了，于是，我们又反过来责怪孩子不懂事，不理解父母，不懂得感恩。

感恩，是一个人人性光辉的体现，是一种美好的情愫与品质。一个人如果学会感恩，才能拥有幸福指数，才能理解生活的真谛。人是社会的人，任何人的生存和发展离不开社会大家庭，离不开父母的哺育。而对父母亲朋的关爱和恩惠，有的孩子懂得感恩戴德，有的孩子却理所当然，漠然处之。这里面固然有孩子自身的素养问题，但根本原因还是父母从小不注重孩子的感恩教育。

前段时间，一篇有关中学生用刀捅伤母亲的报道，引起了各界人士的关注和震撼。这位妈妈从小对孩子万般呵护，有求必应，什么事都以孩子为中心，好吃好喝好穿的都先紧着孩子。现在孩子长大了，长得比妈妈还高，可是这位母亲万万没有想到，自己一手带她的儿子只是因为她没及时提供儿子所需的学费，就被儿子无情地用刀捅伤，险些送命。此事件一经媒体披露，立即引发了一场关于对孩子进行“感恩教育”的思考。

当孩子长大成人了，如果不懂得对父母及家人感激，那么这种养育一定是失败的。其实，感恩的教育就是爱的教育，人若常怀感恩之心，不仅能培养其与人为善、乐于助人的美德，且能够促进其健康人格的形成，这对孩子成人后走向社会，建立和谐的人际关系具有重要作用。因此，我们必须教会孩子学会感恩，懂得感恩，并

常怀感恩之心。

感恩，应该是从身边的小事做起，我们必须让孩子知道，并非大恩大德才叫报恩，对父母点滴孝行、对他人看似微不足道的关心和帮助都是报恩。要知道，孩子的好品质、好行为是不断培养出来的，如果想让自己的孩子懂得主动尊敬他人，感恩他人，妈妈就要从细微入手，从小做起，简单地说就是从“谢谢”开始培养。

我们知道，幼儿期是情感培养的重要时期，处于这个年龄阶段的孩子，知识经验贫乏，思维具体形象，情感的感染作用大，可塑性较强。而对孩子进行“感恩教育”应该从发生在他们身边的小事做起，让孩子在日常生活的一点一滴、一言一行中学会感恩。比如：主动问候父母，让孩子给下班的妈妈拿拖鞋，把好吃的东西留给加夜班的爸爸，帮助家人招待客人，与小朋友分享食品、玩具、图书等等。作为家庭教育的主导者，妈妈要引导、教育孩子将感恩意识转为行动，通过生活中的小事，让孩子知道人与人之间要友好相待，懂得付出和服务。而当别人有恩于自己时，要懂得感恩，也只有懂得感恩的孩子，才能学会感激亲人给予他的一切，懂得感激在他成长过程中支持和帮助过他的每个人。

同时，父母也应该发挥其在家庭中的示范作用。在我们中国，有很多带有感恩色彩的重大节日，比如中秋节、母亲节、春节……无论多忙，也要在这些日子带上孩子一起去看望双方的老人。让孩子为长辈做一些事，说声“我爱你”、唱首歌、说句祝福，或者给一个拥抱、一个亲吻，从而激发孩子对生活的美好情感和感激之情。

与孩子一起为长辈庆祝生日，对于帮助自己的人要表示由衷的感激，对于没有帮助自己的人要善于谅解，做好感恩教育的表率，只要这样，才能潜移默化地使幼儿成为一个富有爱心、至情至性的孩子。

而父母学习在孩子面前“示弱”也是感恩教育的一个“妙招”。孩子能够做的事情就让孩子去做，让孩子去吃苦就是让他懂得父母和别人的给予与帮助是一种“恩惠”，而不是理所当然或者欠他的。幼儿的自理能力和良好行为的习惯是进行感恩的基础，妈妈可以让孩子逐步独立进餐、收拾碗筷、自己脱衣、扫地、擦桌子等等，培养孩子独自生活的能力和乐于助人的习惯。妈妈要学会做“弱者”，告诉孩子自己工作的烦恼、辛苦，创造机会让孩子表达他们对你的爱。

让孩子从小就要懂得自己所拥有的一切都不是平白无故得来的，优越生活环境要通过劳动才能享受的，理解爸爸妈妈的苦衷，这一切都要有一个感恩的心态。我认为，让孩子学会感恩，并不难，只要引导孩子从身边的人和事一点一滴地做起，他就一定会成长为一个懂得感恩的人。感恩教育，是决定一个孩子能否健康成长的关键一环，而感恩，也绝不是简单的“谢谢”，它应该是饱含爱与感动，无论帮助别人还是得到别人的帮助，都是心存感激之情。

要养成勤俭节约的好习惯

勤俭节约，于今天的我们来说似乎已是很模糊的概念，我们辛

辛苦苦地挣钱，而后大手大脚地花钱；我们给孩子朗读“锄禾日当午，汗滴禾下土，谁知盘中餐，粒粒皆辛苦”，却把剩下的饭菜毫不客气地倒进垃圾筒；我们一边倡导环保低碳，一边打开家里所有电器，任水龙头的水哗哗地流……勤俭与节约，就这样在我们的生活变成了耳提面命的空谈，并随着生活水平的逐步提高，日渐淡出我们的视线。

我们还可看到，各大商场的儿童专柜中上百元的文具盒、近千元的书包、近万元的玩具车比比皆是，而这些商品却并非只是摆设。你不妨在期末考试结束、或是新学期开学之前，或大的节假日去看看，总会有大批家长带着孩子来此大肆消费，而在这样的消费浪潮中，孩子的奢侈化已经有目共睹。作为妈妈你是否想过，当孩子在衣服、玩具、玩乐等物质攀比中获得认同和尊重时，一种自以为是、傲慢不羁的性格就已经播下了种子。因为孩子的意志和人格都还处于不健全的阶段，他们很难对自己的行为做出约束。在这种条件之下，家长的滥施物质鼓励，无疑意味着对孩子的放纵。

无论我们多么抵触，我们不得不承认，从最物质的角度看，“商品社会是一个金钱社会”。特别是在当今中国的社会中，人们对于金钱等外在物质有着强烈的社会价值感与满足感，而对此成年人尚且有着一定程度的抵抗力。然而，当这种感觉被孩子直接嫁接的时候，就意味着一个恶劣的开端。

孩子的心灵，就如同一张朴素的白纸，在他们的字典中，根本不存在“奢侈”、“节俭”这样的概念，更不知道奢侈与节俭对于一

个人的意义何在。对于他们而言，其思维特点是完全以自我为中心的，从自我感受中出发来认识这个世界，感受周围环境，以及学习满足自我需求的手段。因此，当孩子在一次次的物质刺激中成长起来的时候，养成奢侈、浪费的坏习气也就在所难免了，最终的结果必然是不懂珍惜，缺乏艰苦朴素的精神，更不具备抵御经济困顿的能力。

我们教育孩子懂得“勤俭节约”，就是通过克制欲望来实现孩子的对金钱的控制。这一点对于孩子未来的发展十分重要。我想我们每个人都知道，节约既是一种良好的习惯，也是一种传统的美德。所以，从小培养孩子的节约美德，养成勤俭节约的好习惯，必将使孩子终生受益。

而节约教育也应该是教育内容中一个永恒的主题。但是，在对孩子进行节约教育时，很多家长往往采取反复讲道理和提要求的方法。孩子们在没有亲身体验和感受时，节约教育常常是流于形式的。因此，妈妈首先要做的，就是给孩子灌输勤俭节约的意识。比如，当孩子玩累了，喊着口渴要喝水，这时孩子们的第一需要便是洗手、喝水。但是，他们意想不到的是停水了。如果打开水龙头却一滴水都没有，这便宜会引起了孩子们的焦虑和思考：水怎么没了呢，它们哪里去了，不会是被我们浪费光了吧？然后，等过一会儿，水来了，再让孩子洗手、喝水……。现在的孩子多是独生子女，家庭物质生活较优越。要想帮助她们养成节约的好习惯，就从为她们创设一定的情景开始，让孩子对节约有一定的亲身体验和感受，从而调

动起孩子们节约的内在需求，在孩子有了深刻体验的基础上，再来强化孩子们的勤俭节约意识，才会有更加有效。

但是，有了勤俭节约的体验，也产生了强烈的勤俭节约意识，并不必然出现勤俭节约的行为。因为孩子尚小，生活经验和知识较少，他们并不知道怎样去勤俭节约。所以，妈妈还要给孩子们创设了一定的情境，引导发出孩子们的勤俭节约需求，这样既可以强化孩子的节约意识，也要帮助孩子积累一定的节约经验、手段和方法，最后是让节约成为孩子们的自觉行为。比如：教育孩子尽量不用一次性的产品等，帮助孩子了解资源是可以反复利用的，反复使用可以大大节约有限资源，这是一种非常好的生活习惯。

还要记得让孩子知道劳动成果来之不易。让了孩子知道一件物品都凝结着劳动者辛勤的汗水，这些劳动成果是工人、农民辛勤劳作的结晶。这些教育不必拘泥场合，餐桌、客厅、马路上、公园等等，都可以针对实物，以理晓之。再如，三伏天赤日炎炎，孩子喝起冷饮接连不断，在他喝冷饮时，妈妈不妨向孩子讲一讲此时此刻炼钢工人、建筑工人和从事其他劳作的工人叔叔、阿姨们正在挥汗如雨般地忙碌着，使孩子懂得要爱护一切财物，要勤俭节约。

当然，养成勤俭节约的好习惯，并非是一朝一夕的事情，需要有持之以恒的决心和耐心。妈妈要引导孩子从身边的点点滴滴做起，节约每一度电、每一滴水、每一张纸、每一粒粮，注意培养孩子劳动的习惯，给孩子创造劳动的环境，只有自己创造的东西凝注了自己的血汗，才会珍惜，而且通过劳动，还可使孩子逐渐摆脱依赖父

母的心理。

总之，使孩子们“一粥一饭当思来之不易，半丝半缕恒念物力维艰”，为父母者要身体力行，保持俭朴的家风，防止孩子浪费的行为。让勤俭节约成为孩子的一种习惯，对孩子来说，既是一种健康的生活方式，也是一种文明行为，更是一个有作为的人所必需的品德和素养。

做事细心，与“马大哈”一刀两断

“我女儿六岁了，非常聪明伶俐，可就是做什么事都很粗心大意。这次期末考试，她自信地说数学很简单能考满分，可试卷拿回来我一看，几个大红叉叉。”美美的妈妈无奈地说道。原来出错的地方，美美只是把加号看成了减号。

我们习惯称这样的孩子为“马大哈”，也就是学习做事不够细心。可以说粗心大意是许多孩子爱犯的毛病，而且它的危害性是不言而喻的。从长远来说，会影响到事业的成功，就小处而言，生活中会丢三落四，会给自已造成很多麻烦和损失。

“细心”的反面是粗心、马虎，不利于学习、不利于做事，小时候不觉得有多大危害，越大越令人头痛，遍观成人中的粗心者，多是从小养成的。然而，如今的生活节奏越来越快，做事毛躁马虎的

人也越来越多，生活好像也越来越缺乏安全感了。很多人对此还振振有词：我就这习惯，改不了了。事实上，细心是一种能力，是一种心理素质，完全可以通过有意识的培养，而逐步做到有条不紊、沉着稳当、明察秋毫的。同时，“细心”也是一种习惯，与性格有关系，但不是天生的，一切习惯都是后天形成的。

作为上班族妈妈，有工作要做，家务事要处理，孩子需要照顾。但是我们千万不能因忙而疏忽对孩子的教育，培养孩子做事细心，与“马大哈”一刀两断，这对孩子的一生有着十分重要的意义。以我的经验来看，我们要先从身边的小事抓起，循序渐进，这是培养孩子细心能力和习惯的必由之路。

从心理学角度讲，人的大脑皮层经历不断的施加信号，久而久之，就会习惯成自然。而孩子的心理还处于不成熟期，如果从思想上给他灌输大道理一般作用都不显著，即便是孩子听了，也不会往心里去，因此，我们要从他身边的小事来要求他。比如，从孩子做作业，搭积木、画苹果等等之类的事情开始，要求他做每一件都要先“专注”，即认真专心，这样孩子才能较快的集中注意力，并能控制自己沉稳下来，不三心二意，不虎头蛇尾。然后，孩子做完一件事之后，要求他做好“检查”，检查一下自己做得怎么样，有没有遗漏的，有没有错误？久而久之，孩子就会行为有条理，做事不毛毛糙糙，不丢三落四。这样的习惯会让孩子受益终生。

而且，在日常生活中，我们还要注意提高孩子做事的兴趣，树立孩子的自信心，这也是培养孩子细心能力的一剂良方。我们都有

这样的体会：一旦自己对于某事有了浓厚的兴趣，不仅会细心，还会乐此不疲。在孩子一开始做事、学习、当他稍微改掉粗心的毛病的时候，就要大加表扬，这样，他的兴趣不断地被提升，自信心也不断在增强。当然，好话说得太多，也会不怎么灵验的，而且粗心的毛病有所反弹。因此，针对孩子都喜欢表现自己的特点，改变鼓励的方式。比如说："宝贝，你们老师今天给妈妈打电话了，说你比以前更细心了。"或者借别人之口说一些孩子很细心之类的话，还要故意让他听到。以此来提高他做事的兴趣，树立自信心，这样一来孩子做事自然会细心认真了。

同时，我们也要学会向孩子请教，使孩子有成就感。一般来说，孩子做事、学习，细心的习惯如果不能得到运用，久了，他会感到没有意思，从而乏味，粗心的毛病还会死灰复燃的。

就拿我自己来说吧，为了让孩子觉得他做的事是有意义的，我有时会故意向儿子请教。记得，那天陪儿子复习珠算，我看他不专心，就说："今天同事的一个小孩问妈妈这道题怎么算，但妈妈怎么也做不出来，你能教教妈妈吗?"儿子，马上就认真起来了，随后在我的引导下，他那天的珠算做得出奇的快，而且居然没错一道。除此之外，我有时还会故意借口找不到家里的某样东西，把机会留给儿子，他往往就很快找给我了。这样一来，儿子就会认为把房间整理整齐，物归原处很有用，下次做事更加细心了。

所以妈妈们不妨试试如此施教，孩子做事、学习的兴趣会浓而不减，责任心还会不断增强，他们会更加努力、细心。

最后一个培养孩子细心必不可或缺的因素，就是妈妈要给孩子创造一个良好的学习生活环境，帮助孩子排除干扰。我们可以看到，孩子在专心做事时，如果受到过多的干扰，往往就会心绪烦乱，极易涣散注意力。所以，在孩子学习做事时，妈妈最好不看电视，不聊天，尽量不弄出声音，更多的是坐下来看书、陪孩子一起学习，以此来排除干扰，给孩子创造一个良好的学习环境，使孩子能够集中注意力，细心认真。

当然，习惯的养成不是一朝一夕的事，需要持之以恒的努力。而孩子也不可能自己养成，主要在于环境和教育的作用，作为孩子成长的镜子，父母榜样的力量也是不可低估的，因此，妈妈应该以成人的细心来感染孩子，整个环境是细心的，孩子就会自然而然地细心起来。

古语有云：天下难事必作于易，天下大事必作于细。成就事业必须从小事做起，任何大事无不是从细小的事发展起来的，因此，培养孩子做事细心的习惯并不是一件小事，细心，可以培养生活，可以成就事业。那么，上班族妈妈们，让我们帮助孩子告别“马大哈”，细心且认真地对待学习和生活中的每一件事，只有这样，我们的孩子才会更出色、更优秀。

把自己爱干净的习惯传染给他

父母是孩子最好的老师，其一言一行一举一动都会影响着孩子。你好的榜样或者行为对他有影响，同样你一些坏的习惯也会不知不觉传染给他。所以上班族妈妈你要想把自己的孩子培养成一个有良好修养的孩子，只能传染给他那些有良好修养的习惯。在良好的修养习惯中，自己爱干净的习惯，是你首先要传染给他的。

孩子只有具备了良好的生活卫生习惯才能保证孩子一个健康的身体，它正是孩子提高自身修养的一种良好习惯。爱干净看似一件微不足道的小事，但这足以看出一个人的精神面貌和生活态度。人们在日常生活中，总是从提高生活质量上入手去获得精神上的满足感、成就感和自由感。正如哲学所说物质决定意义，爱干净的习惯是物质的，而内心的感受是精神的，干净的环境、干净的鞋袜和衣服可以给人内心以清新、愉悦的感受。

俗话说，人不可貌相，但这也恰恰说明，身着打扮对人的第一印象有多重要。我们通过一个人的外在表现就极容易观测出一个人的内心世界。一个不注意卫生或卫生意识很差的人，其内心世界和精神风貌也一定很差，他也一定会在精神上极度散漫，这样的人是不会被别人喜欢的。所以上班族妈妈就要从小培养孩子爱讲卫生的好习惯。让他讲自己的鞋袜卫生，讲自己的衣服卫生，让他明白

“一屋不扫何以扫天下”。

当然，从懒惰的本性上来讲大多数孩子是排斥这种习惯的，除了长时间强化这种习惯，上班族妈妈还可以根据自己的观察制定方法。有的时候妈妈总要吵儿子许多次，可是孩子还是不听，其实这个时候不是孩子听不懂大人的话，而是他们感觉只有自己脏兮兮的才能引起妈妈的注意，这种情况下上班族妈妈就要改变自己的策略，等孩子很脏的时候不去吵他，想方设法要让他自己去清洗脏兮兮的小手或脸蛋，上班族妈妈可以采取讲故事的方法让孩子明白不讲卫生的坏处。有个故事是这样的：

在一片茂密的大森林里有一所森林学校，学校里的动物学生可多啦！有熊猫美美，小猴林林，小象笨笨，小狗松松，小猫咪咪……还有兔子老师和狗熊医生。小猴林林很不讲卫生，经常喝生水，手帕脏了也不肯洗，掉在地上的食物他捡起来就往嘴里塞……所以大家都很讨厌他。狗熊医生曾不止一次地说：“林林，不讲卫生危害大啊!”林林却不屑地说：“我常喝生水，还不是好好的吗?”第二天，林林来到学校，狗熊医生上课的时候，林林不专心听讲，一会儿去拉美美的辫子，一会儿又去踩笨笨的鞋子。林林感到很没意思，于是悄悄地溜了出来。突然，林林被一块石头倒了，口袋里的蛋糕也掉了出来。林林不管蛋糕上还有一点小泥巴，三下五除二便把蛋糕吃光了。一抹嘴，便一蹦一跳地找松松玩去了。

回到家，妈妈把他训斥了一顿。就让林林睡觉去了。半夜里，林林突然喊肚子疼，痛得它是大汗淋漓，在床上直翻滚，妈妈急忙找来了狗熊医生，狗熊医生给林林服下一颗药后，林林的肚子终于不疼了。

经过这次事后，林林变得讲卫生了，而且连他挑食的毛病都改了。狗熊医生高兴地说："不光是林林，所有的小朋友都要注意卫生哟!"

俗话说，榜样的力量是无穷的，上班族妈妈要孩子做什么，自己就得先做好什么。让他早晚刷牙，你就得早晚刷牙，让他穿衣服整洁，你就得穿着干净。只有妈妈言行一致了，孩子才能看在眼里记在心里。对于他不雅的行为要及时制止和引导，比如流鼻涕了让他正确用手帕擦，鼻子内有异物，让他不要抠挖鼻孔，要让孩子不乱扔果皮纸屑，不随地吐痰和擤鼻涕，不能随地大小便，不乱涂墙壁、乱踩桌椅。

总之上班族妈妈要持之以恒地想方设法去把自己爱干净讲卫生的习惯传染给孩子，要从日常生活中的每件活动开始抓起，要对孩子一贯坚持要求，还要亲身使用一些示范见解、提示和练习等方法，在具体细节方面给孩子以指导和帮助。

同时上班族妈妈还可以在家里制定一些讲究卫生保护环境的规则，这些规则要求家人人人遵守和坚持，若有违背可以以打扫卫生的方法加以惩罚。如果孩子不小心弄脏了衣物或地面，切记不要用责备的语言，而是要以自己的实际行动感染和影响孩子的行为。

我相信，只要真正地用心去爱孩子，去引导孩子，去教育孩子，那么，每一个上班族妈妈都一定可以成为合格而优秀的好妈妈，我们的孩子也一定会不断带给我们惊喜，并茁壮建康地成长起来。